W0333362

TRAINING

Gymnasium

Deutsch

Aufsatz 9./10. Klasse

Hartmut von der Heyde

STARK

Umschlagbild: © Fuse/Getty Images

www.stark-verlag.de
1. Auflage 1997

Mit 1000 Dollar durch Thailand, Indien, Kambodscha, drei Monate unterwegs, und dann wieder heim, nach Deutschland. Das ist so eng, so langweilig, jetzt was erleben und vielleicht nie zurück. Hast du keine Angst, hatten die blassen Freunde zu Hause gefragt, so ganz alleine? Nein, hatte er geantwortet, man lernt ja so viele Leute kennen unterwegs. Bis jetzt hatte er hauptsächlich Mädchen kennen gelernt, nett waren die schon, wenn man Leute mag, die einen bei jedem Satz anfassen. Mädchen, die aussahen wie dreißig und doch so alt waren wie er, seit Monaten unterwegs, die Mädchen, da werden sie komisch. Übermorgen würde er in Laos sein, da mag er jetzt gar nicht dran denken, in seinem hässlichen Pensionszimmer, muss Obacht geben, dass er sich nicht aufs Bett wirft und weint, auf die Decke, wo schon die anderen Dinge drauf sind. In dem kleinen Fernseher kommen nur Leute vor, die ihm völlig fremd sind, das ist das Zeichen, dass man einsam ist, wenn man die Fernsehstars eines Landes nicht kennt und die eigenen keine Bedeutung haben. Der Junge sehnt sich nach Stefan Raab, nach Harald Schmidt und Echt. Er merkt weiter, dass er gar nicht existiert, wenn er nichts hat, was er kennt. Wenn er keine Zeitung in seiner Sprache kaufen kann, keine Klatschgeschichten über einheimische Prominente lesen, wenn keiner anruft und fragt, wie es ihm geht. Dann gibt es ihn nicht. Denkt er. Und ist unterdessen aus seinem heißen Zimmer in die heiße Nacht gegangen, hat fremdes Essen vor sich, von einer fremdsprachigen Serviererin gebracht, die sich nicht für ihn interessiert, wie niemand hier. Das ist wie tot sein, denkt der Junge. Weit weg von zu Hause, um anderen beim Leben zuzusehen, könnte man umfallen und sterben in der tropischen Nacht und niemand würde weinen darum. Jetzt weint er doch, denkt an die lange Zeit, die er noch rumbekommen muss, alleine in heißen Ländern mit seinem Rucksack, und das stimmt so gar nicht mit den Bildern überein, die er zu Hause von sich hatte. Wie er entspannt mit Wasserbüffeln spielen wollte, in Straßencafes sitzen und cool sein. Was ist, ist einer mit Sonnenbrand und Heimweh nach den Stars zu Hause, die sind wie ein Geländer zum Festhalten. Er geht durch die Nacht, selbst die Tiere reden ausländisch, und dann sieht er etwas, sein Herz schlägt schneller. Ein Computer, ein Internet-Cafe. Und er setzt sich, schaltet den Computer an, liest seine E-Mails. Kleine Sätze von seinen Freunden, und denen antwortet er, dass es ihm gut gehe und alles großartig ist, und er schreibt und schreibt und es ist auf einmal völlig egal, dass zu seinen Füßen ausländische Insekten so groß wie Meerkatzen herumlaufen, dass das fremde Essen im Magen drückt. Er schreibt seinen Freunden über die kleinen Katastrophen und die fremde Welt um ihn verschwimmt, er ist nicht mehr allein, taucht in den Bildschirm ein, der ist wie ein weiches Bett, er denkt an Bill Gates und Fred Apple, er schickt ein Mail an Sat 1, und für ein paar Stunden ist er wieder am Leben, in der heißen Nacht weit weg von zu Hause.

Aufgabe 44 Analysiere den Text *Hauptsache weit* von Sibylle Berg.

2 Eine literarische Figur charakterisieren

Die Beschäftigung mit literarischen Figuren kennst du schon von der Textanalyse her, denn dort war ja die **Personenbeschreibung** ein wichtiger Bereich der Darstellung (vgl. dazu besonders S. 16 ff.). Du kannst also auf einige bereits bekannte Arbeitsweisen zurückgreifen.
Anders als bei der Textanalyse geht es bei der Aufgabenstellung „Anfertigen einer literarischen Charakteristik" ausschließlich um aus dem Text ermittelbare **Verhaltensweisen und Merkmale** einer **literarischen Figur**, die in ihrer **Entwicklung** und in ihrer **Eigenart** dargestellt werden muss. Der begrenzte Blick auf **eine** Person ermöglicht es andererseits bei dieser Aufgabe, einen längeren Text oder zumindest einen Teil daraus heranzuziehen und die gewählte Person über einen längeren erzählten Zeitraum zu beobachten.

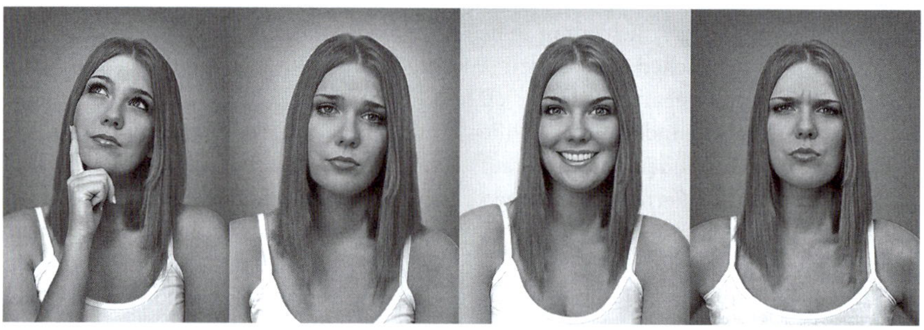

Aufgabenbereiche einer literarischen Charakteristik sind

- die Darstellung einer literarischen Figur im Hinblick auf
  - ihr Äußeres,
  - ihr sprachliches Verhalten,
  - ihre nonverbalen Verhaltensweisen (wie die im Text beschriebene Mimik oder Gestik).
- die Erarbeitung ihrer Beziehungen zu anderen Figuren des Textes.
- die Herausarbeitung der charakterlichen Merkmale, die anhand der dargestellten Verhaltensweisen sichtbar werden oder sich daraus folgern lassen.
- die Untersuchung einer möglichen Entwicklung oder Veränderung der Figur im Verlauf des Textes.

2.1 Verhalten und Charaktermerkmale einer Figur in einem erzählerischen Text erkennen

In einem Roman oder einer Kurzgeschichte hilft der Erzähler seinen Lesern in der Regel dabei, sich ein Bild von einer Person zu machen, indem er nicht nur deren Äußeres darstellt, sondern auch auf charakterliche Merkmale hinweist.

Aufgabe 45 Unterstreiche (mit verschiedenen Farben) die im folgenden Ausschnitt aus der *Judenbuche* erwähnten äußeren und charakterlichen Merkmale Simon Semmlers. Versuche, aus den Hinweisen weitere Merkmale zu folgern, und fasse dann in fünf bis sechs Sätzen deinen Eindruck von der Figur zusammen.

Simon Semmler war ein kleiner, unruhiger, magerer Mann mit vor dem Kopf liegenden Fischaugen und überhaupt einem Gesicht wie ein Hecht, ein unheimlicher Geselle, bei dem dicktuende Verschlossenheit oft mit ebenso gesuchter Treuherzigkeit wechselte, der gern einen aufgeklärten Kopf vorgestellt hätte und statt dessen für einen fatalen, Händel [Streit] suchenden Kerl galt, dem jeder um so lieber aus dem Wege ging [...].

Ein Erzähler kann jedoch auch anders vorgehen. Er kann sich auf das Erzählen von nur äußerer Handlung konzentrieren und den Leser dadurch anstoßen, selbst Schlussfolgerungen über die Charaktermerkmale einer Figur zu ziehen.

Aufgabe 46 Welche Verhaltensweisen Friedrichs lassen im folgenden Text Folgerungen hinsichtlich seines Charakters zu?

Friedrich stolzierte umher wie ein Hahn, im neuen himmelblauen Rock, und machte sein Recht als erster Elegant geltend. Als auch die Gutsherrschaft anlangte, saß er gerade hinter der Bassgeige und strich die tiefste Saite mit großer Kraft und vielem Anstand.

„Johannes!" rief er gebieterisch, und heran trat sein Schützling von dem Tanzplatze, wo er auch seine ungelenken Beine zu schlenkern und eins zu jauchzen versucht hatte. Friedrich reichte ihm den Bogen, gab durch eine stolze Kopfbewegung seinen Willen zu erkennen und trat zu den Tanzenden. „Nun lustig, Musikanten: den Papen von Istrup!" – Der beliebte Tanz ward gespielt, und Friedrich machte Sätze vor den Augen seiner Herrschaft, dass die Kühe an der Tenne die Hörner zurückzogen und Kettengeklirr und Gebrumm an ihren Ständern herlief. Fußhoch über die anderen tauchte sein blonder Kopf auf und nieder, wie ein Hecht, der sich im Wasser überschlägt; an allen Enden schrien Mädchen auf, denen er zum Zeichen der Huldigung mit einer raschen Kopfbewegung sein langes Flachshaar ins Gesicht schleuderte.

2.2 Charaktermerkmale in einem dramatischen Text erkennen

Im Unterricht werdet ihr sicherlich auch einen dramatischen Text – also ein Schauspiel – lesen.

Hier müssen für eine Charakteristik noch andere Aspekte bedacht werden, denn es kann ja kein Erzähler kommentierend eingreifen und eine Person positiv oder negativ kennzeichnen.

Nur durch den **Dialog** und das **Verhalten** der auftretenden Personen können hier Charaktermerkmale hervortreten. Das Äußere einer Person und ihre Kleidung, wie sie oft in den Regieanweisungen des Autors vorgegeben werden, liefern hierzu ergänzende Hinweise.

Aufgabe 47 Der folgende Text ist ein Auszug aus der ersten Szene des Schauspiels *Wilhelm Tell* von Friedrich Schiller. Zu Anfang tritt hier ein junger Mann namens Baumgarten auf, der in einer Notwehrsituation den tyrannischen Burgvogt Wolfenschießen erschlagen hat. Er wird von Soldaten verfolgt und bittet den Fährmann Ruodi, ihn über den Vierwaldstätter See zu setzen, damit er sich retten kann. Der aber weigert sich wegen eines heraufziehenden Unwetters, die Fahrt mit dem Ruderboot zu wagen. Da tritt Tell auf und zwischen ihm, dem Fährmann und mehreren anderen Hirten und Jägern entwickelt sich das folgende Gespräch.

a) Arbeite heraus, welche Charaktermerkmale Tells sich aus seinem Verhalten folgern lassen.
b) Zeige, wie sich die anderen Gestalten der Szene Tell gegenüber verhalten und wie sie zu ihm stehen.

TELL: Wer ist der Mann, der hier um Hülfe fleht?
KUONI: 's ist ein Alzeller Mann, er hat sein' Ehr'
Verteidigt, und den Wolfenschieß erschlagen,
Des Königs Burgvogt, der auf Roßberg saß –
Des Landvogts Reiter sind ihm auf den Fersen,
Er fleht den Schiffer um die Überfahrt,
Der fürcht't sich vor dem Sturm und will nicht fahren.
RUODI: Da ist der Tell, er führt das Ruder auch,
Der soll mir's zeugen, ob die Fahrt zu wagen.
TELL: Wo's not tut, Fährmann, lässt sich alles wagen.
(Heftige Donnerschläge, der See rauscht auf.)
RUODI: Ich soll mich in den Höllenrachen stürzen?
Das täte keiner, der bei Sinnen ist.
TELL: Der brave Mann denkt an sich selbst zuletzt,
Vertrau auf Gott und rette den Bedrängten.
RUODI: Vom sichern Port lässt sich's gemächlich raten,

Da ist der Kahn und dort der See! Versucht's!
TELL: Der See kann sich, der Landvogt nicht erbarmen,
Versuch es Fährmann!
HIRTEN UND JÄGER: Rett ihn! Rett ihn! Rett ihn!
RUODI: Und wär's mein Bruder und mein leiblich Kind,
Es kann nicht sein, 's ist heut Simons und Judä,
Da rast der See und will sein Opfer haben.
TELL: Mit eitler Rede wird hier nichts geschafft,
Die Stunde dringt, dem Mann muss Hülfe werden.
Sprich, Fährmann, willst du fahren?
RUDOI: Nein, ich nicht!
TELL: In Gottes Namen denn! Gib her den Kahn,
Ich will's mit meiner schwachen Kraft versuchen.
KUONI: Ha wackrer Tell!
WERNI: Das gleicht dem Weidgesellen!
BAUMGARTEN: Mein Retter seid Ihr und mein Engel, Tell!
TELL: Wohl aus des Vogts Gewalt errett ich Euch,
Aus Sturmes Nöten muss ein andrer helfen.
Doch besser ist's, Ihr fallt in Gottes Hand,
Als in der Menschen! *(Zu den Hirten)* Landsmann, tröstet Ihr
Mein Weib, wenn mir was Menschliches begegnet [falls ich sterbe],
Ich hab getan, was ich nicht lassen konnte.
(Er springt in den Kahn.)
KUONI *(zum Fischer)*: Ihr seid ein Meister Steuermann. Was sich
Der Tell getraut, das konntet I h r nicht wagen?
RUODI: Wohl bessre Männer tun's dem Tell nicht nach,
Es gibt nicht zwei, wie der ist, im Gebirge.

Entstehung eines Charakterbildes im Schauspiel

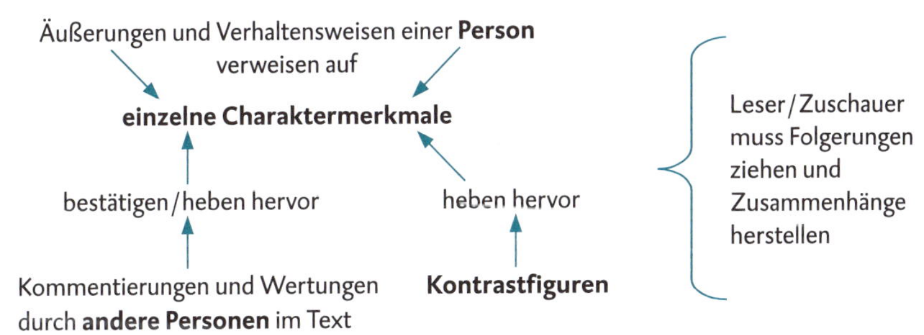

In dem dir vielleicht bekannten Schauspiel *Maria Stuart* von Schiller ist die Vorgehensweise bei der Charakterisierung anfangs noch etwas komplizierter. Mit Paulet und Hanna Kennedy treten zunächst zwei Nebenpersonen auf, die miteinander über die Titelfigur Maria reden. Paulet sagt unter anderem:

Sie kam ins Land als eine Mörderin,
Verjagt von ihrem Volk, des Throns entsetzt,
Den sie mit schwerer Greueltat geschändet.
Verschworen kam sie gegen Englands Glück,
Der spanischen Maria blut'ge Zeiten
Zurückzubringen, Engelland katholisch
Zu machen, an den Franzmann zu verraten.

Aufgabe 48 Arbeite heraus, wie Paulet Maria beschreibt und welche Charaktermerkmale er ihr durch seine Anschuldigungen zuweist.

In Paulets charakterisierenden Worten über Maria wird zugleich etwas von der **Personenkonstellation**, dem Verhältnis der Personen eines literarischen Textes zueinander, deutlich: Er lehnt Maria völlig ab, steht nicht auf ihrer Seite, verdammt ihre politische Haltung.
Doch hat Paulet Recht? Ist Maria wirklich so? Muss auch der Leser sein Urteil akzeptieren und übernehmen?
Wenn du im Text liest (schon im Personenverzeichnis am Anfang ist das erkennbar), dass Paulet der von der Königin Elisabeth beauftragte Kerkermeister ist, der Maria zu bewachen hat, wirst du seine Charakterisierung vorsichtiger betrachten. Sie als schlecht und schuldig anzusehen, gehört sozusagen zu seinem Beruf.

Personenkonstellation und die Einschätzung von Wertungen und Charakterurteilen

Bei Urteilen, die von einer Person eines Textes über eine andere gefällt werden, musst du immer die Personenkonstellation beachten, bevor du diese Einschätzungen für richtig hältst und in deine Arbeit übernimmst. Beachte dazu folgende Fragen:

- **Wer** ist die Person, die charakterliche Urteile über eine andere Person fällt?
- **Was** weiß man über sie?
- **Welche** Anschauungen/Interessen hat sie?
- Gibt es Zusammenhänge zwischen den Urteilen und den Interessen dieser Person?
- **Wie** sind unter Berücksichtigung dieser Fragestellungen ihre Urteile einzuschätzen?

Aus einer ganz anderen Perspektive beschreibt eine andere Figur des Schauspiels Maria.
Hanna Kennedy, die Maria schon als Kind gepflegt und aufgezogen hat und die jetzt ihre Begleiterin ist, antwortet auf die Vorwürfe Paulets Folgendes:

Gastfreundlich hätte England sie empfangen?
Die Unglückselige, die seit dem Tag,
Da sie den Fuß gesetzt in dieses Land,
Als eine Hilfeflehende, Vertriebne
Bei der Verwandten Schutz zu suchen kam,
Sich wider Völkerrecht und Königswürde
Gefangen sieht, in enger Kerkerhaft
Der Jugend schöne Jahre muss vertrauern. –
Die jetzt, nachdem sie alles hat erfahren,
Was das Gefängnis Bittres hat, gemeinen
Verbrechern gleich, vor des Gerichtes Schranken
Gefodert wird und schimpflich angeklagt
Auf Leib und Leben – eine Königin!

Aufgabe 49 Arbeite heraus, wie Maria von Hanna Kennedy charakterisiert wird. Beschreibe die Personenkonstellation zwischen beiden und betrachte Hanna Kennedys Charakterisierung der Königin im Licht ihrer gemeinsamen Beziehung.

Am Anfang von Schillers Schauspiel entsteht offensichtlich ein widersprüchliches Charakterbild der Titelfigur. Da nur Informationen von **zwei parteiischen Personen** vorhanden sind, ist der Rezipient aufgefordert, diese als subjektive, durch die Personenkonstellation bedingte Aussagen kritisch einzuschätzen. Du musst also anhand weiterer Textstellen selbst zusätzliche Informationen über die Figur heranziehen, um deiner Charakteristik eine objektive Grundlage zu geben. Am besten suchst du dafür Textteile, in denen die Figur selbst auftritt. Wie schon geübt (siehe S. 42), wertest du Äußerungen, Verhaltensweisen und auch das äußere Erscheinungsbild aus und vergleichst diese Hinweise mit den Beschreibungen und Wertungen anderer. So entsteht allmählich ein umfassendes und objektives Charakterbild einer Person.

Auch Regieanweisungen gilt es im Drama zu beachten, denn Körpersprache sagt viel über einen Charakter aus. Maria Stuarts Gegenspielerin Elisabeth (Antonia Reidel) mit ihrem Günstling Graf von Leicester (Marius Hubel, re.) und dem unglücklichen Staatssekretär Davison (Tobias Ulrich, li.); Aufführung am Landestheater Niederbayern 2009

Aufgabe 50 Nach dem anfänglichen Gespräch zwischen Kennedy und Paulet tritt Maria selbst auf. Welches Charakterbild entsteht hier von Maria und welche der vorherigen Einschätzungen zu ihrer Person scheint demnach die richtige zu sein?

ZWEITER AUFTRITT

[…]
MARIA *mit einem Schleier, ein Kruzifix in der Hand.* DIE VORIGEN.
KENNEDY: Sieh her!
Dein Pult ist aufgebrochen, deine Schriften
Dein einz'ger Schatz, den wir mit Müh gerettet,
Der letzte Rest von deinem Brautgeschmeide
Aus Frankreich ist in seiner [Paulets] Hand. Du hast nun
Nichts Königliches mehr, bis ganz beraubt.
MARIA: Beruhige dich, Hanna. Diese Flitter machen
Die Königin nicht aus. Man kann uns niedrig
Behandeln, nicht erniedrigen. Ich habe
In England mich an viel gewöhnen lernen,
Ich kann auch das verschmerzen.

2.3 Aufbau und sprachliche Gestaltung einer literarischen Charakteristik

Die schriftliche Darstellung besteht aus **drei Teilen**.

1. **Einleitung**
   - Informationen über den Autor und den literarischen Text, der zugrunde liegt.
   - Überblicksinformationen:
     - Wovon handelt der Text?
     - Wer ist die Person, die in der Charakteristik näher betrachtet wird?
     - Welche grundsätzliche Rolle spielt sie im Text?
2. **Hauptteil**
   - kurze Beschreibung der speziellen Situation (oder mehrerer Situationen), in der/denen laut Textvorlage die Person vorkommt
   - Beschreibung der ausgewählten wichtigen Verhaltensweisen und sprachlichen Äußerungen der Person
   - Beschreibung der Beziehung der Person zu anderen Personen
   - Kennzeichnung der Person in ihren charakterlichen Merkmalen
3. **Schluss**
   - zusammenfassende Charakterisierung der Person
   - eventuell eigene Stellungnahme bzw. Beurteilung der Person

Du schreibst die Charakteristik immer im **Präsens** in einer **sachlichen Sprache**. Achte darauf, nicht ins Erzählen zu verfallen, wenn du zunächst einiges vom Verhalten der ausgewählten Person und der Situation darstellen musst.
Wichtig ist auch, dass für den Leser der Zusammenhang zwischen dargestelltem Verhalten und den jeweiligen Charaktermerkmalen einsichtig ist – du musst also **deutliche Schlussfolgerungen** ziehen und formulieren.
Zitate – natürlich in Anführungsstrichen und genau wörtlich wiedergegeben – dürfen gelegentlich verwendet werden; sinnvoll kann das besonders dann sein, wenn sich daraus eine wichtige Folgerung über den Sprecher ergibt oder wenn es darum geht, auch seine besondere Sprache oder Redeweise auszuwerten.

2.4 Eine literarische Charakteristik schreiben

Als Textgrundlage für die Übung dient ein Ausschnitt aus einem Schauspiel, das oft im Unterricht behandelt wird: *Der Besuch der alten Dame* von Friedrich Dürrenmatt.

Die Informationen zum Autor und zum Text beschaffst du dir normalerweise aus Lexika oder Lesebüchern, vielleicht auch aus dem Internet – so wie du es von der Textanalyse her schon kennst. Damit du es hier zum Üben etwas leichter hast und besser arbeiten kannst, wenn du das Schauspiel nicht kennst, erhältst du vorab ein paar Informationen zur Handlung.

Überblick: Das 1962 geschriebene Schauspiel spielt in Güllen, einer verarmten und verkommenen Kleinstadt. Gespannt erwartet man eine Besucherin, von der man sich eine Besserung der Lebensverhältnisse verspricht: Die Milliardärin Claire Zachanassian, die in Güllen geboren wurde, will ihrer Heimatstadt einen Besuch abstatten. Besonders der Bürgermeister ist aktiv mit den Vorbereitungen für ihren Empfang beschäftigt. Entscheidende Hilfe erhofft er sich von Ill, dem damaligen Jugendfreund Claires, der noch in Güllen wohnt.
Die freudige Spannung schlägt jedoch bald in ihr Gegenteil um, denn Claire verspricht zwar eine Milliarde für Gemeinde und Bevölkerung, doch verlangt sie die Tötung Ills, weil der damals mit Meineid abgestritten hatte, der Vater ihres Kindes zu sein, weswegen sie Güllen verlassen musste.
Im weiteren Verlauf der Handlung wehren sich die Güllener zwar zunächst noch dagegen, Ill umzubringen, können allerdings den Verlockungen des Geldes nicht widerstehen und überhäufen sich mit Schulden. Man beginnt sich von Ill abzuwenden, ihn zu beschuldigen, ihn zum Außenseiter zu machen und zum Selbstmord zu drängen; aber zunächst wagt keiner der Mitbewohner, den entscheidenden Schritt zu tun und Ill zu töten. Erst ganz am Schluss wird er in einer gemeinsamen Aktion umgebracht und das ersehnte Geld steht zur Verfügung.
In diesem Geschehen spielt der Bürgermeister der Gemeinde eine wichtige Rolle. Er beeinflusst die Meinung seiner Mitbürger und arrangiert später auch die entscheidende Tat.

Die Figur dieses Bürgermeisters soll in Form einer literarischen Charakteristik untersucht werden.

Aufgabe 51 Als Hilfe für die Gestaltung der **Einleitung** dient der folgende Lückentext. Fülle die Lücken sinnvoll aus.

Friedrich Dürrenmatt ist einer der bekanntesten deutschsprachigen Schriftsteller der heutigen Zeit. Er wurde ______________ in ______________ geboren und starb ______________. Dürrenmatt hat viele Schauspiele und auch Kriminalromane geschrieben, seine Werke werden an Theatern oft gespielt und einige sind durch Film und Fernsehen bekannt geworden. Zu den berühmtesten gehören ______________________________.
Sein Schauspiel *Der Besuch der alten Dame* handelt davon, dass die Bürger einer Stadt der Versuchung ______________________________, für Geld ______________________________. Sie werden von der Milliardärin ______________ dazu gebracht, ihren Mitbürger ________ zu töten. Obwohl dieser anfangs als angesehener Bürger galt, versucht man im Verlauf des Schauspiels, sich von ihm abzuwenden und ihn als Bösewicht abzustempeln, um seine Ermordung zu rechtfertigen und das Gewissen ______________.
Der Bürgermeister des Ortes spielt in dem Text eine wichtige Rolle, da er entscheidenden Einfluss auf die öffentliche Meinungsbildung der Gemeinde hat.

Güllen empfängt die „alte Dame". Musical-Inszenierung von Dürrenmatts Stück 2014 in Wien

Der literarischen Charakteristik des Bürgermeisters, die du schreiben sollst, liegen die beiden folgenden Ausschnitte aus Friedrich Dürrenmatts Schauspiel zugrunde:

Textausschnitt 1

Die Szene ereignet sich noch vor der Ankunft der Milliardärin Claire Zachanassian, als noch niemand etwas von ihren Plänen ahnt. Man hofft aber, von ihr eine Geldspende zu bekommen.

DER BÜRGERMEISTER *schließt sein Notizbüchlein:* Ich für meinen Teil wäre vorbereitet – das übrige muß Ill tun.

ILL: Ich weiß. Die Zachanassian soll mit ihren Millionen herausrücken.

DER BÜRGERMEISTER: Millionen – das ist genau die richtige Auffassung.

DER LEHRER: Mit einer Kinderkrippe ist uns nicht gedient.

DER BÜRGERMEISTER: Mein lieber Ill, Sie sind seit langem schon die beliebteste Persönlichkeit in Güllen. Ich trete im Frühling zurück und nahm mit der Opposition Fühlung. Wir einigten uns, Sie zu meinem Nachfolger vorzuschlagen.

ILL: Aber Herr Bürgermeister.

DER LEHRER: Ich kann dies nur bestätigen.

ILL: Meine Herren, zur Sache. Ich will vorerst mit der Klara über unsere miserable Lage reden.

DER PFARRER: Aber vorsichtig – zartfühlend.

ILL: Wir müssen klug vorgehen, psychologisch richtig. Schon ein mißglückter Empfang am Bahnhof kann alles verteufeln. Mit der Stadtmusik und dem gemischten Chor ist es nicht getan.

DER BÜRGERMEISTER: Da hat Ill recht. Es ist dies schließlich auch ein wichtiger Augenblick. Frau Zachanassian betritt den Boden ihrer Heimat, findet heim, gerührt, Tränen in den Augen, erblickt Altvertrautes. Ich werde natürlich nicht hemdärmlig dastehen wie jetzt, sondern in feierlichem Schwarz mit Zylinder, neben mir die Gattin, vor mir meine zwei Enkelkinder, ganz in Weiß, mit Rosen. Mein Gott, wenn nur alles in Ordnung kommt zur rechten Zeit.

Glockenton.

DER ERSTE: Der ‚Rasende Roland'.

DER ZWEITE: Venedig – Stockholm elfuhrsiebenundzwanzig.

DER PFARRER: Elfuhrsiebenundzwanzig! Wir haben noch fast zwei Stunden, uns sonntäglich herzurichten.

DER BÜRGERMEISTER: Die Inschrift ‚Willkommen Claire Zachanassian' heben Kühn in die Höhe und Hauser. *Er zeigt auf den Vierten.* Die andern schwenken am besten die Hüte. Doch bitte: Nicht schreien wie voriges Jahr bei der Regierungskommission, der Eindruck war gleich Null, und wir haben bis jetzt noch keine Subvention. Nicht übermütige Freude ist am Platz, sondern innerliche, fast Schluchzen, Mitgefühl mit dem wiedergefundenen Kind der Heimat. Seid ungezwungen, herzlich, doch muß die Organisation klappen, die Feuerglocke gleich nach dem gemischten Chor einsetzen.

Textausschnitt 2

Inzwischen ist Claires Forderung nach der Tötung Ills für ein Geldgeschenk von einer Milliarde allen bekannt. Ill bekommt allmählich Angst und wendet sich deshalb an den Bürgermeister.

DER BÜRGERMEISTER: Was haben Sie auf dem Herzen? Reden Sie frei von der Leber weg.

ILL *mißtrauisch:* Sie rauchen da eine gute Sorte.

DER BÜRGERMEISTER: Eine blonde Pegasus.

ILL: Ziemlich teuer.

DER BÜRGERMEISTER: Dafür anständig.

ILL: Vorher rauchten Herr Bürgermeister was anderes.

DER BÜRGERMEISTER: Rößli fünf.

ILL: Billiger.

DER BÜRGERMEISTER: Allzu starker Tabak.

ILL: Eine neue Krawatte?

DER BÜRGERMEISTER: Seide.

ILL: Und Schuhe haben Sie wohl auch gekauft?

DER BÜRGERMEISTER: Ich ließ sie von Kalberstadt kommen. Komisch, woher wissen Sie das?

ILL: Deshalb bin ich gekommen.

DER BÜRGERMEISTER: Was ist denn los mit Ihnen? Sehen bleich aus. Krank?

ILL: Ich fürchte mich.

DER BÜRGERMEISTER: Fürchten?

ILL: Der Wohlstand steigt.

DER BÜRGERMEISTER: Das ist mir das Allerneuste. Wäre erfreulich.

ILL: Ich verlange den Schutz der Behörde.

DER BÜRGERMEISTER: Ei. Wozu denn?

ILL: Das wissen der Herr Bürgermeister schon.

DER BÜRGERMEISTER: Mißtrauisch?

ILL: Für meinen Kopf ist eine Milliarde geboten.

DER BÜRGERMEISTER: Wenden Sie sich an die Polizei.

ILL: Ich war bei der Polizei.

DER BÜRGERMEISTER: Das wird Sie beruhigt haben.

ILL: Im Munde des Polizeiwachtmeisters blitzt ein neuer Goldzahn.

DER BÜRGERMEISTER: Sie vergessen, dass Sie sich in Güllen befinden. In einer Stadt mit humanistischer Tradition. Goethe hat hier übernachtet. Brahms ein Quartett komponiert. Diese Werte verpflichten.

Von links tritt ein Mann auf mit einer Schreibmaschine (Der Dritte).

DER MANN: Die neue Schreibmaschine, Herr Bürgermeister. Eine Remington.

DER BÜRGERMEISTER: Ins Büro damit.

Der Mann nach rechts ab.

DER BÜRGERMEISTER: Wir verdienen Ihren Undank nicht. Wenn Sie kein Vertrauen in unsere Gemeinde zu setzen vermögen, tun Sie mir leid. Ich habe diesen nihilistischen Zug nicht erwartet. Wir leben schließlich in einem Rechtsstaat.

[...]

ILL: Dann verhaften Sie die Dame.

DER BÜRGERMEISTER: Merkwürdig. Äußerst merkwürdig.

ILL: Das hat der Polizeiwachtmeister auch gesagt.

DER BÜRGERMEISTER: Das Vorgehen der Dame ist weiß Gott nicht ganz so unverständlich. Sie haben schließlich zwei Burschen zu Meineid angestiftet und ein Mädchen ins nackte Elend gestoßen.

ILL: Dieses nackte Elend bedeutet immerhin einige Milliarden, Bürgermeister.

Schweigen.

DER BÜRGERMEISTER: Reden wir ehrlich miteinander.

ILL: Ich bitte darum.

DER BÜRGERMEISTER: Von Mann zu Mann, wie Sie es verlangt haben. Sie besitzen nicht das moralische Recht, die Verhaftung der Dame zu verlangen, und auch als Bürgermeister kommen Sie nicht in Frage. Es tut mir leid, das sagen zu müssen.

ILL: Offiziell?

DER BÜRGERMEISTER: Im Auftrag der Parteien.

ILL: Ich verstehe.

Er geht langsam links zum Fenster, kehrt dem Bürgermeister den Rücken zu, starrt hinaus.

DER BÜRGERMEISTER: Daß wir den Vorschlag der Dame verurteilen, bedeutet nicht, daß wir die Verbrechen billigen, die zu diesem Vorschlag geführt haben. Für den Posten eines Bürgermeisters sind gewisse Forderungen sittlicher Natur zu stellen, die Sie nicht mehr erfüllen, das müssen Sie einsehen. Daß wir Ihnen im übrigen die gleiche Hochachtung und Freundschaft entgegenbringen wie zuvor, versteht sich von selbst.

Aufgabe 52 Bearbeite zunächst den **Textabschnitt 1**.

a) Welche Erwartungen hat der Bürgermeister an den bevorstehenden Besuch von Claire Zachanassian?
b) Welche Bedeutung hat der Besuch für ihn und wie wird das erkennbar?
c) Wie verhält sich der Bürgermeister gegenüber Ill und warum?

Unterstreiche im Text, was dir als Antwort auf die Fragen wichtig erscheint, und halte diese Informationen dann stichwortartig fest.

Mit diesen Ergebnissen zur Person des Bürgermeisters kannst du sofort mit dem Schreiben des **Hauptteils** beginnen.
Achte darauf, einen klaren Bezug zur Einleitung herzustellen und gleich konzentriert auf die Person des Bürgermeisters hinzulenken.

Du könntest zum Beispiel so anfangen:
Im ersten Textausschnitt, der dem Beginn des ersten Akts entstammt, erwartet der Bürgermeister zusammen mit anderen Bürgern und auch mit Ill die Ankunft Claires. Er hat sich gerade Informationen über ihre Jugend beschafft und spricht mit mehreren Leuten aus der Bevölkerung.

ufgabe 53 Setze den Hauptteil fort, indem du die in Aufgabe 52 zusammengestellten Informationen über den Bürgermeister heranziehst und zusammenhängend ausführst.

ufgabe 54 Setze deinen Text fort, indem du jetzt aus dem Verhalten des Bürgermeisters charakterliche Merkmale folgerst und ihn damit auch als Mensch bewertest. Überlege auch, ob etwas Kritikwürdiges an seinem Verhalten zu entdecken ist.

Für die Bearbeitung des **Textausschnitts 2** musst du die veränderte Situation berücksichtigen, wie sie im obigen Vorspann zum Text erwähnt ist.

ufgabe 55 Bearbeite das Verhalten des Bürgermeisters (auch sein sprachliches Verhalten) nach den folgenden Leitfragen:

a) Wie hat sich der Bürgermeister verändert?
b) Welche Haltung nimmt er Ill gegenüber ein?
c) Was ist seine wirkliche Absicht und woran zeigt sich das?
d) Wie versucht er seine wirkliche Absicht zu verbergen?

Notiere zuerst in Stichworten und formuliere dann zusammenhängend.
Du beginnst deinen Text am besten wieder mit einem Hinweis auf die Situation, zum Beispiel so:
Der zweite Textausschnitt setzt eine völlig veränderte Situation voraus. Claires Forderung, Ill zu töten, und die von ihr in Aussicht gestellte Summe von einer Milliarde sind allen bekannt. Da Ill allmählich in Panik gerät, kommt er zum Bürgermeister, um Schutz zu suchen …

ufgabe 56 Kennzeichne jetzt die Interessen, die dem Verhalten des Bürgermeisters in diesem Textabschnitt zugrunde liegen, und ordne der Figur charakterliche Merkmale zu. Du kannst auch Wertungen einfließen lassen.

Im **Schlussteil** der literarischen Charakteristik geht es darum, die verschiedenartigen Verhaltensweisen des Bürgermeisters zu einem Gesamtbild seiner Person zusammenzufügen.

ufgabe 57 Fasse das Verhalten des Bürgermeisters in den beiden Textausschnitten zusammen und kennzeichne insgesamt seine wesentlichen Interessen und Charaktermerkmale. Du kannst auch eine persönliche Wertung seiner Person hinzufügen. Damit ist deine Charakteristik des Bürgermeisters fertig.

Teste dein Können: Literarische Charakteristik

Als Textbasis für die Übung dient noch einmal ein Ausschnitt aus dem nun schon bekannten *Besuch der alten Dame*. Diesmal soll die Figur des Pfarrers charakterisiert werden.

Vorab erhältst du wiederum ein paar zusätzliche Informationen zur Einordnung der Szene: Ill, die Hauptfigur des Schauspiels, fühlt sich aufgrund der von Claire Zachanassian ausgesetzten Prämie auf seinen Kopf weiterhin bedroht. Nachdem er vom Bürgermeister abgewiesen wurde, hofft er auf Unterstützung von einer anderen Autorität des Ortes, beim Pfarrer.

Barbara Schnitzler als Claire Zachanassian in einer Aufführung am Deutschen Theater in Berlin 2014

Aufgabe 58 Schreibe anhand des vorliegenden Textes eine literarische Charakteristik des Pfarrers.

Von links kommt der Pfarrer, ein Gewehr umgehängt. Er breitet über den Tisch, an dem vorher der Polizist saß, ein weißes Tuch mit einem schwarzen Kreuz, lehnt das Gewehr gegen die Wand des Hotels. Der Sigrist hilft ihm in den Talar. Dunkelheit.

DER PFARRER: Treten Sie ein, Ill, in die Sakristei.

Ill kommt von links.

DER PFARRER: Es ist dunkel hier, doch kühl.

ILL: Ich will nicht stören, Herr Pfarrer.

DER PFARRER: Das Gotteshaus steht jedem offen. *Er bemerkt den Blick Ills, der auf das Gewehr fällt.* Wundern Sie sich über die Waffe nicht. Der schwarze Panther der Frau Zachanassian schleicht herum. Eben hier im Dachgestühl, dann im Konradsweilerwald und jetzt in der Peterschen Scheune.

ILL: Ich suche Hilfe.

DER PFARRER: Wovor?

ILL: Ich fürchte mich.

DER PFARRER: Fürchten? Wen?

ILL: Die Menschen.

DER PFARRER: Daß die Menschen Sie töten, Ill?

ILL: Sie jagen mich wie ein wildes Tier.

DER PFARRER: Man soll nicht die Menschen fürchten, sondern Gott, nicht den Tod des Leibes, den der Seele. Knöpfe den Talar hinten zu, Sigrist.

Überall an den Wänden der Bühne werden die Güllener sichtbar, der Polizist zuerst, der Bürgermeister, die Vier, der Maler, der Lehrer, herumspähend, die Gewehre schußbereit, herumschleichend.

ILL: Es geht um mein Leben.

DER PFARRER: Um Ihr ewiges Leben.

ILL: Der Wohlstand steht auf.

DER PFARRER: Das Gespenst Ihres Gewissens.

ILL: Die Leute sind fröhlich. Die Mädchen schmücken sich. Die Burschen tragen bunte Hemden. Die Stadt bereitet sich auf das Fest meiner Ermordung vor, und ich krepiere vor Entsetzen.

DER PFARRER: Positiv, nur positiv, was Sie durchmachen.

ILL: Es ist die Hölle.

DER PFARRER: Die Hölle liegt in Ihnen. Sie sind älter als ich und meinen die Menschen zu kennen, doch kennt man nur sich. Weil Sie ein Mädchen um Geld verraten haben, einst vor vielen Jahren, glauben Sie, auch die Menschen würden Sie nun um Geld verraten. Sie schließen von sich selbst auf andere. Nur allzu natürlich. Der Grund unserer Furcht liegt in unserem Herzen, liegt in unserer Sünde: Wenn Sie dies erkennen, besiegen Sie, was Sie quält, erhalten Waffen, dies zu vermögen.

ILL: Siemethofers haben sich eine Waschmaschine angeschafft.

DER PFARRER: Kümmern Sie sich nicht darum.

ILL: Auf Kredit.

DER PFARRER: Kümmern Sie sich um die Unsterblichkeit Ihrer Seele.

ILL: Stockers einen Fernsehapparat.

DER PFARRER: Beten Sie. Sigrist, das Beffchen.

Der Sigrist bindet dem Pfarrer das Beffchen um.

DER PFARRER: Durchforschen Sie ihr Gewissen. Gehen Sie den Weg der Reue, sonst entzündet die Welt Ihre Furcht immer wieder. Es ist der einzige Weg. Wir vermögen nichts anderes.

Schweigen. Die Männer mit ihren Gewehren verschwinden wieder. Schatten an den Rändern der Bühne. Die Feuerglocke beginnt zu bimmeln.

DER PFARRER: Nun muß ich meines Amtes walten, Ill, muß taufen. Die Bibel, Sigrist, die Liturgie, das Psalmenbuch. Das Kindchen beginnt zu schreien, muß in Sicherheit gerückt werden, in den einzigen Schimmer, der unsere Welt erhellt.

Eine zweite Glocke beginnt zu läuten.

ILL: Eine zweite Glocke?

DER PFARRER: Der Ton ist hervorragend. Nicht? Voll und kräftig. Positiv, nur positiv.

ILL *schreit auf*: Auch Sie, Pfarrer! Auch Sie!

DER PFARRER *wirft sich gegen Ill und umklammert ihn*: Flieh! Wir sind schwach, Christen und Heiden. Flieh, die Glocke dröhnt in Güllen, die Glocke des Verrats. Flieh, führe uns nicht in Versuchung, indem du bleibst.

3 Literarische Texte interpretieren

Die Begriffe **Analyse** und **Interpretation** werden oftmals nicht klar voneinander abgegrenzt und manchmal sogar so verwendet, als bedeuteten sie mehr oder weniger das Gleiche.
Doch ist bei genauer Betrachtung die Aufgabe „Analysiere den Text" nicht dasselbe wie die Aufgabe „Interpretiere den Text" – eine Interpretation erfordert eine über die Textuntersuchung hinausgehende Deutungsarbeit.

Interpretieren bedeutet zunächst

- das Durchführen sämtlicher aus der Analyse (vgl. S. 32) bekannter Arbeitsschritte als Grundlage der Interpretationsarbeit.

Darüber hinaus geht es darum,

- die aus der analytischen Beschäftigung gewonnenen Ergebnisse zu **deuten,**
- **Zusammenhänge** zwischen einzelnen Beobachtungen am Text **herzustellen,**
- eine **Gesamtaussage** des Textes – ausführlich erläutert und anhand des Textes begründet – zu formulieren.

Über den einzelnen Text hinausgehend kann interpretieren außerdem bedeuten,

- den Text mithilfe einer produktiven Aufgabe zu bearbeiten und umzugestalten und auf diesem Wege zu einem erweiterten Textverständnis zu gelangen (siehe dazu S. 75 ff.),
- einen Text in Beziehung zu einem anderen Text zu setzen, beispielsweise Parallelen oder Gegensätze zu entdecken und zu erklären,
- einen Text in Beziehung zu der Zeit seiner Entstehung zu setzen, also zum Beispiel zu den politischen, gesellschaftlichen oder sozialen Verhältnissen, unter denen er geschrieben wurde, oder zu einer bestimmten Phase der künstlerischen Entwicklung seines Autors.

Als Grundlage für das Training einer Interpretation soll nun der folgende Text des Schweizer Autors Thomas Hürlimann dienen.

Hürlimann stammt aus der Stadt Zug und wurde 1950 geboren. Er schreibt Theaterstücke und Erzählungen. Die Geschichte *Der Filialleiter* wurde 1994 veröffentlicht.

Thomas Hürlimann

Thomas Hürlimann: Der Filialleiter

Als der Filialleiter des Supermarktes auf dem Fernsehschirm seine Frau erblickte, erschrak er zu Tode. Nein, er täuschte sich nicht – das erste Programm zeigte Maria-Lisa, seine eigene Frau. Im schicken Blauen saß sie in einer größeren Runde, und gerade jetzt, da der Filialleiter seinen Schock überwunden glaubte, wurde Maria-Lisa von der Moderatorin gefragt, was sie für ihren Ehemann empfinde.

„Nichts“, sagte Maria-Lisa.

„Maria-Lisa!“ entfuhr es dem Filialleiter, und mit zittriger Hand suchte er den Unterarm seiner Frau. Wie jeden Abend saßen sie nebeneinander vor dem Fernseher, und beide hatten ihre Füße in rote Plastikeimerchen gestellt, in ein lauwarmes Kamillenbad – das stundenlange Stehen im Supermarkt machte ihnen zu schaffen.

Die Bildschirm-Maria-Lisa lächelte. Dann erklärte sie, über den Haß, ehrlich gesagt, sei sie schon hinaus.

Der Filialleiter hielt immer noch Maria-Lisas Arm. Er schnaufte, krallte seine Finger in ihr Fleisch und stierte in den Kasten. Hier, fand er, war sie flacher als im Leben. Sie hatte ihr Was-darfs-denn-sein-Gesicht aufgesetzt und bemerkte leise, aber dezidiert: „Mein Willy ekelt mich an.“

Und das in Großaufnahme!

Nun sprach eine blonde Schönheit über die Gefahren der Affekteverkümmerung, und der Filialleiter, dem es endlich gelang, die Augen vom Apparat zu lösen, versuchte seine Umgebung unauffällig zu überprüfen. Jedes Ding war an seinem Platz. In der Ecke stand der Gummibaum, an der Wand tickte die Kuckucksuhr, und neben ihm saß die Frau, mit der er verheiratet war. Kein Spuk – Wirklichkeit! Maria-Lisa war auf dem Bildschirm, und gleichzeitig griff sie zur Thermosflasche, um in die beiden Plastikeimer heißes Wasser nachzugießen.

Sein Fußbad erfüllte Willy auch an diesem Abend mit Behagen. Dann rief er sich in Erinnerung, was ablief. Ungeheuerlich! Auf dem Schirm wurde das emotionale Defizit eines Ehemanns behandelt, und dieser Ehemann war er selbst, der Filialleiter Willy P.! Er griff zum Glas und hatte Mühe, das Bier zu schlucken. Hinter seinem Rücken war Maria-Lisa zu den Fernsehleuten gegangen. Warum? Willy hatte keine Ahnung. Willy wußte nur das eine: Vor seinen Augen wurde sein Supermarkt zerstört.

Maria-Lisa reichte ihm das Frotteetuch, aber der Filialleiter stieg noch nicht aus dem Eimer. Er hielt das Tuch in der Hand, und so stand er nun, nur mit Unterhemd und Unterhose bekleidet, minutenlang im Kamillenbad – ein totes Paar Füße, im Supermarkt plattgelatscht.

„Das Wasser wird kalt“, sagte Maria-Lisa.

Der Filialleiter rieb sich die Füße trocken, dann gab er Maria-Lisa das Tuch.

Als die Spätausgabe der Tagesschau begann, saßen sie wieder auf dem Kanapee, Maria-Lisa und der Filialleiter, Seite an Seite, er trank sein Bier und sie knabberte Salzstangen.

Aufgabe 59 Bearbeite diesen Text zunächst mit den bekannten, in den vorigen Kapiteln geübten textanalytischen Verfahrensweisen und schreibe eine Textanalyse – den Schlussteil lässt du dabei jedoch vorläufig weg.
Schlage bei Unklarheiten noch einmal auf den Seiten 1 bis 38 nach.

Auf der Grundlage der Ergebnisse der Textanalyse geht es jetzt um das weiterführende Deuten und Erklären, das die **Interpretation** ausmacht.

Wichtige Gesichtspunkte sind dabei

- eine vertiefende Beschäftigung mit den **Personen** einer Erzählung und mit den **Motiven** ihres Handelns,
- eine zusammenfassende, die gesamte Handlung überblickende Erläuterung und Begründung der **Beziehung** der Personen zueinander, wie sie im Verlauf praktisch jedes literarischen Textes auf irgendeine Weise sichtbar wird.

Aufgabe 60 Erläutere das Verhältnis der beiden Personen zueinander und beurteile die Art ihres Zusammenlebens.

Aufgabe 61 Wie könnte man die Entstehung der unterschiedlichen Gefühlsverfassungen der beiden Personen erklären?

Aufgabe 62 Versuche zu begründen, weshalb sich Maria-Lisa mit ihrem Problem an das Fernsehen gewandt hat.

Aufgabe 63 Welche Bedeutung hat das abendliche Fernsehen für das Leben der beiden Personen?

Aufgabe 64 Erkläre die Bedeutung der in den Zeilen 59 bis 65 geschilderten Szene im Hinblick auf das Bild, das der Erzähler auf diese Weise von Willy erzeugt. Untersuche und deute auch die Worte „ein totes Paar Füße, im Supermarkt plattgelatscht“.

Aufgabe 65 Schreibe an der eben untersuchten Textstelle – nach dem Wort „Kamillenbad“ in Zeile 64 – die Gedanken des Filialleiters in der Ich-Form in den Text hinein.

Aufgabe 66 Fasse im Rückblick Thema und Aussage des Textes in wenigen Sätzen zusammen.

Der Filialleiter in seiner liebsten Umgebung: seinem Supermarkt.

Ein **Vergleich** mit einem anderen Text, der die gleiche oder eine ähnliche Thematik behandelt, ist ein weiterer guter Weg, um bei einer Interpretation zu vertieften Ergebnissen zu kommen.

Dabei ist die Berücksichtigung folgender Gesichtspunkte hilfreich:

Leitfragen für den Vergleich zweier fiktionaler Texte

- Inwiefern gleichen sich die in den beiden Texten geschilderten Situationen?
- Inwiefern unterscheiden sie sich?
- Welche Schlussfolgerungen lassen sich aus dem Vergleich der Situationen ziehen?
- Welche Personen kommen für einen Vergleich infrage?
- Welche Verhaltensweisen und Merkmale sind gleich oder ähnlich?
- Welche Verhaltensweisen und Merkmale sind gegensätzlich?
- Welche Ähnlichkeiten bzw. Gegensätze ergeben sich beim Vergleich der Beziehungen zwischen den Personen?
- Welche Ähnlichkeiten bzw. Gegensätze lassen sich hinsichtlich der verwendeten Sprache feststellen?
- Welchen Textsorten sind die zu vergleichenden Texte zuzuordnen? Liegen unterschiedliche Textsorten vor (z. B. Kurzgeschichte / Gedicht) und wie wirkt sich das auf die Gestaltung aus?

Der bereits behandelte Text *Das Brot* von Wolfgang Borchert eignet sich für eine vergleichende Deutung.

Aufgabe 67 Überprüfe die Personenkonstellation und den Handlungsverlauf in beiden Geschichten und begründe kurz, weshalb sich beide Texte für die Durchführung eines Vergleichs eignen.

Aufgabe 68 Vergleiche die beiden Texte. Orientiere dich dabei an den im Merkkasten aufgeführten Gesichtspunkten und formuliere deine Ergebnisse.
Stelle ganz am Schluss deiner Darstellung die Aussagen beider Texte konzentriert und vergleichend nebeneinander.

Aus deinen Lösungen zu den einzelnen Aufgaben kann jetzt eine Interpretation zusammengefügt werden. Für einen besseren Überblick sollen die einzelnen Bausteine, die du hier gestaltet hast, noch einmal in ihrer Abfolge benannt werden:

Bausteine eines Interpretationsaufsatzes zu einem literarischen Text

- Einleitung
- Lösung der Analyseaufgaben
  - Gliederung
  - Inhaltsangabe
  - Untersuchung von Erzählperspektive, Zeitgestaltung, Schauplatzdarstellung und Textsorte
  - Untersuchung der Personengestaltung
- Weiterführende Interpretation
  - Fragen zum Verhältnis der Personen zueinander und zur Begründung ihres Verhaltens
  - Deutung einer besonderen Szene und einer speziellen Textpassage
  - Selbstständige Weiterführung eines im Text angedeuteten Gedankens oder Gefühls aus der Sicht einer Person im Text
- Rückblick und Zusammenfassung im Schlussteil
- Vergleich von ausgewählten Gesichtspunkten des Textes mit ähnlichen Aspekten eines anderen Textes

4 Gedichte analysieren

Wie andere fiktionale Texte auch haben viele Gedichte eine Handlung, es tauchen Personen auf und Situationen werden beschrieben.
Eine Gedichtanalyse weicht jedoch in vieler Hinsicht von den schon bekannten Verfahren für die Bearbeitung eines fiktionalen Textes (siehe Kapitel 1) ab – deshalb greifen wir die Aufgabe der Gedichtanalyse hier in einem eigenen Kapitel auf.
Das Besondere an Gedichten liegt vor allem in der Art ihrer sprachlichen Gestaltungsweise. Gedichte zeichnen sich in der Regel durch eine knappe, konzentrierte Sprache aus. Häufig sind sie in Strophenform, in einem bestimmten Versmaß oder in Reimen geschrieben (diese Fachbegriffe werden auf S. 66–70 erläutert). Aber auch Gedichte, in denen auf diese traditionellen Darstellungsformen verzichtet wird, weisen bestimmte Mittel sprachlicher Gestaltung auf.

Bei einem Gedicht geht es immer darum, dass durch seine **Sprache** und durch seine **Form**, das heißt durch strophische Gliederung, Reim und Versmaß, Wirkungen erzielt werden sollen, die die inhaltliche Aussage unterstützen und verstärken.
Diesen **Zusammenhang von Gestaltung und inhaltlichen Aussagen** muss eine Gedichtanalyse immer herausarbeiten. Es genügt daher keinesfalls, die Beschäftigung mit der Form und der sprachlichen Gestaltung einfach mit ein paar belanglosen Feststellungen abzutun (etwa: *Das Gedicht besteht aus drei Strophen mit je vier Verszeilen, die als Kreuzreim angeordnet sind*).

Eine Gedichtanalyse hat sich mit den folgenden Aufgabenbereichen zu befassen:

Gesichtspunkte für die Bearbeitung eines Gedichts

- Formulierung eines ersten Eindrucks
- Erarbeitung der inhaltlichen Aussagen des Gedichts (Geschehen, Personen, Situationen): genaue Analyse von Einzelheiten und Schwerpunkten, die für die inhaltliche Aussage bedeutsam sind
- Erarbeitung der Form und der speziellen sprachlichen Gestaltungsweise des Gedichts
- Erläuterung des Zusammenhangs von inhaltlichen Aussagen und Form, zum Beispiel der Hervorhebung von Aussagen durch Reim, Versmaß oder Metaphern
- Formulierung einer zusammenfassenden Aussageabsicht des Gedichts

Aufgabe 69 Versuche zunächst, einen Gesamteindruck der folgenden Gedichtverse zu formulieren, und arbeite dann die einzelnen inhaltlichen Aussagen heraus.

Hör, es klagt die Flöte wieder,
Und die kühlen Brunnen rauschen,
Golden wehn die Töne nieder –
Stille, stille, lass uns lauschen!

[...]

(Clemens Brentano: Abendständchen)

Zu den bisherigen, noch nicht allzu ergiebigen Ergebnissen muss nun eine Untersuchung der Gestaltungsweise des Textes hinzukommen.

Aufgabe 70 Bearbeite die folgenden Aufgaben zu Form und Sprache des Gedichts:

a) Wie werden die Klangwirkungen, die dir in Aufgabe 69 aufgefallen sein sollten, sprachlich hervorgerufen?

b) Untersuche die Form des Gedichts, indem du die Abfolge von betonten und unbetonten Silben, also das Versmaß, bestimmst (betonte Silben durch Akzente markieren). Beschreibe außerdem die Reimform.
Wenn du bezüglich der Fachbegriffe unsicher bist, lies die Seiten 66 bis 70.

c) Wie tragen diese herausgearbeiteten Gestaltungsmittel zu den Klangwirkungen im Gedicht bei?

d) Wie sind die Klangwirkungen in Vers 3 sprachlich dargestellt?

Klangwirkungen und bildhafte Ausdrücke (Metaphern), die die inhaltlichen Aussagen „hörbar" machen, sind also für die Gestaltung dieses Gedichts charakteristisch. Für die in diesem Gedicht auffällige Vermischung von Sinneseindrücken, hier von akustischen (klanglichen) Elementen mit optischen (farblichen) Eindrücken und auch mit Bewegungen, solltest du dir den Fachausdruck **Synästhesie** merken.

Ganz anders sieht die sprachliche Gestaltungsweise bei dem folgenden Gedicht aus. Hier erfährst du etwas über das Ende einer großen Liebe:

(Erich Kästner: Sachliche Romanze)

Als sie einander acht Jahre kannten
(und man darf sagen: sie kannten sich gut),
kam ihre Liebe plötzlich abhanden.
Wie andern Leuten ein Stock oder Hut.

[...]

Aufgabe 71 Wie unterscheidet sich die Darstellungsweise des Geschehens in diesem Gedicht von der Art und Weise, wie man in einer Erzählung zum selben Thema vorgehen würde?

Aufgabe 72 Untersuche genauer, **was** man von den beiden Personen erfährt und **wie** sie dargestellt sind.

Aufgabe 73 Versuche nun, aus der Darstellungsweise des Gedichts und aus der Art, wie von den Personen gesprochen und wie ihr Liebesverlust sprachlich beschrieben und gewertet wird, Schlussfolgerungen im Hinblick auf die Aussageabsicht des Textes zu ziehen.
Formuliere dann deine Untersuchungen und Ergebnisse zu den Aufgaben 71 bis 73 in einem zusammenhängenden Text.

Mit diesen Überlegungen zum Inhalt des Gedichts sowie zur sprachlichen Darstellungsweise und Thematik hast du bereits einige wichtige Arbeitsbereiche einer Gedichtanalyse behandelt.

Um noch mehr Gestaltungsweisen auf die Spur zu kommen, die für Gedichte charakteristisch sind, soll noch ein weiterer Text betrachtet werden.

Im Jahre 1841 schrieb Heinrich Heine ein Gedicht, dem er den Titel *Die schlesischen Weber* gab. Hintergrund des Textes ist die Armut der Weber im schlesischen Erzgebirge, die ihre Waren noch mühevoll auf von Hand betriebenen Webstühlen herstellten und somit natürlich viel weniger produzieren und verkaufen konnten als die Weber in anderen Ländern, die schon mit Maschinen arbeiteten. Heine stellt in der ersten Strophe die Weber vor:

Im düstern Auge keine Träne,
Sie sitzen am Webstuhl und fletschen die Zähne:
Deutschland, wir weben dein Leichentuch,
Wir weben hinein den dreifachen Fluch –
Wir weben, wir weben!

Aufgabe 74 Stelle die Informationen zusammen, die über die Situation und das Aussehen der Weber gegeben werden, und arbeite heraus, wie ihre Tätigkeit dargestellt ist. Formuliere dann zusammenhängend anhand deiner Beobachtungen am Text den Eindruck, der von den Webern entsteht.

Das folgende Gedicht erscheint dir möglicherweise schwierig, weil keine spezielle Handlung auszumachen ist.

Rose Ausländer: Doppelspiel

Wir verwalten
die Erde

verwandeln sie
in Gärten   Worte   Scheiterhaufen

Dieses Doppelspiel
Blumenworte
Kriegsgestammel

Aufgabe 75 Arbeite anhand der ersten beiden Strophen heraus, worum es in dem Gedicht überhaupt geht. Achte darauf, von wem hier etwas ausgesagt wird und welches Geschehen durch die Verben ausgedrückt wird.

Aufgabe 76 Untersuche die Wortbedeutungen der drei Nomen in Vers 4 und arbeite heraus, inwiefern sie jeweils eine Richtung zum Ausdruck bringen, in die der Mensch die Erde „verwandelt“.

Wörter wie *Gärten* und *Scheiterhaufen* enthalten eindringliche Konnotationen. Unter **Konnotation** versteht man eine starke, auf der Ebene des Gefühls mitschwingende Nebenbedeutung eines Wortes. Du hast in deiner Lösung zur vorigen Aufgabe herausgearbeitet, wie gerade durch die Wörter *Gärten* und *Scheiterhaufen* nicht nur gegensätzliche Aussagen über die Verwandlung der Erde durch die Menschen gemacht werden, sondern auch wie Gefühlswirkungen erzeugt werden, die die inhaltliche Aussage der Worte zusätzlich stützen.

Schlüsselwörter in Gedichten

Für das Verständnis vieler Gedichte ist es wichtig, bestimmte Wörter in ihrer Bedeutung richtig „aufzuschließen":

- Wörter, die metaphorisch gebraucht werden, also nicht ihrem normalen Wortsinne nach zu verstehen sind
- Wörter, die bestimmte Konnotationen enthalten und so eine durch Gefühlswirkung unterstützte intensive Vorstellung hervorrufen

Solche für das Textverständnis entscheidenden Wörter bezeichnet man als „Schlüsselwörter".

ufgabe 77 Entschlüssele auf der Basis deiner Kenntnisse über Konnotationen die Bedeutung der letzten Strophe. Finde heraus, inwiefern hier ein Zusammenhang mit dem eben untersuchten vierten Vers entsteht und wie dieser Zusammenhang zur Gesamtaussage des Gedichts beiträgt.

4.1 Aufbau und sprachliche Gestaltung einer Gedichtanalyse

Der Aufbau einer Gedichtanalyse ähnelt dem der anderen Aufsatzarten.

Aufbau einer Gedichtanalyse

1. **Einleitung**
   - kurze **Informationen** zu **Autor** und **Text**
   - Formulierung eines **ersten Eindrucks** zum Gedicht oder knappe Skizzierung des Themas
2. **Hauptteil**
   - Beschreibung der **Form** des Gedichts
   - Darstellung der inhaltlichen **Gliederung**
   - genaue **Erläuterungen** zum Inhalt der einzelnen Gliederungsabschnitte
   - Herstellung von **Querverbindungen** zwischen den Erläuterungen zum Inhalt, den Einzelheiten der Form und der sprachlichen Darstellungsweise des Gedichts
3. **Schluss**
   - knappe **Zusammenfassung** der wichtigen Ergebnisse
   - Erschließung der **Aussageabsicht (Intention)** des Gedichts

Manchmal wird die Aufgabe auch um einen Vergleich mit einem anderen Gedicht erweitert. Darauf wird nachher noch näher eingegangen (S. 73 f.).

Tipps zur sprachlichen Gestaltung der Gedichtanalyse

- Schreibe deinen Text im **Präsens**.
- Verwende eine **klare, sachliche Sprache**.
- Behalte die **sachlich beschreibende Haltung** zum Text bei, auch wenn dir ein Gedicht gar nicht gefällt. Deine eigene Meinung zu dem Gedicht teilst du nur mit, wenn du in der Aufgabenstellung ausdrücklich dazu aufgefordert wirst. Ganz falsch wäre es, statt einer sachlichen Analyse nur persönliche Eindrücke zu formulieren.
- Achte darauf, **nicht** ins **Nacherzählen** zu geraten – auch wenn diese Gefahr bei einem Gedicht sicherlich nicht so groß ist wie bei einer Erzählung. Denke daran, nicht nur wiederzugeben, worum es in dem Gedicht geht, sondern **erkläre**, mit welchen Mitteln dieser Inhalt des Gedichts dargestellt ist.
- Für den Text wichtige Wörter kannst du bei der Erläuterung **zitieren**. Vergiss dabei aber nicht, Anführungsstriche zu setzen und die Wörter beim Zitieren unverändert zu lassen!

Notwendige Fachbegriffe

Um die Form und die sprachliche Gestaltung eines Gedichts zu beschreiben, gibt es Fachbegriffe, von denen du ja schon einige kennengelernt hast. Die wichtigsten und für die Analyse notwendigen sollen dir noch einmal vor Augen geführt werden. Man muss sie zwar leider lernen, aber sie anzuwenden spart Zeit, da umständliche Erklärungen wegfallen.

Ein Gedicht ist aufgebaut aus größeren Einheiten, den **Strophen**, die sich wiederum aus den einzelnen Verszeilen, meist auch nur **Verse** genannt, zusammensetzen. Je nach Anzahl der Verse pro Strophe spricht man zum Beispiel von einer vier- oder von einer sechszeiligen Strophe.

Der **Reim** stellt in den meisten Gedichten eine Art Verbindung zwischen einzelnen Versen her. Definiert wird er als **Gleichklang** von Wörtern vom letzten betonten Vokal an: „Liebe“ reimt sich auf „Diebe“.
Wörter können sich innerhalb eines Verses (Binnenreim) oder – wie es meist bei Gedichten der Fall ist – am Versende reimen (Endreim).

Man spricht vom **Paarreim**, wenn die sich am Versende reimenden Verse unmittelbar aufeinander folgen. Bei einem **Kreuzreim** reimen sich jeweils die Verse 1 und 3 und – mit einem anderen Reimklang – die Verse 2 und 4. Bei einem **umarmenden Reim** umfasst der Reim der Verse 1 und 4 den dazwischen liegenden Reim der Verse 2 und 3.
Um das Reimschema darzustellen, bezeichnet man gleiche Reimklänge oft mit gleichen Buchstaben. Aufeinander folgende Paarreime kann man also so kennzeichnen: aa bb cc usw.; einen Kreuzreim so: abab; einen darauf folgenden Kreuzreim so: cdcd usw. Entsprechend lautet das Buchstabenschema beispielsweise bei zwei aufeinander folgenden umarmenden Reimen (also insgesamt 8 Versen): abba cddc.

Ein Sonderfall des Reims ist die **Assonanz**. Hier sind nur die Vokale, nicht die Konsonanten am Reim beteiligt. Das Ergebnis hättest du vielleicht gar nicht als eine Art des Reims angesehen: „Sonne“ bildet beispielsweise eine Assonanz zu „vergoldet“ wegen des gemeinsamen o-Klangs.

Ein weiteres wichtiges formales Gestaltungselement von Gedichten ist das **Versmaß** (auch **Metrum** genannt). Darunter versteht man die Abfolge der **Betonungen** in einem Vers. Du gehst dabei von der alltagssprachlichen Wortbetonung aus, die in der deutschen Sprache bei nicht zusammengesetzten Wörtern immer auf der **ersten** Silbe liegt, beispielsweise bei „Abend“ und

„Freude". (In Zweifelsfällen kannst du im Duden nachschauen; es gibt sogar einen Ausspracheduden, den ihr bestimmt in der Schulbibliothek habt!)
Wenn du die betonten Silben pro Vers zählst, bekommst du einen wichtigen Anhaltspunkt für das Metrum des Gedichts; man spricht zum Beispiel bei vier betonten Silben von einer Vierhebigkeit des Verses. Die Anzahl dieser Hebungen bzw. Betonungen pro Vers kann innerhalb einer Strophe gleich bleiben, sie kann sich aber auch ändern. Auch hieraus beziehst du Hinweise auf das Versmaß.
Außerdem ist es wichtig, die **Verteilung** der betonten Silben in den Verszeilen zu beschreiben. Im Allgemeinen ist hier eine gewisse Regelmäßigkeit zu erkennen.

Ein Vers besteht oft aus einer gleichmäßigen Abfolge von betonten und unbetonten Silben. Man spricht von einem **Trochäus** (Plural: Trochäen), wenn nach einer betonten eine unbetonte Silbe folgt. So hast du es vorhin im Beispielgedicht von Brentano gesehen:

Hör, es klagt die Flöte wieder,

Dies kann man schematisch darstellen, indem man für jede Silbe ein x setzt und eine betonte Silbe zusätzlich mit einem Akzent darüber kennzeichnet. Die obige Verszeile sieht als Schema geschrieben also so aus:

x́ x | x́ x | x́ x | x́ x

Jetzt kannst du erkennen, dass hier vier Trochäen aufeinanderfolgen (zur Verdeutlichung kann man, wie oben, die einzelnen Trochäen durch senkrechte Striche abteilen). Man spricht bei diesem Vers von einem vierhebigen Trochäus.

Die umgekehrte Abfolge, bei der auf die unbetonte die betonte Silbe folgt, heißt **Jambus**; eine vierhebige Verszeile, die aus Jamben besteht, ist zum Beispiel:

Der Schmaus geht an! Der Wein ist da! (Friedrich Gottlieb Klopstock)

Diese Verszeile sieht als Schema geschrieben so aus:

x x́ | x x́ | x x́ | x x́

Du solltest noch den **Daktylus** (Plural: Daktylen) kennen, der aus einer betonten und zwei darauf folgenden unbetonten Silben besteht. Ein Textbeispiel:

Pfingsten, das liebliche Fest war gekommen ... (Johann Wolfgang von Goethe)

Das Schema für diese Verszeile ist:

x́ x x | x́ x x | x́ x x | x́ x

Hier würde man von einem vierhebigen Daktylus sprechen (im Original geht der Vers noch weiter).

Es ist auch möglich, dass ein Vers mit einem so genannten **Auftakt** beginnt, nämlich mit einer vorangestellten unbetonten Silbe; daran anschließend setzt erst das mit betonter Silbe beginnende Versmaß, also ein Trochäus oder Daktylus, ein.

> Zwei Segel erhellend
> Die tiefblaue Bucht!

Als Schema:

> x | x́ x x | x́ x
> x | x́ x x | x́

Hier beginnen die Verse also jeweils mit einem Auftakt, dann folgt ein Daktylus; in der oberen Zeile folgt dann noch ein Trochäus, die untere endet mit einer einzelnen betonten Silbe.

Für diese beiden unterschiedlichen Arten eines Versendes gibt es noch zwei Fachausdrücke, die du dir merken und gelegentlich anwenden solltest: Der erste Vers „Zwei Segel erhellend“ endet mit einer unbetonten Silbe, es liegt ja ein

Trochäus vor. Man bezeichnet diesen unbetonten Versschluss als **weibliches Versende** (oder weiblichen Versausgang).
Der zweite Vers des obigen Beispiels („die tiefblaue Bucht“), der mit betonter Silbe schließt, kann ebenfalls mit einem entsprechenden Fachausdruck bezeichnet werden: Hier spricht man von einem **männlichen Versende**.

Gedichte sind meist durch eine gewisse Regelmäßigkeit in der Abfolge der Trochäen, Jamben oder Daktylen gekennzeichnet. Aber es können auch Unregelmäßigkeiten im Versmaß auftreten, wenn etwa Daktylen sich in Jamben oder Trochäen „einmischen“ oder Wörter auftauchen, die in ihrer normalen Wortbetonung nicht zu einem dieser Versmaße passen. Wenn du auf einen solchen Fall stößt, solltest du in der Analyse immer überlegen, warum ein bestimmtes Wort dadurch auffällig wird, dass es aus einem vorhandenen, gleich bleibenden Versmaß heraustritt.

Ein weiteres sprachliches Darstellungsmittel soll noch genannt werden, da es mit Klangwirkungen arbeitet und daher oft in Gedichten Verwendung findet: die **Alliteration**. Du kennst sie schon aus der Alltagssprache, zum Beispiel von Ausdrücken wie „bei Wind und Wetter“: Hier weisen zwei Wörter die gleichen Buchstaben am Wortanfang auf. In der dichterischen Sprache wird die Alliteration, also der Gleichklang am Wortanfang bzw. an der ersten betonten Silbe eines Wortes, in ähnlicher Weise verwendet, um die inhaltlichen Zusammenhänge von Wörtern auch klanglich zu veranschaulichen. Das geht auch bei mehreren Wörtern. Ein Beispiel einer dreifachen Alliteration ist: „Alternde Astern atmen schwach im Beet.“

Als letztes Mittel sprachlicher Gestaltung bei Gedichten solltest du noch die **Personifikation** kennen. Sie liegt dann vor, wenn ein abstrakter Begriff, ein Sachverhalt oder ein Gegenstand beschrieben wird, als wäre er ein Mensch oder als hätte er menschliche Verhaltensweisen oder sogar Gefühle. Viele Personifikationen in unserer Umgangssprache bemerken wir kaum noch, etwa: „Das Wetter lädt zum Baden ein“, „Die Sonne geht unter“. Die dichterische Sprache bemüht sich daher meistens, Personifikationen auffällig zu gestalten. Goethe zum Beispiel sehnt in einem seiner berühmtesten Gedichte den inneren Frieden herbei, indem er ihn personifiziert: „Süßer Friede, / Komm, ach, komm in meine Brust!“ *(Wanderers Nachtlied)*

4.2 Eine Gedichtanalyse schreiben

Zunächst soll das Gedicht *Die Stadt* von Theodor Storm analysiert werden.

Theodor Storm: Die Stadt

1 Am grauen Strand, am grauen Meer
Und seitab liegt die Stadt;
Der Nebel drückt die Dächer schwer,
Und durch die Stille braust das Meer
Eintönig um die Stadt.

Es rauscht kein Wald, es schlägt im Mai
Kein Vogel ohn Unterlass;
Die Wandergans mit hartem Schrei
Nur fliegt in Herbstesnacht vorbei,
Am Strande weht das Gras.

Doch hängt mein ganzes Herz an dir,
Du graue Stadt am Meer;
Der Jugend Zauber für und für
Ruht lächelnd doch auf dir, auf dir,
Du graue Stadt am Meer.

Die Informationen zu Autor und Text, die in die Einleitung gehören, entnimmst du den Quellen, die bereits im Kapitel zur Textanalyse genannt wurden (siehe S. 34). Ein Lückentext soll dir zunächst wieder Hilfestellung geben.

Aufgabe 78 Ergänze die Lücken in dem folgenden Einleitungstext zur Gedichtanalyse.

Der Verfasser des vorliegenden Gedichts ist Theodor Storm. Er wurde 1817 in ________________ in Schleswig-Holstein geboren. Wie sein Vater ergriff er zunächst den Beruf eines ________________________, später war er in seiner Heimatstadt als ________________________ tätig. Zeitweilig musste er wegen der politischen und militärischen Auseinandersetzungen zwischen Schleswig-Holstein und Dänemark seine Heimat verlassen. Er starb ______________ in __________ __________.

Storm schrieb viele Gedichte und Erzählungen, zum Beispiel die bekannte Erzählung *Der* ________________________. In vielen seiner Werke spielen die Atmosphäre und die Menschen seiner norddeutschen Heimat eine wichtige Rolle.

Das vorliegende Gedicht *Die Stadt* ist um 1850 entstanden.

Aufgabe 79 Formuliere einen ersten Eindruck zum Gedicht.

Aufgabe 80 Nun kann mit dem Hauptteil der Gedichtanalyse begonnen werden. Untersuche die äußere Form des Gedichts und formuliere deine Ergebnisse in einigen Sätzen.

Aufgabe 81 Die Erarbeitung einer Gliederung hilft dir, einen Überblick über die inhaltlichen Aussagen zu bekommen. Kennzeichne dabei jeden der Gliederungsabschnitte mit einem knappen zusammenfassenden Satz und lasse in deiner Formulierung auch den Grund für deine Gliederung erkennen.

Das bisher Erarbeitete gehört noch zu den textanalytischen Vorarbeiten. Nun folgt die eingehende Beschäftigung mit den einzelnen Aussagen und der Darstellungsweise des Gedichts.

Aufgabe 82 Untersuche zunächst anhand der ersten Strophe genau, wie im ersten Gliederungsabschnitt ein negativer Eindruck von der Stadt hervorgerufen wird. Achte dabei besonders auf Farben und Geräusche und berücksichtige, was du vorhin über die Wirksamkeit sprachlicher und formaler Gestaltungsmittel gelernt hast.
Formuliere deine Ergebnisse im Zusammenhang.

Aufgabe 83 Arbeite heraus, wie der Dichter in der zweiten Strophe bei der Beschreibung der Stadt inhaltlich und sprachlich vorgegangen ist.

Schon die Gliederung hat gezeigt, dass in der dritten Strophe die Stadt auf ganz andere Weise beschrieben wird.

Aufgabe 84 Zeige, welche inhaltlichen Aussagen und sprachlichen Mittel nun ein positives Bild von der Stadt entstehen lassen, und arbeite heraus, wie die veränderte Haltung des Sprechers zur Stadt begründet wird.
Formuliere deine Ergebnisse zusammenfassend.

Aufgabe 85 Fasse für den Schlussteil deiner Analyse diese Veränderung in der Wahrnehmung der Stadt zusammen.

Aufgabe 86 Versuche, mithilfe von Informationen über Storm und die damalige politische Situation die Aussageabsicht des Gedichts noch etwas zu erweitern.

Wenn du nun die Texte, die du für die verschiedenen Aufgaben geschrieben hast, noch einmal überprüfst und zu einem Text zusammenfügst, ist deine Gedichtanalyse fertig.

4.3 Einen Gedichtvergleich schreiben

Als Ergänzung zu einer Gedichtanalyse gibt es oft eine Vergleichsaufgabe, bei der du noch ein zweites Gedicht mit dem gleichen oder einem ähnlichen Thema vorgelegt bekommst. Meist wird der Vergleich dabei auf eine spezielle Fragestellung konzentriert.

Beim Thema „Stadtgedicht" wird eine solche Vergleichsaufgabe die Frage nach der Darstellungsweise der Stadt aufwerfen. Deine Analyse des Gedichts von Theodor Storm könnte daher um folgende Aufgabenstellung und folgenden Text ergänzt werden:
Vergleiche die Darstellungsweise der Stadt bei Storm mit der Darstellungsweise im folgenden Gedicht von Alfred Wolfenstein.

Alfred Wolfenstein: Städter, 1919

Nah wie Löcher eines Siebes stehn
Fenster beieinander, drängend fassen
Häuser sich so dicht an, dass die Straßen
Grau geschwollen wie Gewürgte sehn.

Ineinander dicht hineingehakt
Sitzen in den Trams[1] die zwei Fassaden
Leute, wo die Blicke eng ausladen
Und Begierde ineinander ragt.

Unsere Wände sind so dünn wie Haut,
Dass ein jeder teilnimmt, wenn ich weine.
Flüstern dringt hinüber wie Gegröhle:

Und wie stumm in abgeschlossner Höhle
Unberührt und ungeschaut
Steht doch jeder fern und fühlt: alleine.

1 Tram = Straßenbahn

Aufgabe 87 Untersuche, wie Wolfenstein in seinem Gedicht, das viel später entstanden ist als das von Storm, die Stadt darstellt und welche Eindrücke er von ihr erzeugt. Schreibe deine Beobachtungen dann in einem zusammenhängenden Text auf.

Aufgabe 88 Arbeite jetzt Ähnlichkeiten und Gegensätze in den Stadtbildern, die die beiden Gedichte beschreiben, heraus und formuliere deine Ergebnisse dann zusammenhängend.

Aufgabe 89 Fasse zum Abschluss der Vergleichsaufgabe deine Ergebnisse zusammen, indem du die anfänglichen Ähnlichkeiten kurz kennzeichnest und dann die scharfen Gegensätze formulierst.

Teste dein Können: Gedichtanalyse

Aufgabe 90 Fertige eine vollständige Analyse des folgenden Gedichts an.

Conrad Ferdinand Meyer: Zwei Segel

Zwei Segel erhellend
Die tiefblaue Bucht!
Zwei Segel sich schwellend
Zu ruhiger Flucht!

Wie eins in den Winden
Sich wölbt und bewegt,
Wird auch das Empfinden
Des andern erregt.

Begehrt eins zu hasten,
Das andre geht schnell,
Verlangt eins zu rasten,
Ruht auch sein Gesell.

5 Gestaltendes Interpretieren

Aufgaben zum gestaltenden Interpretieren beziehen sich auf einen **literarischen Ausgangstext**. Auf der Grundlage dieses Originaltextes sollst du dann einen neuen, eigenen verfassen.
Bei dieser Art der **Textproduktion** wird erwartet, dass du zum einen die **Textvorlage deutest** wie bei einer Interpretation; zum anderen geht es darum, die Informationen, die du aus dem Ausgangstext erschließt, in einer vorgegebenen Textsorte **kreativ darzustellen**. In der Regel sollst du dabei die Perspektive einer der beteiligten Figuren (seltener: eines unbeteiligten Beobachters) einnehmen. Zeige in dem von dir gestalteten Text, dass du deren Situation oder deren Problem verstanden hast und dass du dich in sie bzw. ihre Gedanken- und Gefühlswelt hineinversetzen kannst.
Du hast bei dieser Schreibaufgabe Spielraum für deine individuelle Lösung. Ein paar grundsätzliche Punkte zu Form, Inhalt und Sprache musst du beim Verfassen deines Textes dennoch beachten:

- Die **formalen Kriterien** der geforderten **Textsorte** (Tagebucheintrag, Brief etc.) müssen berücksichtigt und umgesetzt werden. Du solltest diese Merkmale also genau kennen (siehe Kapitel 5.1 bis 5.4).
- Der **Inhalt** des neu erstellten Textes muss zu dem der **Textvorlage** passen. Lasse deine Fantasie spielen, aber achte auch auf Stimmigkeit im Hinblick auf den Ausgangstext: Deine Lösung darf inhaltlich kreativ, sie sollte aber auch glaubwürdig sein.
- Die **sprachliche Gestaltung** sollte sich an die Sprache der betreffenden **Figur(en)** annähern. Überlege also gut, wer der Sprecher bzw. Schreiber deines Textes ist und wie dieser sich ausdrücken würde. Dabei können dir die Äußerungen im Ausgangstext helfen, die du noch einmal genau anschauen solltest. Auch diese Überlegungen können nützlich sein: Zu wem spricht die Figur? Wie alt ist sie? In welchem sozialen Umfeld bewegt sie sich? In welcher Zeit lebt sie?

Es gibt einige typische **Textsorten**, die im Bereich des gestaltenden Interpretierens häufig verlangt werden: der Tagebucheintrag, der (persönliche) Brief, der innere Monolog und der Dialog. Im Folgenden werden sie dir im Einzelnen mit ihren wichtigsten Merkmalen vorgestellt.

5.1 Einen Tagebucheintrag schreiben

Der Eintrag ins **Tagebuch** hält **subjektive Erfahrungen**, **Gedanken und Gefühle** fest. Der Schreiber setzt sich mit einem Erlebnis oder einem Thema auseinander, das ihn bewegt (hat), um es zu verarbeiten oder besser zu verstehen. Die Äußerungen, die im Tagebuch gemacht werden, können sehr **offen und persönlich** sein, sie sind ja nur für den Schreiber selbst gedacht.
Der Tagebucheintrag hat eine recht offene Struktur. Eine bloße Aneinanderreihung von Gedanken solltest du allerdings vermeiden. Am Anfang steht häufig die Erinnerung an ein Erlebnis aus jüngster Zeit, gegen Ende macht sich der Schreiber möglicherweise Gedanken über die Zukunft.

Sprachlich sollte der Tagebuchtext **spontan** wirken, d. h. du kannst (in Maßen) auch Umgangssprache oder unvollständige Sätze verwenden. Geschrieben wird in der 1. Person Singular.

Beispiel So könnten die Aufgabenstellung und der Anfang eines Tagebucheintrags zum Text „Lange Schatten" von M. L. Kaschnitz (siehe S. 8–12) aussehen:

Abends zurück im Hotel beschäftigt Rosie immer noch, was sie heute während ihres Spaziergangs erlebt hat. In ihrem Tagebuch, das sie überall hin mitnimmt, hält sie ihre Gedanken und Gefühle fest. Schreibe den Tagebucheintrag von Rosie.

Liebes Tagebuch,
das war vielleicht ein verrückter Tag! Angefangen hat ja alles ganz gut. Endlich konnte ich mal was für mich alleine machen, ohne diese nervigen kleinen Anhängsel, genannt Schwestern, die mir Papa und Mama immer aufs Auge drücken. Da konnte ich mich in dieser Umgebung mal in Ruhe umschauen. Schön ist es hier ja – wenn man mal von der alten Mumienfrau und den aufdringlichen Machos absieht … Aber der bunte Markt, das blaue Meer, die vielen blühenden Blumen und Bäume, das hat mir schon gefallen. Ist einfach alles ganz anders als bei uns daheim.
Und dann taucht da plötzlich dieser kleine Kerl mit seinem Hündchen auf! Wie der nur drauf kam, mir hinterherzulaufen? Und was wollte der eigentlich? Doch nicht wirklich, dass ich ihn küsse und … Der war doch bestimmt 4 Jahre jünger als ich! Was denkt der sich denn?! Ja gut, zwischendurch hatte ich schon auch mal ein bisschen Angst.

…

Als Textsorte kann dir beim gestaltenden Interpretieren übrigens auch der **Blog** begegnen, der im Grunde einen Eintrag in ein virtuelles Tagebuch darstellt. Orientiere dich daher an den Merkmalen, die du vom Tagebucheintrag kennst. Allerdings solltest du bedenken, dass der Blog – im Gegensatz zum Tagebuch – durchaus auch für andere Leser zugänglich sein kann. Der Grad an Offenheit und Intimität ist daher in der Regel etwas geringer als beim klassischen Tagebuch.

Aufgabe 91 Schau dir noch einmal den obigen Beispiel-Tagebucheintrag an. Welche Merkmale dieser Textsorte weist er auf? Schreibe kennzeichnende Textstellen heraus und erläutere kurz, welches Kriterium sie erfüllen.

5.2 Einen (persönlichen) Brief/eine E-Mail verfassen

Im **Brief** oder in der **E-Mail** findet ein Austausch mit einer anderen Person statt, wobei meist eine (eigene oder fremde) Situation, Handlung oder Beziehung **analysiert** oder **beurteilt** werden soll. Dabei können Erinnerungen eingebaut werden und Gefühle, z. B. Hoffnungen oder Ängste, zur Sprache kommen. Wichtig ist, dass du im Vorhinein die Beziehung zwischen Schreiber und Empfänger des Briefes/der E-Mail gut durchdenkst, um sie dann beim Schreiben berücksichtigen zu können.

Auch **sprachlich** sollte die **Kommunikationssituation** erkennbar sein, z. B. indem du den Adressaten ansprichst oder ihn in die Überlegungen des Schreibers und das behandelte Geschehen einbeziehst. Die Darstellung sollte einfühlend sein und auf den Empfänger eingehen. Vergiss auch den Briefkopf (Datum, Ort) und korrekte Anrede- und Schlussformeln nicht.

Beispiel So könnten die Aufgabenstellung und der Schluss eines Briefes zum Text „Das Fenstertheater" von I. Aichinger (siehe S. 17–20) aussehen:

Die Frau ist immer noch ganz durcheinander und etwas peinlich berührt von dem, was ihr an diesem Tag passiert ist. Sie beschließt, sich in einem Brief bei dem alten Mann zu entschuldigen und ihre vorschnelle Handlung zu erklären. Verfasse diesen Brief.

Mohnhausen, 18. September 20xx

Lieber Herr Hecker,

...

Ich habe mich tatsächlich einfach getäuscht. Was meinen Sie, wie unangenehm mir das war, als ich mit der Polizei da stand und dann das Kind gesehen habe. Ich hoffe nur, Sie verstehen, dass ich es eigentlich gut gemeint habe. Es hätte doch wirklich sein können, dass es Ihnen nicht gut geht oder dass Sie in Gefahr sind. Zwischendurch hatte ich ernstlich Sorge, Sie würden über die Balkonbrüstung fallen!

Ich möchte mich für den ganzen Vorfall noch einmal aufrichtig bei Ihnen entschuldigen, lieber Herr Hecker. Wenn ich eines heute gelernt habe, dann ist es, dass ich mich in Zukunft vergewissere, was eigentlich vor sich geht, bevor ich wieder eine Aktion wie diese ins Rollen bringe.

Ich hoffe, Sie können mir verzeihen und winken vielleicht einmal wieder mit Ihrem bunten Schal herüber!

Herzliche Grüße von Ihrer zerknirschten Nachbarin

Hanna Stohr

Aufgabe 92 Lies noch einmal die Geschichte „Der Filialleiter“ von Th. Hürlimann auf Seite 57. Stelle dir vor, der Mann schreibt am folgenden Tag eine E-Mail an seine Schwester. Er steht immer noch unter dem Eindruck dessen, was am Abend zuvor geschehen ist.

Trage zusammen: Welche inhaltlichen Aspekte greift er in seiner E-Mail wohl auf? Was könnte er thematisieren? (Du kannst deine Antwort in Stichworten formulieren.)

5.3 Einen inneren Monolog ausarbeiten

Der **innere Monolog** spiegelt den **aktuellen Bewusstseinsstand** einer Figur unmittelbar wider. Er besteht infolgedessen aus einer raschen Abfolge von Assoziationen, Gedanken und Empfindungen, die eine Figur in einer bestimmten Situation hat. Überlege daher gut, wie der seelische Zustand des oder der Betreffenden im fraglichen Augenblick ist.

Bei aller Spontaneität solltest du aber darauf achten, nicht willkürlich Gedanken aneinanderzureihen, sondern dem **Gedankenstrom** eine nachvollziehbare Richtung zu geben.

Die **Sprache** des inneren Monologs ist gekennzeichnet durch die **Auflösung syntaktischer Strukturen**. Verwende in deinem Text daher typische Merkmale wie Satzfragmente, Ausrufe und rhetorische Fragen sowie Auslassungspunkte und Gedankenstriche. Die Darstellung erfolgt in der Ich-Form (1. Person Singular).

Beispiel So könnten die Aufgabenstellung und der Anfang eines inneren Monologes zum Text „Das Fenstertheater“ von I. Aichinger (siehe S. 17–20) aussehen:

In dem Moment, in dem die Frau den kleinen Jungen im Gitterbett am Fenster sieht, ist sie vollkommen verdutzt und erkennt ihren Irrtum. Gestalte einen inneren Monolog der Frau in dieser Situation.

Aber was ist das denn? Heißt das … Hab' ich etwa … Oh nein! Der Alte ist gar nicht verrückt! – Wie er lacht und sich freut, der Kleine da drüben. Erinnert mich ein bisschen an meinen Jungen, als er noch klein war … Wann hat der sich eigentlich zuletzt bei mir gemeldet? – Da wollte der Alte also tatsächlich nur Späße mit dem Kindchen machen. Und ich dumme Nuss rufe gleich die Polizei her. Wegen nichts und wieder nichts … Na klar, jetzt schimpfen die Beamten natürlich auf mich. Was hat der eine eben gemurmelt? Neugierige Schnepfe? Ach, ich kanns ihm nicht mal verübeln … Was muss ich mich auch immer in andrer Leute Sachen einmischen? – Oje, jetzt kommt der Alte rüber zu mir … Was sag ich ihm denn nur? Und wenn ich einfach weggehe?
…

5.4 Einen Dialog gestalten

Deine Aufgabe kann auch darin bestehen, einen **Dialog** zwischen zwei Figuren des Ausgangstextes zu verfassen. Hier gibt es meist einen **thematischen Schwerpunkt**, etwa ein Problem oder einen Streitpunkt zwischen den Gesprächspartnern, den du darstellen sollst. Die Äußerungen und Verhaltensweisen der Dialogpartner müssen dabei sinnvoll auf die Textvorlage abgestimmt sein. Achte darauf, dass in den wechselnden Redebeiträgen nicht jede Figur nur ihrer eigenen Argumentation oder den eigenen Gefühlsäußerungen folgt, sondern sie jeweils auf das Gegenüber eingeht und auf Elemente aus dessen Aussagen Bezug nimmt. Lasse das Gespräch möglichst auf einen **Höhepunkt** zusteuern.

Die **sprachliche Darstellung** entspricht der **mündlicher Kommunikationsformen**. Beziehe beispielsweise Fragen und die Anrede des Gegenübers ein. Du kannst hier auch **Regieanweisungen** (z. B. „grinst“, „runzelt die Stirn“, „wendet sich ab“) verwenden.

Beispiel

So könnten die Aufgabenstellung und ein Auszug aus einem Dialog zum Text „Lange Schatten“ von M. L. Kaschnitz (siehe S. 8–12) aussehen:

Wieder zu Hause in Deutschland trifft sich Rosie mit ihrer besten Freundin Esra. Als diese fragt, wie der Italienurlaub war und was Rosie erlebt hat, erzählt das Mädchen ihr von der Begegnung mit dem italienischen Jungen. In dem Gespräch stellen die beiden Freundinnen Vermutungen über das ungewöhnliche Verhalten des Jungen an. Verfasse diesen Gesprächsabschnitt.

ESRA *(ungläubig)*: *Und der hat sich wirklich einfach so ausgezogen vor dir?*

ROSIE: *Ja, und ob! Was glaubst du, wie ich geschaut hab?*

ESRA *(lacht)*: *Na wie ein Auto wahrscheinlich … Und was hast du dann gemacht? Was wollte der denn?*

ROSIE: *Also erst mal war ich ja total baff und wusste gar nicht, was tun. Ich meine, wer rechnet denn bitte mit sowas? Da geht man ganz harmlos spazieren und dann kommt so ein Vorschul-Casanova daher … Naja, um ehrlich zu sein, ich war irgendwie schon kurz hin und her gerissen. Er war ja doch ganz süß eigentlich; aber dann auch wieder nicht mehr, als ich seinen Blick gesehen habe.*

ESRA: *Wieso? Was war mit seinem Blick? Hat er dich denn auch angefasst? Also, ich glaube, ich hätte losgeschrien.*

ROSIE: *Nein, das hat er sich dann wohl doch nicht getraut. Aber geschaut hat er so … ich weiß nicht … so wild. Ich hatte mal kurz das Gefühl, jetzt tut er mir gleich was.*

In den Zeiten des Internets und der sozialen Medien gibt es neben dem direkten mündlichen Dialog natürlich auch die Möglichkeit eines **Chats** zweier Gesprächspartner. Sollst du einen solchen schreiben, richtest du dich nach den typischen Merkmalen eines Dialogs. Bedenke aber, dass diese Kommunikation schriftlich vor sich geht. Das heißt, dass du deine Regieanweisungen ersetzen musst durch für die Chatkommunikation typische Methoden, Mimik und Gestik auszudrücken, z. B. Emojis oder Sternchen (*seufz*, ;-) etc.).

Aufgabe 93

Im Folgenden findest du den Beginn des Gespräches zwischen der Moderatorin und Maria-Lisa aus der Geschichte „Der Filialleiter“ von Th. Hürlimann (S. 57). Schreibe den Dialog weiter, indem du noch 2–3 Redebeiträge von jeder der zwei Frauen hinzufügst.

MODERATORIN: *Maria-Lisa, sagen Sie uns: Was empfinden Sie für Ihren Ehemann Willy?*

MARIA-LISA *(ungerührt)*: *Nichts.*

MODERATORIN *(mit gespieltem Erstaunen)*: *Wirklich? Gar nichts?*

MARIA-LISA *(lächelnd)*: *Ja, das stimmt. Ehrlich gesagt, selbst über den Hass bin ich schon hinaus. Alles, was ich zu meinem Ehemann noch sagen kann, ist (etwas leiser): Mein Willy ekelt mich an.*

[Nach dem Beitrag der „blonden Schönheit":]

MODERATORIN: *Kommen wir zurück zu unserem Gast Maria-Lisa und hören, wie es wohl zu einer solch lieblosen Ehe kommen kann. Wie lange sind Sie jetzt verheiratet Maria-Lisa?*

MARIA-LISA: *Seit zwölf Jahren. Vor unserer Hochzeit kannten Willy und ich uns aber auch schon drei Jahre lang.*

MODERATORIN: *Wie verhält sich Ihr Mann im Alltag Ihnen gegenüber?*

...

Teste dein Können: Gestaltende Interpretation

Als Grundlage für die folgende Übung dient noch einmal der Text „Hauptsache weit" von Sibylle Berg (siehe S. 38 f.). Überprüfe, ob du selbstständig mit der Aufgabe einer gestaltenden Interpretation zurechtkommst.

Aufgabe 94 Beim Surfen im Internet stößt der junge Reisende auf einen Chat, in den er sich einloggt. Er beginnt eine Online-Unterhaltung mit einem ein paar Jahre älteren Mädchen. Schnell stellt er fest, dass es ihm im Gespräch mit der Fremden leichter fällt, sich ehrlich und offen über seine Lage, seine Gedanken und Gefühle zu äußern, als gegenüber seinen Kumpels zuhause.
Verfasse den Chat der beiden.

Mit Sachtexten umgehen

Der zweite Teil dieses Buchs beschäftigt sich mit **nichtfiktionalen Texten,** die manchmal auch nichtliterarische oder nichtpoetische Texte genannt werden. Mit diesem komplizierten Begriff können unterschiedliche Sorten von Texten gemeint sein, die alle dazu dienen, Informationen weiterzugeben: Nachrichtentexte, Gebrauchsanweisungen, der Wetterbericht, ein Zeitungskommentar, die Beschreibung einer wissenschaftlichen Theorie oder eines Experiments oder ein Fachbuch zur Verbesserung der Technik beim Tennis. Ihre Gemeinsamkeit liegt darin, dass sie dem Leser in ganz bestimmten Fragen helfen wollen: Sie **informieren** ihn, **erklären** einen Sachverhalt oder Zusammenhang und **erweitern** damit seine **Kenntnisse**. Wenn sie diesen Zweck erfüllen, ist der Leser zufrieden.

Häufig geht es in diesen Texten um Informationen aus dem Bereich der Technik oder Wissenschaft, der Wirtschaft oder Politik. Da die nichtfiktionalen Texte verschiedene Sachverhalte darstellen und erläutern, werden sie häufig auch einfach zusammenfassend **Sachtexte** genannt; diese Bezeichnung werden wir im Folgenden verwenden.

1 Sachtextsorten kennen

Die Sachtexte, die du wiedergeben oder analysieren sollst, sind meistens Zeitungstexte. Wie schon bei den literarischen Texten solltest du auch hier in der Lage sein, den Text einer Textsorte zuzuordnen.

Überblick über Textsorten bei Sachtexten (Zeitungstexte)

Der Bericht: Er informiert sachlich und neutral über wichtige aktuelle Ereignisse. Berichte sind in der Regel so aufgebaut: Zuerst werden die W-Fragen beantwortet: Was ist geschehen? Wer ist betroffen? Wo ist es geschehen? Wann ist es geschehen? Evtl. wird auch gleich am Anfang etwas über die Folgen gesagt. Erst danach folgen genauere Ausführungen zum Ablauf: Wie ist es geschehen? Warum ist es passiert? Berichte sind in der Regel im Präteritum verfasst.

Der Kommentar: Er ist eine Art Stellungnahme: Der Verfasser äußert darin seine Meinung über ein aktuelles Ereignis oder eine aktuelle Entwicklung. Seine Meinung kann positiv (befürwortend) oder negativ (kritisch) ausfallen; evtl. wirkt er auch ratlos. In der Regel beginnt der Verfasser damit, kurz auf das Ereignis Bezug zu nehmen, zu dem er sich kommentierend äußern will. Danach sagt er, was er davon hält. Kommentare sind überwiegend im Präsens verfasst. Die Darstellung ist sachlich, aber nicht neutral. Der Verfasser vertritt ja eine bestimmte Meinung!

Die Reportage: Sie informiert ausführlich auf anschauliche und unterhaltsame Art über ein Thema. Der Einstieg erfolgt oft über eine „Nahaufnahme"; davon ausgehend wird Grundlegendes dargestellt (z. B. über eine bestimmte Situation). In einer Reportage gibt es sowohl konkrete Beispiele als auch allgemeine Informationen zu einem Sachverhalt. Reportagen sind in der Regel im Präsens verfasst, denn das wirkt anschaulich, so, als sei der Verfasser direkt vor Ort.

Das Interview: Es gibt den Ablauf eines Gesprächs in Form eines Dialogs wieder: Ein Vertreter der Zeitung stellt einer Person Fragen und diese antwortet darauf. Sowohl die Fragen als auch die Antworten werden abgedruckt. Das Interview lebt davon, dass die Äußerungen des Befragten spontan und echt wirken, umgangssprachliche Äußerungen werden daher nicht „geglättet".

Die Glosse: Sie ist eine Art humorvoller Kommentar. Der Verfasser übt darin Kritik an einem Ereignis oder einer Entwicklung; das aber tut er auf äußerst lässige und witzige Art. Eine Glosse lebt von der ironischen Darstellung. Häufig wird darin auch Umgangssprache verwendet. Glossen sind – wie Kommentare – meist im Präsens und (bei Vorzeitigkeit) im Perfekt verfasst.

Auch bei diesen Textsorten gelten die Definitionen jeweils für ihre charakteristische Ausformung. Nicht jeder Text weist immer alle typischen Merkmale auf. Die wichtigsten Charakteristika findest du aber in der Regel im Text.

ufgabe 95 Überlege, welche Sachtextsorten dir heute oder in dieser Woche begegnet sind.

2 Sachtexte wiedergeben

Beim Wiedergeben von Sachtexten ist es wichtig, dass deine Darstellung die gleichen Funktionen übernimmt wie die Textvorlage: informieren, erläutern, Kenntnisse weitergeben.

Deshalb muss jede Wiedergabe eines Sachtextes die folgenden Voraussetzungen erfüllen: Sie muss

- **richtig** sein, damit der Leser keine falschen Informationen erhält;
- das **Wesentliche** enthalten, damit der Leser ausreichend informiert wird;
- **knapp** und damit Zeit sparend informieren, denn sonst könnte der Leser ja gleich den Originaltext statt deiner Wiedergabe lesen;
- den Gegenstand aber in verständlichen **Schritten** darstellen,
  - die klein genug sind, dass auch die uninformierten Leser keine Verständnisprobleme bekommen,
  - und zugleich groß genug, dass sich die Leser nicht mit zu vielen Einzelheiten auseinandersetzen müssen.

2.1 Die wesentlichen Inhalte eines Sachtextes ermitteln

Wie auch bei der Inhaltsangabe eines literarischen Textes musst du weglassen, kürzen, umschreiben und zusammenfassen, um deine Leser knapp über das Wesentliche zu informieren.

Wichtig sind zunächst die grundlegenden Aussagen, die zu dem dargestellten Sachverhalt bzw. Vorgang dazugehören; sie können durch **W-Fragen** erschlossen werden:

- **Wer** ist an dem Sachverhalt/Vorgang beteiligt?
- **Was** ist die grundlegende Aussage des Textes?
- Auf **welchen Zeitpunkt und auf welchen Schauplatz** bezieht sich der Text? (Wo-/Wann-Frage)

Manfred Schweres: Bildschirmtexte wenig einprägsam

Gedruckt ist ein Text leichter zu verstehen, als wenn er auf dem Bildschirm erscheint. Das haben Forscher der Ohio State University herausgefunden. Studierende sollten zwei Artikel aus dem Magazin *Time* entweder im Original oder am Computer-Bildschirm lesen. Dabei zeigte sich, dass die Beiträge in gedruckter Form nicht nur verständlicher waren, sondern auch interessanter und überzeugender wirkten. Das Ergebnis stimmt nachdenklich, wird doch unser Bildungswesen immer mehr vom PC durchdrungen.

Die Seharbeit am Bildschirm entspricht nicht den ganzheitlichen visuellen Wahrnehmungsbedürfnissen des Auges. Das menschliche Auge funktioniert anders als eine Kamera. Es tastet in vielen kleinen Sprüngen, sogenannten Saccaden, mit schnellen Bewegungen ein Bild ab. Dabei werden nicht alle Bildpunkte gleichmäßig angesteuert, sondern besonders wichtige Bildbereiche gehäuft betrachtet – eine Erkenntnis, die die Werbung zur Erzeugung von „Blickfängen" oder „Eyecatchern" schon lange nutzt. Beim Lesen von Printmedien springt das Auge mit 5,7 bis 9,2 Saccaden in der Sekunde über den Papiertext. Wie der Hamburger Informatiklehrer Uwe Buermann unlängst in der Zeitschrift *ComputerFachwissen* ausführte, ist die Augenaktivität bei der Betrachtung von Monitoren viel geringer. Bereits 1979 haben amerikanische Wissenschaftler herausgefunden, dass beim Lesen am Fernsehbildschirm nur noch eine Saccade pro Sekunde entsteht.

Das Auge findet bei dem ständigen, punktweisen Neuaufbau der Monitorbilder keine ausreichend festen, lange genug ansteuerbaren Anhaltspunkte. Das aktive Sehverhalten wird gedämpft, die unterforderten Augenmuskeln ermüden. Das Sehverhalten wird derart beeinträchtigt, dass noch nach einem Drittel der vorausgegangenen Monitor-Sehzeit die Nachwirkungen messbar sind.

Aufgabe 96 Wende die W-Fragen aus dem Kasten auf S. 84 auf den Text an und versuche, sie kurz zu beantworten.

Die Beantwortung der drei Fragestellungen ermöglicht es dir, die zentrale Aussage eines Textes zu erfassen.

Aufgabe 97 Formuliere jetzt diese zentrale Aussage des Textes, indem du die eben zusammengestellten Antworten zusammenfasst.

Diese zentrale Aussage, die du ermittelt und formuliert hast, ist natürlich sehr pauschal. Sie sagt nichts über die im Text aufeinanderfolgenden gedanklichen Schritte aus, die den Leser führen und ihm die Aussage verständlich machen.
In der Wiedergabe eines Sachtextes geht es aber genau darum, die **einzelnen gedanklichen Schritte** des Textes zu erfassen und für den Leser klar herauszustellen. Dazu orientierst du dich an den folgenden Fragestellungen:

- Welche Aussage bildet den Ausgangspunkt des Textes?
- Welche einzelnen Informationen / Aussagen / Gedanken werden im Verlauf des Textes hinzugefügt?
- In welchem gedanklichen Zusammenhang stehen die einzelnen Aussagen und wie wird das sprachlich verdeutlicht?

Aufgabe 98 Untersuche den gedanklichen Aufbau des Textes mithilfe der oben stehenden Fragen. Fasse dann die einzelnen Gedankenschritte, die du herausgearbeitet hast, mit eigenen Worten knapp zusammen.

Du hast in der vorigen Aufgabe festgestellt, dass der Autor die Aussagen seines Textes mehrfach mithilfe einer vergleichenden Gegenüberstellung verdeutlicht: Die Augenaktivität bei Drucktexten wird der Augenaktivität bei Bildschirmtexten gegenübergestellt. Außerdem hast du sprachliche Signale bemerkt, die diesen Gegensatz hervorheben und damit den gedanklichen Aufbau anzeigen. Auf diese sprachlichen Signale musst du bei der Ermittlung der Gedankenschritte eines Sachtextes besonders achten.
Aus dem Grammatikunterricht kennst du eine Vielzahl von Verknüpfungswörtern, mit denen man spezielle gedankliche Verbindungen von einzelnen

Aussagen oder Informationen herstellen kann. Besonders wichtig als Hilfe für das **Verstehen des gedanklichen Zusammenhangs** eines Textes sind:

- aneinanderreihende Verbindungen
- Verbindungen, die einen Gegensatz hervorheben (adversativ),
- Verbindungen, die eine gedankliche/sachliche Folge verdeutlichen (konsekutiv),
- Verbindungen, die einen begründenden Zusammenhang anzeigen (kausal),
- Verbindungen, die einen zeitlichen Zusammenhang anzeigen (temporal),
- Verbindungen, die eine Bedingung ausdrücken (konditional).

Solche verknüpfenden Signalwörter bezeichnet man als **Konjunktionen,** wenn sie die gedanklichen Zusammenhänge mehrerer Hauptsätze miteinander verknüpfen. Sie heißen hingegen **Subjunktionen,** wenn sie gedankliche Zusammenhänge in einem Gefüge von Haupt- und Nebensatz verbinden. In der folgenden Tabelle sind die einzelnen Satzverknüpfungswörter zusammengestellt:

Gedankenverbindungen durch Satzverknüpfungswörter

	Konjunktionen	Subjunktionen
aneinanderreihend	und, auch, außerdem, erstens, zweitens usw., nicht nur – sondern auch	
adversativ (Gegensatz)	aber, jedoch, doch	während
konsekutiv (Folge)	also, daher, so, deshalb	sodass, dass
kausal (Grund)	denn, nämlich	weil, da
temporal (Zeit)	dann, da, seitdem	als, nachdem, während, wenn
konditional (Bedingung)	sonst	wenn, falls

Durch die Wahl bestimmter Signalwörter kannst du im Beispieltext die gedanklichen Zusammenhänge noch stärker hervorheben. Probiere es aus.

ufgabe 99 Untersuche, wie man in den Zeilen 14 bis 38 des Textes den Gegensatz bei der Wahrnehmung von Druck- und PC-Texten noch stärker hervortreten lassen könnte, und füge an ein oder zwei passenden Stellen Verknüpfungswörter ein; du kannst dafür Wörter aus der obigen Tabelle oder auch andere Ausdrücke verwenden.

Prüfe dann, ob der Text, den du zu Aufgabe 98 geschrieben hast, schon solche Verknüpfungswörter enthält – wenn nicht, dann füge sie auch hier ein.

Der Text geht noch weiter:

Wer für die totale PC-Welt in Schule und Hochschule eintritt, übersieht auch, dass hierbei im Verhältnis zu dem Lernen mit Printmedien die Psychomotorik unterfordert wird. Es wird nicht geblättert, unterstrichen oder mit Wörtern am Rand kommentiert. Außerdem fehlt die haptische Dimension des Lernens. Das Schreiben von Hand auf Papier ist im besten Sinne des Wortes „einprägsam". Wortgestalten prägen sich während des Bewegungsablaufs der schreibenden Hand in das Gedächtnis ein.

Die Bedeutungen der Fachausdrücke „psychomotorisch" und „haptisch" werden an sich im Verlauf des Textabschnitts klar. Du solltest dich über die Wörter aber sicherheitshalber in einem **Lexikon** informieren.

Aufgabe 100 Welche Informationen werden hier hinzugefügt, wie werden sie verdeutlicht und wie sind sie gedanklich mit den vorigen Ausführungen verbunden?

Noch ein letzter Abschnitt des Textes soll betrachtet werden:

Häufig wird der Eindruck erweckt, ein optimaler Lernzuwachs sei direkt mit einem Maximum an Datenangeboten verknüpft („Internetzugang für alle!"). Daten allein sind jedoch nur „Datenmüll". Erst die intelligente Verknüpfung durch den Nutzer schafft daraus verwendbare Informationen, abrufbares Wissen.

fgabe 101 Untersuche und beschreibe genau, welcher gedankliche Zusammenhang zwischen den drei Sätzen dieses Abschnitts besteht. Beziehe auch die sprachliche Darstellungsweise in deine Erklärungen mit ein.
Wie führt der Abschnitt den bisherigen Gedankengang des Textes weiter?

Du hast nun den Aufbau des Textes erkannt. Einen solchen gedanklichen Aufbau fasst man stichwortartig in einer **Gliederung** zusammen.
Das Erstellen einer Gliederung ist eine wichtige Grundlage für das Schreiben einer Textwiedergabe. Die Gliederung dient aber auch der nachträglichen Kontrolle, wenn man die fertige Wiedergabe noch einmal mit ihr vergleicht.

Hilfen für das Anfertigen einer Gliederung

- Ermittle den Ausgangspunkt der gedanklichen Entwicklung eines Textes und fasse ihn zusammen.
- Prüfe, wo Informationen neu hinzukommen, und kennzeichne sie.
- Überprüfe die Art der Verknüpfungen sowie die gedanklichen Zusammenhänge und mache sie deutlich.

fgabe 102 Formuliere – stichwortartig oder in knappen Sätzen – die Gliederung des gesamten Textes. Entscheide dich dabei für *eine* der beiden Darstellungsformen.

Bei der Wiedergabe des Textes werden die in der Gliederung aufgeführten gedanklichen Schritte so miteinander verknüpft und knapp formuliert, dass der Leser die Aussagen und Zusammenhänge des Textes leicht versteht.

2.2 Aufbau und sprachliche Gestaltung der Wiedergabe eines Sachtextes

Auch bei der Wiedergabe eines Sachtextes wird das bekannte dreiteilige Aufbauschema verwendet, das den meisten Aufsatzarten zugrunde liegt.

Aufbau einer Sachtextwiedergabe

1. **Einleitung**
   - Informationen über Autor (sofern verfügbar) und Text
   - Zusammenfassung des Themas in ein bis zwei Sätzen
2. **Hauptteil**
   Darstellung des Textes in seinem gedanklichen Zusammenhang
   Leitfragen sind:
   - Was ist die **Hauptaussage** des Textes?
   - Was ist der **Ausgangspunkt** des Gedankengangs?
   - Was sind die einzelnen **gedanklichen Schritte** des Textes?
   - Wie verknüpft der Verfasser die einzelnen Aussagen miteinander?
   - Wie versucht er seine Ausführungen zu verdeutlichen?
   - Welchen Kenntnisstand setzt er beim Leser voraus?
3. **Schlussteil**
   Gefordert sein kann hier
   - die genauere Erklärung einer bestimmten Aussage des Textes oder
   - eine kritische Stellungnahme zum Text oder zu einer Aussage des Textes.

Tipps zur sprachlichen Gestaltung der Wiedergabe eines Sachtextes

- Verwende eine **knappe, berichtende Sprache.**
- Schreibe im **Präsens.** Wenn der Text allerdings einen einmaligen abgeschlossenen Vorgang in der Vergangenheit darstellt, gibst du ihn in der Vergangenheit wieder.
- Benutze **keine wörtliche Rede** und (mit Ausnahme von Fachbegriffen) möglichst **keine Zitate.**
- Verwende eine **selbstständige sprachliche Ausdrucksweise**, orientiere dich **nicht** an der Sprache des vorliegenden Textes.
- Achte darauf, in den ersten beiden Teilen der Arbeit wirklich nur wiederzugeben und die eigene Meinung beiseite zu lassen.

Die eben genannte Forderung nach einer selbstständigen sprachlichen Ausdrucksweise, die sich **nicht** an der Textvorlage orientiert, ist oftmals gerade bei Sachtexten besonders schwierig zu erfüllen. Deshalb soll verdeutlicht werden, worauf es dabei ankommt. Nicht gut ist es, den Text nur leicht verändert wiederzugeben. Man nennt das eine **Paraphrase**.

gabe 103 Sieh dir den folgenden Text an und vergleiche ihn mit dem Originaltext auf Seite 85 und mit der Lösung 98 auf Seite 211 f. Was ist an diesem Beispieltext noch nicht gelungen?

Ein Text ist gedruckt leichter zu verstehen als nur auf dem Bildschirm. Forscher der Ohio State University haben das herausgefunden. Studenten haben Artikel aus einer Zeitschrift entweder am Bildschirm oder im Original gelesen. Dabei wurde herausgefunden, dass die gedruckten Texte verständlicher und interessanter erschienen.

Noch ein weiterer Fehler ist in dem Text oben vorhanden: Der (fast) genaue Wortlaut des Originaltextes ist übernommen, ohne dass dies als **Zitat** gekennzeichnet ist. Ein Zitat ist aber in einer Wiedergabe nur dann gerechtfertigt, wenn ein besonderer Fachausdruck oder eine besonders wichtige Aussage wiedergegeben werden soll, die man schlecht anders formulieren kann, ohne ihren Sinn zu verändern. Dann aber muss das, was man als Zitat anführt, durch Anführungs- und Schlusszeichen kennzeichnet und möglichst auch mit einem Quellennachweis versieht (Zeilenangabe in Klammern), auch wirklich genau so im Text stehen – nichts darf verändert sein.

2.3 Die Wiedergabe eines Sachtextes schreiben

Die Wiedergabe soll nun zusammenhängend an einem längeren Sachtext geübt werden.

Helmut Höge: Bienen als Bullen

Bienen haben einen guten Geruchssinn. Das will sich die Polizei zunutze machen. Fragen des Tierwohls scheinen dabei eher nachrangig zu sein.

Die Honigbiene ist ein Nutztier. Seit Jahrtausenden ziehen Menschen aus dem Verhalten der Bienen erheblichen Nutzen. Sie bestäuben Blüten, sie produzieren Honig, auch an ihrem Wachs sind wir interessiert. Bienen sind im Regelfall und bei sachkundiger Pflege duldsam und überhaupt nicht aggressiv. Die kleinen Hautflügler für weitere Aufgaben zu konditionieren[1] ist keine neue Idee, der Vorschlag einer jungen Polizistin und Hobbyimkerin aus Nordrhein-Westfalen jedoch würde die Domestizierung[2] der Honigbiene auf ein völlig neues Niveau heben. Die Beamtin Sonja Kessler ist der Überzeugung, dass Bienen mit entsprechender Dressur die Aufgaben von Spürhunden, deren Training und Einsatz vergleichsweise aufwendig ist, übernehmen könnten.

In einem Laborversuch konditionierte Kessler die Bienen, auf bestimmte Gerüche zu reagieren. Dazu soll den Tieren bei Entdeckung des gesuchten Stoffes Zuckerwasser als Belohnung, im gegenteiligen Falle eine Bestrafung per Stromstoß verabreicht worden sein. Der Zeitaufwand für das Training wird als recht gering beschrieben. Alles andere wäre auch wenig zielführend, beträgt die Lebensdauer einer Biene doch nur wenige Wochen.

Kessler hält den Einsatz der Bienen zum Beispiel bei der Gepäckkontrolle in Flughäfen, aber auch im Freiland zur Drogenfahndung für möglich. Dabei würden die Bienen zunächst mit einer stark reflektierenden Farbe markiert. Eine Drohne (die Maschine, nicht die männliche Biene)[3] würde per großflächiger Laserabtastung den Weg der Bienen verfolgen und Sammelpunkte der Tiere als mögliche Drogenlager registrieren. Ein Bienenvolk allein könnte so zur engmaschigen Überwachung eines dutzende Quadratkilometer großen Umkreises dienen. [...]

Bienen sind komplexe Tiere, deren Lebenszyklus klaren Mustern folgt, die sich bei sich ändernden Umweltbedingungen aber flexibel anpassen können. Bis auf die Königin und die Drohnen (diesmal nicht die Maschinen) sind alle Honigbienen im Stock Generalisten[4]: Das beginnt nach dem Schlüpfen der Biene mit dem Reinigen ihrer und anderer Waben. Nach etwa drei Tagen geht sie zur Brutpflege über, ab dem zehnten Lebenstag betätigt sie sich eine Woche lang als Bauarbeiterin. Danach wird sie Wächterin am Flugloch. Von dort fliegt sie einige Male in die nähere Umgebung des Stocks, um sich den Standort einzuprägen. Schließlich wird sie Sammelbiene und bringt Nektar und Pollen ein, bei Bedarf auch Wasser und Baumharze. Erst ab diesem Punkt wäre sie überhaupt als Spürbiene für die Polizei einsetzbar. Allerdings nicht, wenn es regnet, zu kalt, zu heiß oder zu windig ist, auch nicht in der Nacht oder in den Wintermonaten: Dann fliegen die Bienen nämlich nicht. Das dürfte selbst mit elektrischer Motivationshilfe kaum zu ändern sein. [...]

Für solch dystopische[5] Fantastereien wie die Idee der Spürbiene scheinen Fragen des Tierwohls eher nachrangig zu sein. Genauso wie solche nach der Privatsphäre Unbeteiligter, die einer biologischen Überwachung ausgesetzt würden, oder die nach der Haftung bei eventuellen Schäden, zum Beispiel bei Stichen.

Bei der Tierwohlfrage gilt es aber zu bedenken, dass wir uns in der Vergangenheit schon auf niederträchtigere Weise die Erde und jedes Wesen zum Untertan gemacht und für unsere Zwecke missbraucht haben: Pferde, niedergemetzelt in Kavallerieschlachten, Kampfelefanten und -hunde. Der Kalte Krieg brachte uns Katzen mit implantierten Abhörgeräten und Delfine als lebende Torpedos. Dagegen wirkt die Begeisterung für Bienen als Drogenschnüffler fast schon wieder harmlos.

1 konditionieren: ein Lebewesen so trainieren, dass auf einen bestimmten äußeren Reiz eine bestimmte Reaktion erfolgt
2 Domestizierung: Bändigung, Umwandlung von Wildtieren in Haustiere
3 Drohne: Begriff mit zwei Bedeutungen: 1) männliche Biene, 2) unbemanntes, ferngesteuertes Fluggerät
4 Generalist: jemand, der nicht auf ein Gebiet festgelegt ist, sondern viele verschiedene Dinge beherrscht
5 dystopisch: sich auf die Vorstellung einer Zukunft mit negativem Ausgang beziehend (Gegenteil: utopisch)

Zunächst wird die **Einleitung** verfasst.

fgabe 104 Schreibe einen kurzen Text, der entsprechend dem Schema auf Seite 90 Angaben zu Autor und Titel macht und das Thema des Textes ganz knapp zusammenfasst. Vielleicht fällt es dir aber auch leichter, das Thema erst dann zu formulieren, wenn du den Text zusammenhängend bearbeitet hast. In diesem Fall lässt du zwei Zeilen im Heft frei.

Du kannst so anfangen: *Der vorliegende Sachtext „Bienen als Bullen"* ...

Dann wird eine **Gliederung** erarbeitet, um einen Überblick über den gedanklichen Aufbau des ganzen Textes zu bekommen.

fgabe 105 Stelle eine Gliederung des Textes zusammen (vgl. dazu S. 90) und schreibe sie in Stichpunkten oder ganz knappen Sätzen auf. Es können sich sechs Abschnitte ergeben.

Anhand der Gliederung werden nun zu jedem Sinnabschnitt des Textes die **wesentlichen Aussagen zusammenfassend formuliert**. So entstehen einzelne Textbausteine für die vollständige Wiedergabe.

Aufgabe 106 Stelle kurz die Beziehung von Biene und Mensch dar, indem du die Informationen zu Beginn des Textes aufgreifst.

Im zweiten Abschnitt wird das Thema des Artikels deutlich.

Aufgabe 107 Fasse auch diesen kurzen Abschnitt knapp zusammen.
Was ist die Neuigkeit, die den Verfasser zu dem Text angeregt hat?

Der dritte Abschnitt stellt eine Vertiefung dar.

Aufgabe 108 Fasse zusammen, wie genau Bienen die Polizei unterstützen könnten. Welche Vorteile bringt der Einsatz von Bienen? (Ein Vorteil wird schon in Abschnitt 2 genannt.)

Nun geht der Text auf Hintergrundinformationen ein.

Aufgabe 109 Stelle kurz dar, was die Biene besonders macht.

Aufgabe 110 Inwiefern vollzieht der Text ab Zeile 62 eine gedankliche Wende? Was wird im Folgenden dargestellt? Fasse das Wesentliche zusammen.

Aufgabe 111 Was wird im letzten Abschnitt mitgeteilt? Was ist seine Funktion?

Du hast den Text gegliedert und zu den einzelnen gedanklichen Abschnitten kurze Zusammenfassungen geschrieben, die als Textbausteine betrachtet werden können. Wenn man diese nun zu einem Gesamttext zusammenfügt, ist die Wiedergabe fast fertig.
Du musst allerdings noch prüfen, ob die **Textbausteine sprachlich und inhaltlich richtig zueinander passen**. Der rote Faden des Textes muss in der Wiedergabe deutlich erkennbar sein. Dafür sind die **Verknüpfungswörter** wichtig. Hier sollten vor allem Verknüpfungen hinsichtlich der zeitlichen Reihenfolge sowie in Bezug auf Begründungen oder Gegensätze deutlich gemacht werden.

Aufgabe 112 Überprüfe deinen Text daraufhin, ob du die zeitlichen (temporalen), begründenden (kausalen) und Gegensätze hervorhebenden (adversativen) Verknüpfungen beachtet und durch Verknüpfungswörter deutlich gemacht hast.
Füge bei Bedarf noch fehlende Konjunktionen oder Adverbien ein.

Auch die **sprachliche Gestaltung** muss in der Regel noch **überarbeitet** werden. Um eine möglichst unparteiische Wiedergabe des Gedankenverlaufs zu gewährleisten, um Zustimmung oder Kritik am Text in der Wiedergabe auszuschließen und um die neutrale Perspektive schon sprachlich zu betonen, sind Formulierungen wie *der Verfasser stellt dar …, der Verfasser beschreibt …* immer richtig.
Solche Formulierungen eignen sich gut, um hervorzuheben, dass man die Meinung eines anderen zum Ausdruck bringt und sich selbst zurückhält.
Achte aber darauf, dass du nicht immer die gleichen Verben verwendest!

Sprachliche Möglichkeiten zur Betonung einer neutralen Perspektive und zur Kennzeichnung von Verknüpfungen
Ein Verfasser stellt nicht nur dar, sondern er kann beispielsweise auch
- ein Thema behandeln,
- zum Ausdruck bringen,
- erläutern,
- betonen.

Gedankliche Verknüpfungen können auch schon durch die Wortwahl deutlich gemacht werden, wie die folgenden Beispiele zeigen:
- Der Verfasser begründet seinen Standpunkt, indem er …
- Er setzt/stellt die Auffassung dagegen, dass …
- Er folgert / schlussfolgert, dass …
- Er fasst zusammen, dass …

ufgabe 113 Suche weitere Ausdrucksmöglichkeiten zu beiden Beispielreihen, prüfe an deinem Text, ob du ein paar davon verwendet hast, und baue eventuell einige ein!

Wenn du die Einleitung noch nicht fertiggestellt hast, musst du das jetzt noch tun (vgl. Aufgabe und Lösung 104).

Im **Schlussteil** der Wiedergabe eines Sachtextes wird häufig eine genauere Erläuterung oder kritische Stellungnahme erwartet. Diese kann sich bei unserem Text zum Beispiel auf das Verhältnis von Mensch und Tier beziehen. Dazu musst du dir noch einmal klarmachen, welche Hinweise dazu dir der Artikel liefert.

ufgabe 114 Erläutere, wie der Mensch sich Tiere zunutze macht, und nimm kritisch Stellung zu diesem Verhalten. Beziehe die Informationen, die du im Text erhalten hast, in deine Überlegungen ein.

Teste dein Können: Wiedergabe eines Sachtextes

Aufgabe 115 Schreibe eine vollständige Wiedergabe des folgenden Textes, der sich mit Handy-Gesprächen befasst.

Doris Marszk: Warum Handy-Gespräche so stören

Unbeteiligte Dritte wollen instinktiv am „einseitigen" Dialog teilhaben

„Ich bin jetzt gerade an der S-Bahn-Station Reeperbahn und bin in zehn Minuten am Hauptbahnhof" – zumindest in den Großstädten hat jeder schon einmal unfreiwillig Handy-Gespräche wie dieses belauscht. Oder in der Schlange an der Supermarktkasse, auch im Café sitzt fast immer ein Telefonierer am Nachbartisch. Meistens empfindet man es als nervtötend und störend. Warum eigentlich? Wenn sich zwei Leute in der Bahn gegenübersitzen und sich unterhalten, stört es einen doch auch nicht oder kaum.

Ein britisches Psychologen-Team ist jetzt der Sache auf den Grund gegangen. Wie die Wissenschaftler in der Zeitschrift *Behaviour and Information Technology* darlegen, gibt es beim Menschen ein offenbar angeborenes Bedürfnis hinzuhören, wenn in einer Dialogsituation nur einer spricht beziehungsweise nur einer hörbar ist. Tatsächlich konnten sie feststellen, dass Gespräche, bei denen beide Partner anwesend waren, aber nur die Gesprächsbeiträge des einen hörbar waren, von unbeteiligten Dritten als ähnlich störend empfunden wurden wie Handy-Gespräche.

„Wir empfinden ein angeborenes Bedürfnis hinzuhören, wenn wir nur die eine Seite der Konversation hören", sagen Andrew Monk von der University of York und seine Kollegen. „Selbst wenn die Konversation nicht lauter ist als ein regulärer Zweier-Austausch, führt der Umstand, dass wir immer nur die Hälfte hören, dazu, dass wir instinktiv reinhören. Es ist, als erwarteten wir, daran teilzuhaben, um die Konversation zu vervollständigen."

Wenn dies richtig ist, so überlegten die Forscher, dann müssten Gespräche zwischen zwei anwesenden Menschen, von denen nur der eine hörbar ist, genauso störend wirken wie Handy-Gespräche. Monk und Kollegen ließen Freiwillige in britischen Bahnen vorher vorbereitete Gespräche per Handy oder in Paarsituation führen. Anschließend befragte einer der Forscher die so beschallten Fahrgäste, wie störend sie die jeweiligen Situationen empfanden. Es zeigte sich, dass ein normales Gespräch von zwei anwesenden Personen, deren Stimmen gleichermaßen hörbar waren, sehr viel weniger wahrgenommen wurde als jede Art von einseitig hörbarer Konversation. In Großbritannien berücksichtigt die Bahn bereits, dass Fahrgäste sich von den Handy-Gesprächen der Mitreisenden belästigt fühlen. Einige Züge führen daher Waggons mit, die als handyfreie Zonen deklariert sind.

3 Sachtexte analysieren

Die Analyse eines Sachtextes hat Ähnlichkeiten mit der Sachtextwiedergabe aus dem vorigen Kapitel, sie führt jedoch noch darüber hinaus.

Bei einer Sachtextanalyse geht es um
- das genaue **Erfassen** des Textes,
- die Darstellung und Erklärung der Aussagen und die **genaue Erläuterung des Gedankengangs**, das heißt der **gedanklichen Struktur**,
- die kritische Prüfung der Aussagen im Hinblick auf **sinnvollen Zusammenhang und Richtigkeit**,
- die Untersuchung der **sprachlichen Darstellungsweise**,
- die Formulierung einer **kritischen Stellungnahme**.

3.1 Die gedankliche Struktur erarbeiten und darstellen

Hilfreich für die Klärung und Bearbeitung gedanklicher Zusammenhänge sind einige **Fachausdrücke**, die in einer Analyse verwendet werden sollten.

Eine **These** ist ein – noch unbegründeter – Satz, in dem eine Aussage gemacht oder eine Meinung formuliert wird.
Die These muss **begründet** werden, wenn sie einen Sinn haben und vom Leser ernst genommen werden soll. Die Begründung kann in unterschiedlicher Weise erfolgen: Es können **Erläuterungen** hinzugefügt werden; **Fakten** können die Richtigkeit der These belegen und durch **Beispiele** kann sie veranschaulicht werden. Auf diese Weise wird die These durch **Argumente** untermauert.

Natürlich muss auch dann noch **überprüft** werden, ob die Erläuterungen stimmen und die Fakten oder Beispiele wirklich passend und überzeugend sind. Wird die These aber nicht sinnvoll erläutert, gilt sie nur als bloße **Behauptung** und trägt nichts zur Beweisführung bei.

Anke Sophie Meyer: Textaufsager – nein, danke!

Mehr als jede dritte Bewerbung bewerten Personalverantwortliche in den Unternehmen mit unbefriedigend, egal ob vom Berufseinsteiger, einer Fach- und Führungskraft bis zur Abteilungsleiterebene oder vom Topmanager. Weitere 40 Prozent sind allenfalls akzeptabel. Nur jeder fünfte Kandidat erhält die Note sehr gut. Dies zeigt eine Erhebung der Unternehmensberatung von Rundstedt und Partner. Die Umfrage wurde bei 1 000 Unternehmen aller Größen und Branchen gemacht. Befragt wurden Geschäftsführer, Personalleiter und Personalreferenten.

„Die Bewerbung wird nicht ernst genug genommen“, sagt Eberhard von Rundstedt, Geschäftsführer der gleichnamigen Unternehmensberatung.

Das liege auch daran, dass Menschen heute ihren Beruf lapidar als „Job“ verstünden und mit dem Beruf nicht mehr den persönlichen Stolz und die Anerkennung verbinden, die er brauche. „Menschen sollten sich für ihre Aufgabe berufen fühlen“, so Rundstedt.

Stattdessen existiere für viele Bewerber ein Szenario wie in einem Western. „Die Weißhäute haben sich im Fort verbarrikadiert, die Rothäute bleiben draußen.“ Worum es für Arbeitssuchende aber gehe, sei doch, das Tor wieder zu öffnen, betont von Rundstedt.

Oftmals seien Menschen sich ihrer Stärken nicht bewusst. „Wir haben in Deutschland eine Kultur, in der der Umgang mit Stärken nicht gelernt wird“, sagt der Outplacement-Berater. Das beginne bereits in der Schule. Zu wenig werde danach gefragt, was man gut könne oder wo man seine Fähigkeiten habe.

Gerade hier könnte sich jeder durch gezielte Fragen seine eigenen Stärken klar machen: Was kann ich gut? Worin bin ich erfolgreich? Was macht mir Spaß? Egal ob Gabelstaplerfahrer, Krankenschwester, Verkaufsleiter oder Geschäftsführer – jeder könne sich diese Fragen beantworten und sich glaubwürdiger und authentischer im Bewerbungsprozess verkaufen. Um seine Stärken zu überprüfen, sollte man sich nicht nur auf die eigene Einschätzung verlassen, sondern auch ein oder zwei vertraute Kollegen befragen.

Neben dem Wissen um die eigenen Stärken sei eine gründliche Vorbereitung entscheidend für den Erfolg oder Misserfolg der Bewerbung: „Schon das Begleitschreiben sollte auf die Herausforderungen, die das Unternehmen mit der Stelle bietet, eingehen und begründen, warum der Bewerber gerade hierfür der richtige Kandidat ist“, empfiehlt von Rundstedt.

[…]

Statt ein oberflächliches Schreiben zu versenden, müsse sich der Bewerber klar darüber werden, warum er sich gerade auf die bestimmte Stelle bewerbe.

[…]

Aufgabe 116 Formuliere die These, die den Ausführungen des Textes zugrunde liegt.

Aufgabe 117 Gib stichwortartig, aber genau den gedanklichen Verlauf der Aussagen des ersten Abschnitts an und erkläre, wie sie mit der These zusammenhängen.

An der vorherigen Aufgabe ist schon sichtbar geworden, dass es in einem Sachtext wichtig ist, Aussagen abzusichern und eventuell überprüfbar zu machen. Hier ist das durch einen **Beleg** geschehen, das heißt durch einen kurzen Hinweis auf **Fakten**, die der Begründung dienen.

fgabe 118 Erläutere den nächsten Gedankenschritt (Z. 15 ff.).

a) Worin besteht er inhaltlich und wie wird er begründet?
b) Wie weit reicht er?
c) Was leistet er im Hinblick auf die These?
d) Welche beiden gegensätzlichen Begriffe sind für die Aussage in den Zeilen 19–21 wichtig und was bedeuten sie genau?

Im folgenden Abschnitt (Z. 26–32) verwendet der Text ein Beispiel aus der Zeit der Indianerkämpfe des Wilden Westens, das sogar wörtlich als Aussage zitiert wird. Man kann dies als **Metapher**, das heißt als eine **bildhafte Darstellung** betrachten, die in einer **Analyse erklärt** werden muss (das Adjektiv zu diesem Fachbegriff heißt „metaphorisch"). Hier soll mit der Metapher etwas über zwei unterschiedliche Personengruppen ausgesagt werden.

fgabe 119 Auf welche Personengruppen bezieht sich die metaphorische Darstellung und was wird damit über deren Verhältnis zueinander ausgesagt?
Erkläre auch, warum dieser Abschnitt mit „Stattdessen" eingeleitet ist.

fgabe 120 Welche Einstellung zu der eben beschriebenen Haltung zum Beruf soll hier vermittelt werden und wie ist diese Absicht sprachlich umgesetzt?

fgabe 121 An welchen Punkt des bisherigen Gedankengangs knüpft der folgende Abschnitt an? Erkläre und begründe von den Aussagen des Textes her.

In den nächsten Abschnitten des Textes (Z. 41–68) bekommen Inhalt und Aussageabsicht eine neue Richtung.

fgabe 122 Man könnte im Rückblick auf die ersten Abschnitte sagen, dass bisher kritisch von Bewerbungsschreiben, der mangelnden Einstellung zum Beruf und dem fehlenden Bewusstsein der eigenen Stärken die Rede war. Wie könnte man die inhaltlichen Aussagen und die Absicht des nun folgenden Textabschnitts zusammenfassen? Formuliere einen knappen, zusammenhängenden Text.

Aufgabe 123 Damit möglichst deutlich wird, was in den Zeilen 41 bis 53 gemeint ist, solltest du die Fragen einmal für dich selbst beantworten: Was kannst du gut? Was macht dir Spaß? Was könnte im Hinblick auf einen Beruf, den du dir vorstellst, wichtig sein?

Aufgabe 124 Die Bedeutung einer richtigen Vorbereitung ist schon genannt worden. In diesem Zusammenhang wird im Text noch einmal der Unternehmensberater zitiert (Z. 57–62).
Erkläre genau, was der Fachmann hier meint, und versuche, ein Beispiel zu finden, mit dem du die Aussage erläutern kannst.

Aufgabe 125 Wie wird die abschließende Aussage des Textes im letzten Satz sprachlich und inhaltlich besonders betont?

Aufgabe 126 Schreibe nun einen zusammenhängenden Text, der die Aussagen des Textes darstellt und erläutert. Achte darauf, dabei auch die gedanklichen Verknüpfungen und die sprachlichen Signale zu untersuchen.
Die Vorarbeiten in den bisherigen Aufgaben kannst du dafür heranziehen und verwenden.
So ist schon ein wesentlicher Schritt hin zu einer Textanalyse getan.

3.2 Die Argumentation in einem Sachtext kritisch überprüfen

Wann ist eine Argumentation gut?

Der Verfasser eines Textes argumentiert gut, wenn er Begründungen gibt, die richtig, verständlich und überzeugend sind und denen der Leser zustimmen muss.

Was gehört zu einer überzeugenden Begründung?

Der Verfasser kann zur Begründung der These **Beispiele, Fakten oder Daten** anführen, denen man nicht sinnvoll widersprechen kann, weil sie entweder **allgemein gültig** oder **absolut glaubwürdig** sind.
Man spricht in diesem Fall von objektiven Beweisen oder Belegen.

fgabe 127 Nenne zu der These *Rauchen ist gesundheitsschädlich* einen objektiven Beweis, den man als glaubwürdig ansehen muss.

Meist ist die Überprüfung einer These aber nicht so einfach. So kann man zwar eine These untermauern, indem man ihre **positiven Folgen oder Vorteile** anführt, aber man muss sich darüber im Klaren sein, dass es auch **Gegenargumente** gibt, mit denen man die vorgetragene **These abschwächen oder sogar widerlegen** kann.

fgabe 128 Gib einige Überlegungen an, mit denen man die folgende These kritisch überprüfen und in Frage stellen kann: *Die Durchführung einer achttägigen Klassenfahrt ist in jeder Klassenstufe sinnvoll.*

Bei einer solchen Argumentation kommt es darauf an, wie **umfangreich** und **gewichtig** die einzelnen Gründe und Beweise sind, die dargestellt werden. Hier muss der Leser genau überlegen, ob er die Argumentation nachvollziehen und ihr zustimmen kann.

fgabe 129 Überprüfe und beurteile die These *Fahrradfahren ist sehr gefährlich.*
Setze dich mit folgender Beweisführung auseinander: *Ich habe in diesem Jahr auf dem Schulweg schon zwei Unfälle gehabt.*

Nur aus dem eigenen Kenntnis- oder Erfahrungshorizont heraus eine These begründen zu wollen, also **subjektiv** zu argumentieren, ist schon deshalb nicht sehr überzeugend, weil der Leser ganz andere Erfahrungen haben und ganz anderer Meinung sein kann.
Es ist also zu prüfen: Liegt der Erläuterung einer These nur eine subjektive Erfahrung zugrunde oder ist es möglich, diese Erfahrung zu **verallgemeinern**, weil sie für viele Menschen zutreffen kann?

Bei der eben genannten These in Bezug auf das Radfahren ist eine Verallgemeinerung sicher nicht möglich. Man kann die These jedoch eingeschränkt formulieren, zum Beispiel: *Radfahren in der Stadt ist sehr gefährlich.*

Aufgabe 130 Überprüfe diese veränderte These. Lässt sie sich überzeugend begründen? Trage ein paar mögliche Begründungen zusammen.

Ganz schlecht wirkt es in jedem geschriebenen oder gesprochenen Text, einfach nur eine Meinungs- oder Geschmacksäußerung ohne jeden Beweis vorzubringen, also einfach nur zu **behaupten**.

fgabe 131 Mache dir die Gedankenführung des folgenden Textes klar und überprüfe dann kritisch die Beweisführung. Schreibe dazu einen zusammenhängenden Text.

Der Massentourismus vernichtet das Fremdartige eines Landes, korrumpiert dessen Charakter: Ob Rimini oder Benidorm, ob Mallorca oder Kreta – Kolonien der Moderne.

Die einst gerühmte Gastfreundschaft des Urlaubslandes – ohnedies durch Borniertheiten der Touristen und durch ihre Rücksichtslosigkeit fremden Sitten gegenüber überstrapaziert – wandelt sich in Geschäftssinn und Profitdenken. Bräuche verkommen zur Folklore, der Eingeborenenstamm tanzt nur noch, weil Trinkgelder locken und Kameras surren.

fgabe 132 Untersuche die Beweisführung des folgenden Textes kritisch und formuliere dann deine Ergebnisse im Zusammenhang.

Die einst alternative Camping-Bewegung zeigt, dass Ausbruchsversuche [aus dem Massentourismus] schnell wieder im Komfort und in kleinbürgerlichen Ordnungsschemata enden – man denke an Lagerordnung und den Eisschrank im Caravan.

Um die **Qualität der Argumentation**, also die **Beweisführung und die Überzeugungskraft von Aussagen** in einem Text, zu überprüfen und dadurch Ansatzpunkte für eine Kritik zu finden, solltest du also immer Folgendes kontrollieren:

Fragen zur Überprüfung einer Argumentation

- Gibt es **Begründungen** zu der These oder handelt es sich um eine **bloße Behauptung**?
- **Welche Begründungen** sind vorhanden?
- Sind die gegebenen **Beweise überzeugend**?
  Wird nur mit subjektiven Beispielen argumentiert?
  Können die subjektiven Beispiele auch von anderen Menschen nachvollzogen und akzeptiert werden, ist es also möglich, sie zu verallgemeinern?
  Oder wird eine Verallgemeinerung nur vorgetäuscht?
- Sind **Sachargumente** zur Begründung vorhanden?
  Wie viele? Welche? Lassen sich leicht Gegenargumente finden?
- Wird mit wirklich **objektiv gesicherten Daten und Fakten** argumentiert?
- **Passen die gegebenen Begründungen** wirklich zur These?
  Liegen also wirklich logische Argumente vor?

3.3 Die sprachliche Darstellungsweise in einem Sachtext beschreiben und kritisch beurteilen

Jetzt geht es um das „Wie“ der Darstellung, um die Sprache des Textes, der analysiert wird. Für unsere Zwecke ist es wichtig, die Verständlichkeit der Sprache zu überprüfen und dann zu untersuchen, ob bestimmte sprachliche „Tricks“ verwendet wurden, mit denen der Verfasser den Leser dazu bringen will, seine Meinung zu teilen.

Gesichtspunkte zum Erfassen der sprachlichen Darstellungsweise eines Sachtextes

- **Wie lang sind die Sätze** im Durchschnitt?
- Was für eine **Art von Satzbau** liegt vor?
  - Sind es überwiegend Hauptsätze (parataktischer Satzbau)?
  - Sind es überwiegend Konstruktionen aus Haupt- und Gliedsätzen (hypotaktischer Satzbau)?
  - Sind viele Frage- oder Befehlssätze vorhanden?
- Was fällt an der **Wortwahl** auf?
  - Handelt es sich um umgangssprachliche Wörter?
  - Werden viele Fremdwörter verwendet?
  - Sind viele Spezialbegriffe / Fachausdrücke vorhanden?
- Welcher **Sprachstil** steht im Vordergrund?
  - Liegt ein sachlich-konkreter oder ein ausschmückend-metaphorischer Sprachstil (mit vielen Adjektiven oder Metaphern) vor?
- Wie ist die **Verständlichkeit** insgesamt zu beurteilen?
  - Sind die Aussagen klar verständlich?
  - Ist die gedankliche Verknüpfung klar – beispielsweise durch Konjunktionen und Subjunktionen – zum Ausdruck gebracht?

Etwas genauer müssen noch die **sprachlichen „Tricks“** betrachtet werden, mit denen ein Verfasser die Meinung eines Lesers beeinflussen kann – oft ohne dass dieser es bemerkt.
Ein wichtiges Instrument ist die Wortwahl. Ein Beispiel dazu ist dir eben schon begegnet: Mit dem Wort „Lagerordnung“ hat der Verfasser des Textes auf Seite 103 unten den Campingtourismus abgewertet.

ufgabe 133 Wie kommt es eigentlich, dass das Wort „Lagerordnung“ so abwertend wirkt? Lies dazu nach, was du auf der Seite 65 über Konnotationen gelernt hast, und schreibe eine kurze Erläuterung auf.

Wenn du auf solche Tricks achtest, wirst du bemerken, dass sie überall zur Meinungsbildung benutzt werden: Wer über den heutigen Autoverkehr diskutiert und statt von Autos von „Blechkäfigen“ spricht, versucht, mithilfe negativer Konnotationen seinen Gegner genauso lächerlich zu machen wie derjenige, der den Autogegner als „Müslifresser“ bezeichnet. **Wertungen** werden in beiden Fällen erzeugt, aber es wird nicht sachlich argumentiert.

Beispiel

Sieh dir ein Beispiel an, bei dem diese Tricks ganz gezielt verwendet werden. Der Textausschnitt stammt aus einer Rede des NS-Propagandaministers Joseph Goebbels, die er im Jahr 1940 in Prag gehalten hat. Er spricht von zwei Völkern, den Deutschen und den Engländern:

[...] ein Volk mit 90 Millionen gegen 40 Millionen, ein Volk, das den ganzen Kontinent beherrscht und ein anderes, das nur auf eine Insel verbannt lebt. Ein Volk, das seit Jahrhunderten die beste Armee der Welt besitzt, und ein anderes, das da mühsam so eine bessere Feuerwehr zusammengetrommelt hat.

Aufgabe 134

Untersuche, wie Goebbels Deutschland und England beschreibt und zugleich deutlich wertet. Schreibe deine Beobachtungen in ein paar Sätzen auf.

Gesichtspunkte zur Beurteilung der sprachlichen Darstellungsweise

Achte auf folgende Darstellungsweisen:

- Arbeitet der Verfasser mit **Übertreibungen**?
- Verwendet er Wörter, die starke gefühlsmäßige Wertungen in eine positive oder negative Richtung enthalten (**Konnotationen**)?
- Verwendet er Gegenüberstellungen (**Antithesen**), um eine Sache hervorzuheben bzw. eine andere abzuwerten?
- Verwendet er **Wiederholungen**, um seine Aussagen zu verstärken?
- Sind **ironische Wendungen** vorhanden, mit denen der Verfasser einen gegnerischen Standpunkt lächerlich machen will?
- Verwendet der Verfasser **rhetorische Fragen**, die statt einer Antwort nur die Zustimmung der Leser hervorrufen sollen (z. B. „Ist es nicht etwa so, dass ...?“)?

3.4 Aufbau und sprachliche Gestaltung einer Sachtextanalyse

Aufbau einer Sachtextanalyse

1. **Einleitung**
   - Mitteilung von Informationen zum Autor (sofern verfügbar) und zum Text
   - Skizzierung des Themas
2. **Hauptteil**
   - Gliederung des Textes
   - Wiedergabe und Erläuterung der Aussagen des Textes unter Berücksichtigung des gedanklichen Zusammenhangs
   - Überprüfung der Richtigkeit und Überzeugungskraft der vorgebrachten Argumente
   - Beschreibung und Beurteilung der sprachlichen Darstellung
3. **Zusammenfassung** und **kritische Stellungnahme** zur Aussage des Textes

Eine **sachliche Sprache** ist – wie bei Wiedergabe- und Analyseaufgaben überhaupt – auch hier richtig. Achte bei der Wiedergabe der Textaussagen darauf, selbstständig zu formulieren, deinen Text knapp zu halten und die gedanklichen Verbindungen der einzelnen Aussagen untereinander herauszuarbeiten.
Vermeide Paraphrasen und nicht gekennzeichnete Zitate (siehe S. 91). Lies eventuell noch einmal nach, was auf Seite 86 f. über Verknüpfungswörter steht. Auch hier schreibst du grundsätzlich im **Präsens**.

Mache immer klar, dass du nicht nur den Überblick über die Aussagen des Textes und ihren gedanklichen Zusammenhang hast, sondern beides auch deinem Leser vermitteln willst! Das gelingt am besten, wenn du darauf achtest, schon durch deine Formulierungen den Gedankengang des Textes herauszuarbeiten.
Verwende deshalb die Begriffe *These, Gegenthese* und *Beispiel* für die Beschreibung der Struktur und denke daran, dass sie auch durch Verben, Adverbien, Konjunktionen und Subjunktionen zum Ausdruck kommt.
Formulierungen, die sich hierfür eignen, sind zum Beispiel:

- *Der Verfasser stellt die These auf, dass …*
- *Er führt an, dass …*
- *Er begründet seine Auffassung mit dem Argument, dass …*

Aufgabe 135 Suche weitere Beispiele für solche Formulierungen und auch einzelne Wörter, die Hinweise auf die gedanklichen Zusammenhänge geben, die ein Verfasser in seinem Text herstellen und hervorheben will.

3.5 Eine Sachtextanalyse ausarbeiten

Nach diesen einführenden Überlegungen zu Gedankengang und Sprache eines Sachtextes kommt nun die eigentliche Arbeit am Text. Lies ihn zuerst einmal genau durch. Es handelt sich um einen Auszug aus der Autobiografie *Mein Leben und Werk* von Henry Ford, dem Gründer der gleichnamigen Autofirma.

Repetitive Arbeit – die ständige Wiederholung ein und derselben Tätigkeit in ein und derselben Weise – hat für bestimmte Menschen etwas Abschreckendes. Mir wäre es ein grauenvoller Gedanke. Unmöglich könnte ich tagaus, tagein das gleiche tun; für andere, ja für die meisten Menschen ist das Denkenmüssen eine Strafe. Ihnen schwebt als Ideal eine Arbeit vor, die keinerlei Ansprüche an den Schöpferinstinkt stellt. Arbeiten, die Denken im Verein mit Körperkraft beanspruchen, finden selten Abnehmer – wir sind stets auf der Suche nach Leuten, die eine Sache um ihrer Schwierigkeit willen lieben. Der Durchschnittsarbeiter wünscht sich – leider – eine Arbeit, bei der er sich weder körperlich noch vor allem geistig anzustrengen braucht. Menschen mit, sagen wir, schöpferischen Begabungen, denen infolgedessen jegliche Monotonie ein Gräuel ist, neigen sehr leicht zu der Ansicht, dass ihre Mitmenschen ebenso ruhelos sind, und spenden ihr Mitgefühl ganz unnötigerweise dem Arbeiter, der tagaus, tagein fast die gleiche Verrichtung tut. […]

Ich habe bisher nicht finden können, dass repetitive Arbeit den Menschen schädigt. Salonexperten haben mir zwar wiederholt versichert, dass repetitive Arbeit auf Körper und Seele zerstörend wirke, unsere Untersuchungen widersprechen dem jedoch. Wir hatten einen Arbeiter, der tagaus, tagein fast nichts anderes zu tun hatte, als eine bestimmte Tretbewegung mit einem Fuß auszuführen. Er meinte, die Bewegung mache ihn einseitig; die ärztliche Untersuchung war zwar negativ, er erhielt aber selbstverständlich eine Tätigkeit zugewiesen, bei der eine andere Muskelgruppe in Tätigkeit gesetzt wurde. Wenige Wochen später bat er wieder um seine alte Arbeit.

Fertigung von Autos am Fließband in Deutschland im Jahre 1930

Hier findest du in Stichpunkten ein paar Informationen, die du dann selbst zu einer **Einleitung** zusammenstellen kannst.
Das Thema des Textes kannst du – wie bei den anderen Textanalysen auch – erst im Rückblick formulieren; sofern dir das leichter fällt.

Stichworte zum Verfasser und zum Text: Henry Ford, geboren 1863 in Michigan (USA), amerikanische Karriere vom Zeitungsjungen zum Großindustriellen, gründete 1903 die Ford Motor Company, Bemühen um möglichst kostengünstige Produktion, was zur „Erfindung" der so genannten Großserienproduktion und damit der Fließbandarbeit führte, großer wirtschaftlicher Erfolg, starb 1947 in Detroit, Verfasser des viel gelesenen Buchs *Mein Leben und Werk*, in Deutschland 1923 veröffentlicht, hieraus stammt der oben abgedruckte Textausschnitt.

ıfgabe 136 Verfasse mithilfe des Informationsmaterials eine Einleitung (noch ohne das Thema des Textes zu nennen).

Eine **Gliederung** zu erstellen ist auch hier der sinnvollste Weg, um sich einen Überblick über die Aussagen des Textes zu verschaffen. Bei diesem kurzen Text genügt es, zwei Abschnitte zu unterscheiden.

ıfgabe 137 Erarbeite eine Gliederung des Textes und fasse dafür die wichtigsten Aussagen ganz knapp zusammen. Dabei musst du keine vollständigen Sätze notieren.

Nun zur **Wiedergabe des Gedankengangs:** Um die Hauptaussagen klar wiederzugeben, musst du im ersten Abschnitt herausarbeiten, wie im Text zwei Arten von Menschen und die Arbeit, die sie am liebsten ausführen möchten, unterschiedlich beschrieben und somit auseinander gehalten werden.

ıfgabe 138 Unterstreiche, am besten mit zwei verschiedenen Farben, wie die zwei Menschentypen und ihre Arbeit gekennzeichnet sind, und formuliere dann einen zusammenhängenden Text. Achte auch auf die Schlussfolgerung, die Henry Ford am Ende des Abschnitts zieht.
So kannst du beginnen: *Der Verfasser unterscheidet …*

ıfgabe 139 Worum geht es im zweiten Textabschnitt und wie ist er gedanklich mit dem ersten Abschnitt verknüpft?

Aufgabe 140 Stelle die Auffassung, die Ford hier vertritt, in ihrem gedanklichen Zusammenhang dar. Welche sprachlichen Mittel unterstützen die Aussageabsicht? Zur Sicherheit solltest du zunächst wichtige Textstellen unterstreichen und Stichwörter notieren.

Aufgabe 141 Schreibe nun den noch fehlenden Satz für die Einleitung, mit dem du das Thema des Textes umreißt. Füge ihn an passender Stelle in den Einleitungsabschnitt ein.

Fertigung des Golfs im VW-Werk in Wolfsburg

Im nächsten Arbeitsschritt geht es um die **kritische Prüfung** der **Argumentationsweise** des Textes.

Aufgabe 142 Überprüfe Art und Qualität der Argumente in Henry Fords Text. Nimm dazu deine Darstellung des gedanklichen Zusammenhangs zu Hilfe und schlage auch das nach, was du auf den Seiten 101 bis 104 über die Qualität von Beweisen gelernt hast.
Schreibe zunächst Stichworte auf und formuliere deine Ergebnisse dann in einem zusammenhängenden Text.

Nun folgt die **Beschreibung und Beurteilung der sprachlichen Darstellung**.

Aufgabe 143 Überprüfe die sprachliche Darstellungsweise mithilfe der vorhin zusammengestellten Fragenkataloge. Schlage dazu auch auf Seite 107 nach.
Beschreibe dann die Sprache und die sprachlichen Mittel, die Ford verwendet. Mache dir zunächst Notizen und formuliere anschließend im Zusammenhang.

Mit einigen Sätzen muss nun im **Schlussteil** zusammengefasst werden, worum es im Text geht und was der Verfasser mit seinem Text erreichen will, was also seine **Intention** ist.

Die drei grundlegenden Intentionen eines Sachtextes

Zur Bestimmung der Intention kann man sich die folgenden Fragen stellen:

- Will der Verfasser vor allem objektiv / sachlich informieren? **(darstellende Intention)**
- Will er vor allem die Meinung des Lesers beeinflussen? **(appellative Intention)**
- Will er vor allem seine subjektiven Ansichten oder Gefühle mitteilen? **(expressive Intention)**

Auch die **Kritik** an den Aussagen des Textes muss erkennbar werden – du kannst sie auch noch weiter ausführen. Oft wird in der Aufgabenstellung eigens darauf hingewiesen, dass du den Text am Ende deines Aufsatzes kritisch beurteilen bzw. kommentieren sollst.

Aufgabe 144 Gehe von der Aussageabsicht Fords aus, die du eben herausgearbeitet hast, und überlege dir weitere kritische Fragen zu folgendem Thema:
Ist die Fließbandarbeit wirklich so positiv, wie Ford sie darstellt?

Aufgabe 145 Schreibe eine Zusammenfassung und kritische Beurteilung der Ansichten Henry Fords zur Fließbandarbeit. So kannst du beginnen:
Der „Erfinder" der Fließbandarbeit, Henry Ford, will den Leser davon überzeugen, dass Tätigkeiten am Fließband für die meisten Menschen das Beste sind. Er unterscheidet dabei zunächst zwischen …

Die Textanalyse ist damit beendet. Oft wird die die kritische Analyse der Textvorlage aber noch erweitert, indem ein zusätzlicher Text herangezogen wird.

3.6 Zwei Sachtexte vergleichen

In den Schlussteil der Analyse sind schon kritische Überlegungen zum Thema Fließbandarbeit eingeflossen, die sich auf unsere heutigen Erfahrungen mit dieser Methode stützen. Um diesen aktuellen Bezug zu verstärken, kann zusätzlich die Auseinandersetzung mit einem zweiten, aktuellen Text gefordert sein, der im Kontrast zum Ausgangstext steht.
Mithilfe eines solchen Kontrasttextes ist es leichter, zu kritischen Ansatzpunkten zu kommen.
Im Hinblick auf die eben behandelte Fließbandthematik bietet sich als Kontrasttext der folgende Auszug aus einem Bericht von Günter Wallraff an. Der Verfasser hat selbst am Fließband in einer Autofabrik gestanden und seine Erfahrungen in einem Buch mit dem Titel *Industriereportagen* beschrieben.

Günter Wallraff: Am Band

Punkt 15.10 Uhr ruckt das Band an. Nach drei Stunden bin ich selbst nur noch Band. Ich spüre die fließende Bewegung des Bandes wie einen Sog in mir.

Wenn das Band einmal einen Augenblick stillsteht, ist das eine Erlösung. Aber umso heftiger, so scheint es, setzt es sich danach wieder in Gang. Wie um die verlorene Zeit aufzuholen.

Die Bandarbeit ist wie das Schwimmen gegen einen starken Strom. Man kann ein Stück dagegen anschwimmen. Das ist erforderlich, wenn man einmal zur Toilette muss oder im gegenüberliegenden Automaten einen Becher Cola oder heißen Kaffee ziehen will. Drei, vier Wagen kann man vorarbeiten. Dann wird man unweigerlich wieder abgetrieben.

J., vom Band nebenan, 49 Jahre alt, erinnert sich an frühere Zeiten: „Da ging es noch gemütlicher am Band zu. Wo früher an einem Band drei Fertigmacher standen, arbeiten heute an zwei Bändern vier. Hin und wieder kommt der Refa-Mann mit der Stoppuhr und beobachtet uns heimlich. Aber den kenne ich schon. Dann weiß ich: bald wird wieder jemand eingespart oder es kommt Arbeit dazu.“

Aber J. beklagt sich nicht. „Man gewöhnt sich daran. Hauptsache, ich bin noch gesund. Und jede Woche ein paar Flaschen Bier.“

Jeden Tag nach Schichtende, 23.40 Uhr, setzt er noch ein paar Überstunden dran und kehrt mit zwei andern unseren Hallenabschnitt aus. Ich bin nach acht Stunden erledigt. Die Frühschicht soll besser sein, hat man mir gesagt. „Man gewöhnt sich mit der Zeit an alles.“

Einer von meinem Bandabschnitt erzählt, wie der dauernde Schichtwechsel „langsam, aber sicher“ seine Ehe kaputtmacht. Er ist jungverheiratet – ein Kind –, seit drei Monaten neu am Band. „Wenn ich nach Hause komme, bin ich so durchgedreht und fertig, dass mich jeder Muckser vom Kind aufregt. Für meine Frau bin ich kaum mehr ansprechbar. Ich sehe kommen, dass sie sich scheiden lässt. Bei der Spätschicht ist es am schlimmsten. Meine Frau ist jetzt für eine Zeitlang mit dem Kind zu ihrer Mutter gezogen. Das ist mir fast lieber so.“

Wer am Band mein Meister ist, weiß ich nicht. Es kam einmal jemand vorbei –

an seinem hellbraunen Kittel ein Schildchen: „Meister Soundso“ – und fragte nach meinem Namen. Er sagte: „Ich weiß, Sie sind neu. Ich komme jeden Tag hier mal vorbei. Falls Sie was haben sollten, fragen Sie nur.“ Von ihm erfahre ich auch, dass ich „Fertigmacher“ werden soll. Was das ist, erfahre ich nicht. Und wie man so etwas wird und wie lange es dauert, verrät er auch nicht.

Die vor mir am Band arbeiten und die hinter mir, kenne ich nicht. Ich weiß auch nicht, was sie tun. Manchmal begegnen wir uns am Band im gleichen Wagen. Sie sind mit der Montage an ihrem Abschnitt nicht fertig geworden und in mein Revier abgetrieben – oder umgekehrt. Dann sind wir uns gegenseitig im Weg.

Da schlägt mir einer eine Wagentür ins Kreuz, oder ich beschütte einen mit Lack. Sich entschuldigen, ist hier nicht drin. Jeder wird so von seinen Handgriffen in Anspruch genommen, dass er den andern übersieht.

Das Zermürbende am Band ist das ewig Eintönige, das Nichthaltmachenkönnen, das Ausgeliefertsein. Die Zeit vergeht quälend langsam, weil sie nicht ausgefüllt ist. Sie erscheint leer, weil nichts geschieht, was mit dem wirklichen Leben zu tun hat.

Dieser Vergleichstext muss nicht so ausführlich behandelt werden wie der vorige, denn dafür wirst du auch bei einer Klassenarbeit keine Zeit haben. Stattdessen beschränkst du dich darauf, die Erfahrungen und Wirkungen von Fließbandarbeit herauszuarbeiten, die der Autor an sich selbst erfährt oder bei anderen beobachtet.
Da die Ergebnisse dann noch mit der Auffassung Fords verglichen werden sollen, genügt es hier, zunächst das Wesentliche in Stichpunkten oder knappen Sätzen zusammenzufassen.

ufgabe 146 Erarbeite am Text, welche Erfahrungen mit der Fließbandarbeit und ihren Auswirkungen auf die Menschen hier dargestellt werden.
Erkläre dann die folgende Aussage Günter Wallraffs: *„... bin ich selbst nur noch Band“* (Z. 2 f.).

Auch hier muss nun überprüft werden, wie gut der Text begründet bzw. wie glaubwürdig er ist.

ufgabe 147 Beurteile und stelle dar, wie der Verfasser seine Aussagen begründet – schlage dazu eventuell noch einmal den Fragenkatalog auf Seite 104 auf.

Mit diesem neuen Wissen über die Fließbandarbeit kehrst du noch einmal zu Henry Fords Text zurück. Fords Ansicht von der Unschädlichkeit der Fließbandarbeit kann nun eine weitergehende, begründete Sachkritik entgegengesetzt werden.

Vorgehen beim Vergleich von Sachtexten

Beachte beim Sachtextvergleich folgende Arbeitsschritte:

- Mache dir die Position des zuerst bearbeiteten Textes noch einmal anhand der zusammengestellten Hauptaussagen klar.
- Stelle auf die gleiche Weise die Hauptaussagen des Vergleichstextes zusammen.
- Markiere gegensätzliche und / oder übereinstimmende Aussagen der beiden Texte und fasse sie knapp – am besten in einer Tabelle – zusammen.
- Formuliere die Gegensätze und / oder die Übereinstimmungen der Texte schriftlich. Beachte: Vergleichen heißt nicht einfach gegenüberstellen, sondern formulieren, worin die Gegensätze und / oder Übereinstimmungen bestehen.
- Fasse knapp zusammen, wie die Aussagen der Texte sich zueinander verhalten.

Aufgabe 148 Stelle die Auffassungen zur Fließbandarbeit, die in den Texten jeweils zum Ausdruck kommen, in einer Tabelle zusammen und formuliere, worin die Gegensätze bestehen.

Zusammenführung von Karosserie und Fahrwerk im Rüsselsheimer Opelwerk

Aufgabe 149 Schreibe eine ausführliche Kritik zu Henry Fords Ansicht von der Unschädlichkeit der Fließbandarbeit. Beziehe Dich dabei ausdrücklich auf Günter Wallraffs Erfahrungen.

Teste dein Können: Analyse eines Sachtextes

Anhand der folgenden Aufgabe kannst du überprüfen, ob du selbstständig mit der Sachtextanalyse zurechtkommst.

fgabe 150 Schreibe zu dem folgenden Text eine vollständige Sachtextanalyse.

Christian Honey: Jeder „Like“ eine Belohnung – Wie Facebook und Co unser Handeln steuern

Unternehmen wenden Strategien aus der Verhaltensforschung an, um Nutzer am Bildschirm zu halten. Drei Bedingungen müssen erfüllt sein, sagt ein Psychologe.

Das Verhalten des Menschen mit Technologie zum Guten hin zu steuern, war ein Traum des amerikanischen Verhaltensforschers B. F. Skinner. Schon in den 1930er Jahren hatte der Harvard-Psychologe seine „Skinner-Box“ entwickelt, einen Trainingskäfig, in dem er Ratten und Tauben dazu brachte, einen Hebel zu drücken, wenn die Tiere einen bestimmten Reiz hörten oder sahen. In verschiedenen Durchgängen lernten sie, was sie tun mussten, um eine Belohnung in Form von Futter zu bekommen. Diese Form der Verhaltenssteuerung – genannt operante Konditionierung – müsse man nur mit der nötigen Technologie auf Menschen anwenden, wenn die Menschheit ihrer Probleme Herr werden wolle, schwärmte Skinner schon im Jahr 1974 [...].

Heute tragen Milliarden Menschen ihre eigene Skinner-Box in Form ihres Smartphones ständig mit sich herum oder konditionieren sich vorm PC selbst. Nur, dass die meisten von ihnen nicht die geringste Ahnung davon haben. Unternehmen konzipieren[1] ihre Apps und Webseiten nach Skinners Prinzipien, mit einem einzigen Ziel: sie dazu zu bringen, bereitwillig immer wieder zu klicken, zu scrollen oder zu kommentieren.

Diese Interaktionen im Internet ersetzen das Hebeldrücken im Rattenkäfig – sie bringen Belohnungen. Die nutzen letztendlich aber weniger dem Nutzer als vielmehr der Werbewirtschaft und ihren Kunden. Dabei greift die Gestaltung vieler Internetangebote zunehmend auf die Erkenntnisse eines neuen Forschungsgebiets zurück. Das „Behavioural Design“ beschäftigt sich mit der Frage, wie sich Skinners Traum, menschliches Verhalten mit Technologie zu manipulieren, am effektivsten umsetzen lässt.

Als Gründer dieser Richtung angewandter Psychologie gilt B. J. Fogg, Leiter des „Persuasive Technology Lab“ (Labor für Überzeugungstechnologie) an der Universität Stanford in Kalifornien. Im Zentrum seiner Forschung steht ein Modell, auf das Fogg mächtig stolz ist: [...] Demnach müssen drei Bedingungen erfüllt sein, um einen Menschen zu einer bestimmten Handlung zu veranlassen: Er muss dazu motiviert sein, er muss fähig sein, sie auszuführen, und es muss es einen Auslöser für die Handlung geben.

Ein Beispiel für die Umsetzung von Foggs Modell ist etwa die Nachrichtenfunktion von Facebook. Der Nutzer will Kontakt zu seinen Freunden halten (Motivation), Facebook macht es mithilfe von

Einblendungen sehr leicht, jemanden aus dem eigenen Freundeskreis zu finden (Fähigkeit), und der rote Benachrichtigungshinweis schreit geradezu danach, auf eine neue Nachricht sofort zu reagieren (Auslöser). Nach wenigen Klicks ist der Nutzer auf dem Profil eines Freundes – dort geschaltete Werbung inklusive.

Die Hirnforschung weiß heute, dass Gehirne solche Spiele lieben. Jedes Mal, wenn man auf Facebook oder Twitter einen Kommentar schreibt und jemandem der eigene Beitrag gefällt, schüttet das Belohnungssystem des Gehirns ein wenig Dopamin[2] aus. Das beeinflusst wiederum Hirnbereiche, die für die Handlungssteuerung zuständig sind, und führt dazu, dass man die Handlung beim nächsten Auslöser etwas wahrscheinlicher ausführt. [...]

Eine zentrale Maxime[3] laute: „Bringe Menschen dazu, sich erfolgreich zu fühlen." Zwar versichert Fogg, damit ausdrücklich echten Erfolg und keinen „Spielautomatenerfolg" zu meinen, der auf lange Sicht im Nichts endet. Doch die Geschäftsphilosophie mancher seiner ehemaligen Studenten spricht eine andere Sprache.

Das Buch von Nir Eyal, der bei Fogg einen Crashkurs belegte, trägt etwa den Titel: „Hooked: Wie Sie Produkte erschaffen, die süchtig machen". Um Menschen für eine Handlung zu motivieren, ist dort zu lesen, sei es wichtig, sie nicht jedes Mal zu belohnen. Bei vorhersagbaren Belohnungen fahre das Belohnungssystem des Gehirns seine Aktivität schnell wieder herunter. Das hatte schon Skinner an seinen Ratten beobachtet. War ihre Belohnung variabel, fiel also mal ein Leckerli in die Skinner-Box und mal nicht, blieb die Motivation der Tiere, den Hebel zu drücken, dauerhaft hoch.

Außerdem, schreibt Eyal, müsse eine Handlung einfach sein. Am besten so einfach, dass man nicht mal vom Sofa aufstehen muss. Deshalb läuft bei Youtube und Netflix das nächste Video automatisch an oder Amazon schlägt einem Produkte vor, die „andere Nutzer auch gut" fanden.

Als weiteres Beispiel nennt Fogg die App Instagram: „Instagram hat alles richtig gemacht und nicht wie andere Plattformen viele Extra-Funktionen angeboten, sondern ist der Maxime der Einfachheit treu geblieben", sagt Fogg. Das ist wohl kein Zufall: Auch Mike Krieger, der Mitgründer von Instagram, hat seinen Abschluss bei Fogg gemacht.

Die Wirkung des Behavioural Design auf unser Verhalten ist zumindest im Internet unverkennbar. Welchen Langzeiteffekt das auf den Menschen habe, könne man allerdings nicht sagen, meint Fogg.

Tatsächlich liegen zum Suchtpotenzial solcher Angebote bisher keine abschließenden Bewertungen vor. Die bisherige Evidenz[4] allerdings zeigt in eine eindeutige Richtung, zumindest was die sozialen Medien betrifft. So erfüllten [...] nach einer Studie des Deutschen Zentrums für Suchtfragen gemeinsam mit der Krankenkasse DAK [...] in Deutschland bereits etwa 100 000 Jugendliche im Alter von zwölf bis 17 Jahren die Kriterien einer Abhängigkeit von sozialen Medien. Und in einer kleineren österreichischen Studie zeigten nach einer Social-Media-Abstinenz[5] von sieben Tagen sechs von zehn Teilnehmern leichte Entzugserscheinungen. Dass damit Skinners Wunsch nach einer besseren Welt erfüllt wird, darf bezweifelt werden.

1 konzipieren: entwerfen, entwickeln
2 Dopamin: „Glückshormon", verantwortlich für Antriebssteigerung und Motivation
3 Maxime: Leitsatz
4 Evidenz: Tatsache, Gegebenheit
5 Abstinenz: Enthaltsamkeit, Verzicht

4 Adressatenorientiertes Schreiben

Beim adressatenorientierten Schreiben erhältst du als Arbeitsgrundlage einen **Sachtext**, meist einen wissenschaftlichen oder einen Zeitungstext. Diesen musst du **inhaltlich erschließen**. Auf Grundlage deiner Erkenntnisse verfasst du dann einen **eigenen Text**. In dem Aufsatz, den du schreibst, verwendest du eine Darstellungsweise, die den **Adressaten**, d. h. den Leser oder Zuhörer, direkt einbezieht. Die Textsorte hierfür wird dir vorgegeben.
In der Regel geht es beim adressatenorientierten Schreiben darum, den Leser mit deinem Text zu **beeinflussen**, ihn etwa für eine spezielle Thematik zu interessieren oder ihn von einer bestimmten Auffassung zu überzeugen. Voraussetzung dafür ist, dass du den Ausgangstext genau gelesen und gut verstanden hast. Achte bei der Untersuchung der Textgrundlage besonders auf thematische Schwerpunkte, die Meinung und Absicht des Verfassers sowie seine Argumentationsstrategie.
Auch bei dieser Art von Schreibaufgabe ist deine **Kreativität** gefragt, für die es hier Raum gibt. Nicht zu vergessen sind aber grundlegende Aspekte, die Form, Inhalt und Sprache betreffen:

- Die **formalen Kriterien** der geforderten **Textsorte** (Leserbrief, Rede etc.) müssen berücksichtigt und umgesetzt werden. Du solltest diese Merkmale also genau kennen (siehe Kapitel 4.1–4.5).
- **Inhaltlich** muss in erster Linie deine **Argumentation** überzeugen. Am besten sammelst du also vor dem Schreiben erst einmal Argumente, die du ausführen willst. (Zum Finden und Ausarbeiten von Argumenten siehe S. 133–142.)
  Du solltest außerdem immer bedenken, von welcher **Kommunikationssituation** dein Schreiben ausgeht: Wen sprichst du an und mit welcher Absicht? Welche Meinung und welche Kenntnisse hat der Empfänger? Welche Informationen (aus der Textvorlage) willst du ihm vermitteln?
- Die **sprachliche Gestaltung** sollte grundsätzlich deine Argumentation unterstützen, etwa durch einen rhetorisch geschickten Aufbau (vom schwächsten zum stärksten Argument). Darüber hinaus orientiert sich die Sprache an der **Absicht**, die dein Text verfolgt. Sie kann also z. B. ganz sachlich und nüchtern sein, aber auch witzig-ironisch, provokant oder appellativ.

Es gibt einige typische **Textsorten**, die im Bereich des adressatenorientierten Schreibens häufig verlangt werden: der Leserbrief, der formale Brief, die Rede, der Kommentar und das Interview. Im Folgenden werden sie dir im Einzelnen mit ihren wichtigsten Merkmalen vorgestellt.

4.1 Einen Leserbrief verfassen

Der **Leserbrief** stellt eine Reaktion auf einen Pressetext dar. Der Anlass ist also ein aktuelles Thema oder Problem, zu dem du als Schreiber deine **Meinung** kund tun möchtest. Häufig kommt die Absicht hinzu, andere von der eigenen Meinung zu **überzeugen**. Adressaten des Briefes sind die anderen Leser der Zeitung oder Zeitschrift bzw. die Redaktion.
Orientiere dich beim Verfassen eines Leserbriefs an folgendem Aufbau: Zu Beginn nimmst du Bezug auf das Gelesene, das du kommentieren möchtest. Daraufhin legst du deine eigene – zustimmende oder ablehnende – Meinung dar und begründest sie anhand überzeugender Argumente. Am Schluss formulierst du eine Art Fazit.

Der Leserbrief verwendet in der Regel eine **deutliche Sprache**, die die eigene Position klar zum Ausdruck bringt. Die Formulierungen können zum Teil auch etwas **provokant** oder **ironisch** sein; dies erhöht die Chancen, abgedruckt zu werden. **Umgangssprache** solltest du eher vermeiden. Nicht zu vergessen sind – wie bei jedem Brief – der Kopf (Adresse, Datum, Ort) sowie korrekte Anrede- und Schlussformeln.

Beispiel

So könnte ein Leserbrief zu einem Zeitungsartikel lauten:
(Die Adressen aus dem Briefkopf wurden hier weggelassen, siehe dazu das Beispiel aus Kapitel 4.2 zum formalen Brief.)

Waldstadt, 12.1.20xx

Sehr geehrte Damen und Herren der Redaktion,
sehr geehrte Waldstädter,

mit großem Interesse und zugleich mit großem Schrecken habe ich in Ihrer Ausgabe vom vergangenen Donnerstag den Bericht über die Schließung des Jugendhauses im Süden der Stadt gelesen. Der Artikel von Steffen Ringer stellt diese Maßnahme als ein unabänderliches Faktum dar, das „weiter oben" zu unser aller Wohl beschlossen wurde. Dem kann ich mich in keiner Weise anschließen. Die Gründe, die gegen dieses Vorhaben sprechen, sind zahlreich.

...

Ich rufe Sie abschließend alle nochmals auf, zu überlegen, ob der geplante Schritt tatsächlich der richtige ist, um die marode Stadtkasse zu sanieren. Ich bleibe dabei, dass dies auf keinen Fall auf dem Rücken unserer Jugend ausgetragen werden darf!

Mit freundlichen Grüßen
Conny Liebermann

fgabe 151 Nimm eine aktuelle Zeitung zur Hand oder surfe auf der Homepage einer Tageszeitung im Internet. Suche dir einen Artikel aus, der dich interessiert und zu dem du eine eigene Meinung hast. Stelle dir vor, du solltest dazu einen Leserbrief verfassen. Sammle passende Argumente, die du hierin verwenden würdest, und notiere sie kurz.

4.2 Einen formalen Brief ausarbeiten

In einem **formalen Brief** trägst du ein bestimmtes Anliegen vor. Dabei kann es sich zum Beispiel um eine **Bitte** oder eine **Beschwerde** handeln. Das Schreiben richtest du an eine Behörde, eine Institution oder ein Unternehmen – der Adressat ist also eine Person, die du nicht kennst. Auch hier erhältst du mit der Aufgabenstellung normalerweise eine Textgrundlage. Auf den darin behandelten Sachverhalt beziehst du dich in deinem Brief.
Der formale Brief beginnt mit der Nennung des Anlasses für das Schreiben. Anschließend folgt die Äußerung des eigenen Anliegens und ggf. die Begründung dafür. Zum Schluss formulierst du eine Erwartungshaltung zum Fortgang des Geschehens.

Sprachlich ist der formale Brief **sachlich** und **höflich** gehalten, du verwendest **Standardsprache**. Persönliche Gefühlsäußerungen haben hier nichts zu suchen. Denke an den ausführlichen Briefkopf, eine förmliche Anrede sowie Grußformel und Unterschrift am Ende.

Beispiel So könnten die Aufgabenstellung und der Beginn eines formalen Briefes zum Artikel „Warum Handy-Gespräche so stören“ von D. Marszk (siehe S. 96) aussehen:

Nachdem du den Artikel „Warum Handy-Gespräche so stören“ gelesen hast, beschließt du, dem Unternehmen, das in deiner Stadt den Personennahverkehr unterhält, zu schreiben und darum zu bitten, auch dort handyfreie Waggons einzuführen.

Thorsten Richter
Claudiusstr. 2
99887 Kirchheim
th-richter@mailmail.de

Frau
Sandra Dannberg
Große Straße 15
99887 Kirchheim

Kirchheim, 24. 1. 20xx

Einrichtung handyfreier Zonen

Sehr geehrte Frau Dannberg,

kürzlich las ich einen Zeitungsartikel darüber, wie störend Handy-Gespräche in der Öffentlichkeit für die Umgebung des Telefonierers sind. (Den sehr interessanten Bericht lege ich Ihnen bei.) Dort ist auch die Rede von britischen Zügen, in denen handyfreie Zonen eingerichtet wurden. Diese Idee veranlasste mich, Ihnen als Vorsitzende des KVV zu schreiben und die folgende Bitte an Sie zu richten:

…

Mit freundlichen Grüßen
Thorsten Richter

Aufgabe 152 Setze den formalen Brief aus oben stehendem Beispiel an der Stelle der Auslassungspunkte fort. Mache dein Anliegen deutlich und nenne einige Argumente (eigene oder aus der Textvorlage), die es stützen.

4.3 Eine Rede schreiben

Wenngleich die **Rede** an sich eine **mündliche** Kommunikationsform ist, basiert sie doch meist auf einem schriftlichen Konzept. Beim Verfassen einer Rede übernimmst du als Sprecher eine bestimmte **Rolle**, die dir in der Aufgabe vorgegeben wird. Kläre vor dem Schreiben unbedingt die **Kommunikationssituation**: Vor welchem Publikum sprichst du? Welche Vorkenntnisse und In-

teressen kannst du bei den Zuhörern voraussetzen? Welche Interessen vertrittst du? Mit welcher Sprache, mit welchen Inhalten erlangst du die Aufmerksamkeit der Zuhörerschaft?
Auch eine Rede beginnst du, indem du den Anlass für deinen Vortrag erläuterst. Noch besser als eine nüchterne Vorstellung des Problems oder Sachverhaltes ist ein **motivierender Einstieg**, der das Publikum z. B. zum Schmunzeln bringt oder bei dem du einen aktuellen oder persönlichen Bezug zum Thema herstellst. Verwende auch besondere Aufmerksamkeit für deinen **Schluss** – dies ist der letzte Eindruck, den die Zuhörer aufnehmen, und er hinterlässt daher die größte Wirkung.

In **sprachlicher Hinsicht** solltest du dir die mündliche Kommunikationssituation immer vor Augen halten. Sprich die **Zuhörer** direkt an und beziehe sie z. B. durch rhetorische Fragen in deine Rede mit ein. Nutze außerdem **sprachliche Mittel** wie Übertreibungen, Provokationen, Vergleiche etc., um dein Publikum deiner Absicht entsprechend zu **beeinflussen**.

Beispiel

So könnten die Aufgabenstellung und der Anfang einer Rede zum Text „Bildschirmtexte wenig einprägsam“ von M. Schweres (siehe S. 85 und 87 f.) lauten:

Als Hausaufgabe solltet ihr euch selbstständig mit dem Thema „Lernen und Computer“ beschäftigen. Dabei bist du auf den Artikel „Bildschirmtexte wenig einprägsam“ von M. Schweres gestoßen, der dir sehr interessant erscheint. In der nächsten Deutschstunde stellst du deinen Klassenkameraden daher die wesentlichen Erkenntnisse des Textes vor. Du legst außerdem deine Überlegungen dazu dar, wann es sinnvoll ist, am Bildschirm zu lesen, und wann ein gedruckter Text zu bevorzugen ist. Verfasse diesen Redebeitrag.

Guten Morgen Klasse 10 b, guten Morgen Herr Denzel,

ich möchte meinen Vortrag heute mit einer kleinen Umfrage beginnen. Mal ehrlich: Wie viel Zeit verbringt ihr täglich vor dem Bildschirm beim Lesen von Info-Texten, Mails, Blogs, Zeitschriftenmeldungen, Pinnwand-Einträgen usw.?
Insgesamt also schon eine Menge. Ich sage euch ganz offen, mir ging es bisher nicht anders. Vor Kurzem aber habe ich zufällig einen Artikel zu diesem Thema, Lesen am Monitor, gefunden, der mich ziemlich beeindruckte. Er handelte davon, dass das menschliche Auge einen Text wesentlich besser erfassen kann, wenn er gedruckt vorliegt, als wenn er an einem Bildschirm gelesen wird. Die Details und die dem Bericht zugrunde liegenden Studien will ich euch im Folgenden vorstellen.

…

4.4 Einen Kommentar erstellen

Lies zum **Kommentar** noch einmal die Informationen, die du dazu in der Übersicht der Sachtextsorten auf Seite 83 erhältst.
Der Kommentar ist also dem Leserbrief recht ähnlich: Du beziehst dich auf ein **aktuelles Ereignis**, zu dem du deine **eigene Meinung** sagst. Dabei versuchst du – im Kommentar noch mehr als im Leserbrief –, die Adressaten deines Schreibens zu beeinflussen und von deiner Meinung zu überzeugen. Lies also zunächst den Grundlagentext ganz genau und überlege, welche Position du beziehen willst. Diese muss in deinem Text dann deutlich erkennbar sein.

Im Kommentar sprichst du die **Leser nicht direkt** an. Sie sollten dir dennoch stets als Publikum bewusst sein. Nutze **sprachliche Mittel** wie rhetorische Fragen, pointierte Gegenüberstellungen oder ironische Wendungen, um die **Überzeugungskraft** deines Textes zu unterstützen. Denke daran, dass der Verfasser eines Kommentars immer namentlich genannt wird, entweder gleich am Anfang oder als Unterschrift unter dem Text. Im Übrigen weist der Kommentar als journalistische Textsorte in der Regel eine **Überschrift** auf. Am besten lässt du dir auch hierfür etwas Griffiges einfallen.

Beispiel So könnte der Anfang eines Kommentars zum Text „Bienen als Bullen" von Helmut Höge (siehe S. 92 f.) lauten:

Rettet die Bienen!
von Benno Klein

Die Bienen haben es aber auch schwer. Da ist ihre große Familie schon auf eine denkbar kleine Population zusammengeschrumpft – und nun sollen sie auch noch als Polizeibienen in den Staatsdienst eintreten. Die Idee einer bienenaffinen Polizistin aus Nordrhein-Westfalen erscheint dabei auf den ersten Blick gar nicht einmal dumm: Bienen sollen nach einem kurzen Training im Labor an Flughäfen und im Freiland ausschwärmen, um Drogen und andere illegale Substanzen ausfindig zu machen.
Mir stellt sich dabei allerdings die Frage, was wohl die Bienen davon halten. Gut, das mit dem Zuckerwasser als Belohnung dürfte vielen von uns auch nicht ganz fremd sein, Stichwort: Feierabendbierchen. Was allerdings die strafenden Stromstöße angeht, dürfte sich die Begeisterung rasch legen. …

Aufgabe 153 Sieh dir den obigen Beispiel-Kommentar genau an. Welche textsortentypischen Merkmale weist er auf? Notiere kennzeichnende Textstellen und das jeweilige Kriterium in Stichworten.

4.5 Ein Interview gestalten

Lies auch zum **Interview** noch einmal die Hinweise, die du in der Übersicht auf Seite 83 zu dieser Textsorte erhältst.
Beim Interview hältst du also schriftlich einen **Dialog** fest, wobei die Rollen der **Gesprächspartner** klar in Fragenden und Antwortenden unterteilt sind. Meist beginnt ein Interview mit einem aktuellen Bezug, später werden dann je nach Interviewpartner und Schwerpunkt verschiedene Themen und Probleme angesprochen.

Die **sprachliche Darstellung** entspricht – wie beim Dialog – der **mündlicher Kommunikationsformen**. Dein Text sollte also spontan wirken, umgangssprachliche Formulierungen sind hier möglich. Die Interviewpartner sprechen sich im Gespräch direkt an. Du kannst auch hier **Regieanweisungen** (z. B. „überlegt“, „runzelt die Stirn“) verwenden.

Beispiel So könnte die Aufgabenstellung und der Beginn eines Interviews zum Text „Am Band“ von G. Wallraff (siehe S. 112 f.) aussehen:

In der Klasse habt ihr den Text „Am Band“ von G. Wallraff gelesen. Daraufhin beschließt ihr, Herrn Wallraff um ein Interview für eure Schülerzeitung zu bitten, wofür dieser auch zusagt. Verfasse das Interview.

SCHÜLERZEITUNG: *Guten Tag, Herr Wallraff. Wir freuen uns sehr, dass Sie zugesagt haben, heute für die Schülerzeitung des Schiller-Gymnasiums ein Interview mit uns zu führen.*

WALLRAFF: *Hallo zusammen! Das mache ich doch gerne. Für mich ist es schön, zu sehen, wenn auch jüngere Leser sich für meine Texte interessieren.*

SCHÜLERZEITUNG: *Wir kamen auf Sie, nachdem wir im Unterricht Ihren Text „Am Band“ gelesen haben, der uns sehr beeindruckt hat. Wie sind Sie auf die Idee gekommen, über diese Zeit und dieses Thema zu schreiben?*

WALLRAFF: *Die Reportage – und ähnliche zu diesem Thema – entstanden in einer Zeit, als ich Vollzeit in einer solchen Fabrik beschäftigt war, in der man den ganzen Tag lang immer dieselben Handgriffe ausführte. Bei dieser monotonen Beschäftigung hatte ich genug Zeit, mir Gedanken über diese Tätigkeit und ihren Wert nicht für das Produkt, sondern für den Arbeiter selbst zu machen. Aus diesen Überlegungen entstanden später die „Industriereportagen.“*

...

Aufgabe 154 Auf der Homepage eurer Schule soll ein Dossier zum Thema „Jobsuche und Bewerbung" veröffentlicht werden. Zu diesem Zweck führst du ein Interview mit dem Unternehmensberater Eberhard von Rundstedt, das später online gestellt wird. Im Gespräch soll klar werden, was für Bewerber bei der Jobsuche wichtig ist und was sie besser vermeiden sollten. Schreibe den Anfang dieses Interviews (mind. 150 Wörter). Stütze dich auf den Artikel „Textaufsager – nein, danke!" von A. S. Meyer (siehe S. 98).

Teste dein Können: Adressatenorientiertes Schreiben

Als Grundlage für die folgende Übung dient noch einmal der Text „Jeder ‚Like' eine Belohnung – Wie Facebook und Co unser Handeln steuern" von Christian Honey (siehe S. 115 f.). Überprüfe, ob du selbstständig mit einer Aufgabe zum adressatenorientierten Schreiben zurechtkommst.

Aufgabe 155 An eurer Schule findet ein Aktionstag zum Thema „Schöne neue digitale Welt" statt, bei dem es um Chancen und Möglichkeiten, aber auch um Risiken und Gefahren rund um das Internet gehen soll. Im Unterricht habt ihr euch deshalb mit diesem Thema beschäftigt und den Text „Jeder ‚Like' eine Belohnung – Wie Facebook und Co unser Handeln steuern" von Christian Honey (S. 115 f.) gelesen und untersucht.
Am Aktionstag hältst du einen Vortrag für interessierte Eltern, Lehrer und Mitschüler, in dem du die Erkenntnisse des Textes vorstellst und dazu aufrufst, das eigene Verhalten im Umgang mit den neuen Medien kritisch zu prüfen. Schreibe diese Rede.

Formalisierte Texte verfassen

Als formalisierte Texte bezeichnet man Texte, bei denen du dich an bestimmte **formale Regeln** halten musst. Dies gilt beispielsweise für den Lebenslauf, für das Bewerbungsschreiben und für das Protokoll. Bei all diesen Textsorten ist die äußere Form verbindlich festgelegt.

1 Lebenslauf und Bewerbungsschreiben

Das **Bewerbungsschreiben** dient dazu, sich einer Firma vorzustellen, bei der man arbeiten oder auch nur ein Betriebspraktikum absolvieren will.
Es muss daher eine Reihe von Informationen enthalten, die es dem künftigen Arbeitgeber ermöglichen, sich ein Bild von der Bewerberin bzw. dem Bewerber zu machen.

In das Bewerbungsschreiben gehören folgende Elemente hinein:

- genaue Bezeichnung der Stelle, um die es geht
- Angabe des Zeitpunkts, zu dem man in der Firma anfangen könnte
- Darstellung des erreichten (oder angestrebten) Schulabschlusses
- Erläuterung, wie und warum das Interesse an der angebotenen Stelle/dem Einstieg in diesen speziellen Beruf entstanden ist
- Erklärung, weshalb man gerade für **diese Stelle/diesen Beruf** in **dieser Firma** die/der Richtige ist
- Erwähnung von Einzelheiten über die Firma, um Interesse am Unternehmen zu zeigen.

fgabe 156 Überlege dir eine Tätigkeit, die du gerne ausüben würdest und für die du dich bei einem Arbeitgeber bewerben möchtest.
Schreibe dann den Entwurf eines Bewerbungsschreibens, das die Gesichtspunkte aus dem Merkkasten berücksichtigt.

Beginne so:
Um die Stelle als …, die Sie in der Zeitung XY vom 10.04.20xx angeboten haben, möchte ich mich hiermit bewerben …

Dein Bewerbungsschreiben vermittelt einen ersten Eindruck von dir. Dieser Eindruck soll natürlich so gut sein, dass du dann auch zu einem Gespräch eingeladen wirst und dich persönlich vorstellen kannst.
Dass zum guten Eindruck des Bewerbungsschreibens auch ein sauberes weißes Blatt Papier sowie eine fehlerfreie Rechtschreibung und Zeichensetzung gehören, versteht sich von selbst.
Es hat sich bei Bewerbungsschreiben im Laufe der Zeit aber auch eine bestimmte **äußerliche Form** der Gestaltung eingebürgert, die schon deshalb eingehalten werden sollte, weil sie im öffentlichen Leben, also zum Beispiel bei Firmen, Banken oder Behörden, als selbstverständlich vorausgesetzt wird.
Das folgende **Muster** zeigt, wie ein **Bewerbungsschreiben** formal gestaltet werden sollte:

Muster	Hinweise
	3 cm Abstand zum oberen Seitenrand
Vorname und Name — Ort und Datum Straße und Hausnummer PLZ und Ort Telefonnummer E-Mail-Adresse	
	4 bis 5 Leerzeilen
genauer Name der Firma möglichst genauen Empfänger angeben (z. H. Frau …/Herrn …) Straße und Hausnummer PLZ und Ort	
	3 bis 4 Leerzeilen
Grund des Schreibens kurz angeben (hier: Bewerbung um …)	
	2 Leerzeilen
Anredeformel (üblich: Sehr geehrte Frau … , Sehr geehrter Herr …, Sehr geehrte Damen und Herren), *Hier steht der Bewerbungstext (vgl. z. B. Aufgabe 156)*	
Grußformel (üblich: Mit freundlichen Grüßen) *eigene Unterschrift*	
Anlagen: Lebenslauf Zeugniskopie	*Hier werden die Dokumente genannt, die du beifügst.*
	3 cm Abstand zum unteren Seitenrand – sonst neue Seite nehmen!

fgabe 157 Vervollständige den in Aufgabe 156 begonnenen Entwurf und gestalte ihn auch von der äußeren Form her dem Muster entsprechend.

Die beigefügten **Anlagen** sollten auf jeden Fall deine Zeugnisse (in der Regel das Zeugnis, das du zuletzt erhalten hast) und deinen Lebenslauf enthalten. Darüber hinaus kannst du andere Nachweise über zusätzliches Wissen und Können beifügen, zum Beispiel Bescheinigungen von Kursen in der Volkshochschule. Solche zusätzlichen Nachweise sollten mit dem gewünschten Beruf in einem sinnvollen Zusammenhang stehen. Sämtliche Bescheinigungen werden als Fotokopien beigelegt.
Überarbeite und prüfe die äußere Form und die inhaltliche Gestaltung des Bewerbungsschreibens zum Schluss noch einmal ganz genau.

Lebenslauf

Der Lebenslauf ist die wichtigste „Anlage", die du deinem Bewerbungsschreiben beifügst. Er soll wesentliche Informationen über Herkunft und Familie, Ausbildungsgang und Interessen auf konzentrierte Art und Weise vermitteln. Um diese Informationen übersichtlich zu präsentieren, wird heutzutage im Allgemeinen die Form des **tabellarischen Lebenslaufs** benutzt.

Das sieht so aus:

Muster eines tabellarischen Lebenslaufs

Vorname und Name
Straße und Hausnummer — *Hier ein Foto einkleben*
PLZ und Ort

Tabellarischer Lebenslauf

Persönliche Daten:

Geburtsort/-datum

Familienstand

Hier die eigenen Daten eintragen!

Schulbildung:

evtl. Leistungskurse, Wahlfächer, Sprachkenntnisse

Voraussichtlicher Schulabschluss:

Absolvierte Praktika:

Aktivitäten und Interessen:

Datum und Unterschrift mit Vor- und Nachnamen

Im Abschnitt zur *Schulbildung* unterteilst du deine Angaben in Grundschule und weiterführende Schule und gibst die Schuljahrsdaten an, also etwa:
2000–2004: *Grundschule in ...*

Wenn du in Bezug auf Praktika oder Aktivitäten etwas einträgst, etwa einen Computerkurs, einen Sprachkurs oder einen Auslandsaufenthalt, musst du die Zeiträume genau angeben und möglichst auch entsprechende Bescheinigungen als Anlagen beilegen.
Das ganze Material – Bewerbungsschreiben, Lebenslauf mit beigefügtem Foto, Kopie des Abschlusszeugnisses und weitere Anlagen – gehört zum Schluss in eine Bewerbungsmappe.

Aufgabe 158 Schreibe nach dem oben stehenden Muster deinen Lebenslauf.

2 Protokoll

Ein Protokoll hat die Aufgabe, mündliche Gesprächssituationen, zum Beispiel eine Unterrichtsstunde, ein Gespräch oder eine Podiumsdiskussion, schriftlich und in konzentrierter Form darzustellen und dabei die wichtigsten Inhalte festzuhalten. So kann man sich später über die Ergebnisse des Ereignisses informieren. Ein Protokoll ist deshalb viel kürzer als der mündliche Text, auf den es sich bezieht.

Es gibt unterschiedliche Protokollformen:
Das **Verlaufsprotokoll** dient dem Zweck, die **wesentlichen Grundlinien** einer Gesprächssituation sichtbar zu machen, also den **Verlauf** eines Argumentationsganges sowie der Gegenargumentation aufzuzeigen. Obwohl sich das Verlaufsprotokoll immer nur auf den Kern der mündlichen Aussagen konzentriert, ist es meist umfangreicher als das Ergebnisprotokoll.

Das **Ergebnisprotokoll** erfordert eine noch konzentriertere Darstellung. Hier geht es darum, sich auf die Formulierung der **Resultate** einer Gesprächssituation zu **beschränken**, also auf Beschlüsse oder andere Ergebnisse, die schriftlich festgehalten werden müssen.

Auf jeden Fall erfordern beide Protokollarten die Fähigkeit, sich auf das Wichtigste zu beschränken. Wie man das am besten macht, hast du schon bei der Inhaltsangabe von fiktionalen Texten und von Sachtexten geübt. Dort hast du auch die hilfreiche Anwendung von W-Fragen kennengelernt. Da sich das Protokoll auf einen mündlichen und eventuell sogar ziemlich schnell gesprochenen Text bezieht, musst du trainieren, ganz knapp und schnell das Wesentliche festzuhalten – am besten verwendest du knappe, verkürzte Sätze.

Leitfaden für das Schreiben eines Protokolls

1. Verlaufsprotokoll

- Nenne die beteiligten Personen und kennzeichne die grundlegende Fragestellung, um die es geht; erwähne zudem den Anlass und in der Regel auch Ort und Zeit der Gesprächssituation.
- Halte den wichtigsten Aussagegehalt der einzelnen Redebeiträge in Stichworten oder ganz knappen Sätzen fest.
- Vermeide Wiederholungen von Redebeiträgen mit gleichen oder ähnlichen Aussagen.
- Hebe zur Verdeutlichung des Gesprächsverlaufs neu auftauchende Gegenpositionen hervor.
- Kennzeichne neue bzw. ergänzende Fragestellungen.
- Benenne deutlich die erzielten Ergebnisse.

2. Ergebnisprotokoll

- Nenne die beteiligten Personen und kennzeichne die grundlegende Fragestellung, um die es geht; erwähne darüber hinaus den Anlass und in der Regel auch Ort und Zeit der Gesprächssituation.
- Verdeutliche die grundsätzlichen Positionen und Gegenpositionen, die im Laufe der Gesprächssituation ausgetauscht worden sind.
- Benenne deutlich die erzielten Ergebnisse.

Aufgabe 159 Halte das Wichtigste aus dem folgenden Interview der Tageszeitung *DIE WELT* mit dem Kinderfernsehmacher Armin Maiwald in Protokollnotizen fest?

Aufgabe 160 Hier im Buch kann das Protokoll nur an einem gedruckten Text geübt werden. Das ist natürlich leichter, weil du den Text vor dir liegen hast. Ideal wäre es, wenn dir jemand das Interview vorlesen könnte und du daraufhin das Protokoll schreiben würdest.

Fasse das folgende Interview in einem Verlaufsprotokoll zusammen – schreibe nicht mehr als 160 Wörter.

Ein Teufelsweg

Armin Maiwald, der Macher der Maus, sorgt sich um den Zustand des deutschen Kinderfernsehens.

Die Sendung mit der Maus steht wie keine andere [Sendung] für anspruchsvolles Kinderfernsehen. Über die Sendung und die Situation des deutschen Kinderfernsehens sprach mit ihm Kathrin Spoerr.

DIE WELT: Herr Maiwald, Sie werden bald 65. Warum machen Sie eigentlich Kinderfernsehen?

Armin Maiwald: Das ist eine Frage, die typisch ist für unsere Gesellschaft. Schon ganz früher, als ich noch ein ganz junger Regisseur war, hat mich einer meiner Chefs mal gefragt: Maiwald, du machst doch eigentlich ganz ordentliche Filme, warum machst du eigentlich nur Kinderfernsehen? Die Frage sagt alles über das Verhältnis der Deutschen zu Kindern. Noch immer glauben viele Programmverantwortliche, Kinderfernsehen könne ruhig minderwertig sein. Dabei ist das Gegenteil richtig: Kinder brauchen genauso gutes Fernsehen wie Erwachsene. Wir dürfen uns nicht wundern, dass es keine Kinder mehr gibt in diesem Land. Kinder haben keine Lobby.

DIE WELT: Warum wird man eine Sendung wie die Maus nicht im Privatfernsehen sehen?

Maiwald: Weil man damit keine Werbung verkaufen kann. Die privaten Stationen kann man ja auch nicht als Fernsehstationen bezeichnen. Das sind Werbezeitenverkäufer.

DIE WELT: Peter Lustig und Sie gehören zu den Urgesteinen des anspruchsvollen öffentlichen Kinderfernsehens. Nur: Immer weniger Leute wollen das sehen. Wer schaut Ihre Sendungen?

Maiwald: Leute von drei bis 99, wie wir aus Hunderttausenden Zuschriften wissen. Drei finde ich persönlich übrigens zu jung, ich würde ein Kind nicht vor vier vor den Fernseher setzen. Aber wir wissen ja auch, dass viele Eltern den Fernseher als elektronische Großmutter missbrauchen.

DIE WELT: Machen Ihnen die hohen Einschaltquoten von Super RTL Sorgen?

Maiwald: Ja. Natürlich. Heute schielen ja alle auf die Quote, auch die öffentlichen, die das eigentlich gar nicht mehr nötig haben. Aber auch bei denen interessiert immer mehr die Quote und nicht die Frage, ob Fernsehen gut oder schlecht ist. Anders kann man sich ja den ganzen Schwachsinn, der gesendet wird, gar nicht erklären.

DIE WELT: Die Leute wollen den Schwachsinn aber sehen.

Maiwald: Ja. Auch das zeigt ein Bild unserer Gesellschaft. Wer sich so was reinzieht, der muss gehirnamputiert sein.

DIE WELT: Ist die Zeit des anspruchsvollen Kinderfernsehens vorbei?

Maiwald: Ich fürchte ja. Die Quittung bekommen wir dann, wenn die Kinder von heute, die nur mit Ballern aufgewachsen sind, erwachsen sind. Man sieht es ja schon heute: Manager haben immer weniger Gefühl für die Tragweite ihrer Entscheidungen, wenn sie zum Beispiel Leute entlassen. Und trotzdem sehen wir es als unsere Aufgabe an, hervorragendes Kinderfernsehen zu machen bis zur Schmerzgrenze. Wir sind es gewohnt, dass Kinderfernsehen auch im öffentlichen Rundfunk immer das kleinste Budget bekommt.

DIE WELT: Wenn Fernsehen Kinder schlecht macht, kann es also Kinder auch gut machen?

Maiwald: Schon. Wir haben das in Zeiten erlebt, als es noch drei Fernsehprogramme gab. Da haben uns auch Leute gesehen, die wir heute nicht mehr erreichen. Dabei wusste man damals auch schon, dass die breite Masse nichts mit Qualität anfangen kann. Aber ich sehe den Auftrag des öffentlich subventionierten Fernsehens auch darin, sich von Quoten freizumachen und Qualität zu senden.

DIE WELT: Sehnen Sie sich zurück in die Drei-Programme-Zeit ohne Privatfernsehen?

Maiwald: Es müssen ja nicht gerade drei sein. Aber ich sehne mich nach ordentlichem Fernsehen, das einen Qualitätsauftrag nicht nur hat, sondern ihn auch erfüllt. Und ich muss ehrlich sagen, dass ich das Privatfernsehen für einen Teufelsweg halte.

Erörterung und Argumentation

1 Beweiskräftig argumentieren

Die Erörterung hat Ähnlichkeiten mit dem Streitgespräch, das du aus der Unterstufe kennst, aber sie ist eine Aufsatzart, die im Allgemeinen von Klasse 9 an geübt wird. Beim Erörtern geht es darum, sich mit einem strittigen Thema auseinanderzusetzen, Argumente für oder gegen einen Standpunkt zu finden, diese Argumente genau darzulegen und Beweise vorzutragen.
Auf der Basis einer **sachlichen Auseinandersetzung** mit einem Thema sollte die Erörterung letztendlich zu einer Entscheidung führen, mit der du auch deine Leser überzeugen kannst.
Damit deine Überlegungen und Erläuterungen deutlich werden und auch von anderen nachvollzogen und auf ihre Stichhaltigkeit hin überprüft werden können, ist bei der Erörterung eine genaue, auch sprachlich klare Darstellung erforderlich.

Grundlage jeder Erörterung ist eine **These**, das heißt ein zunächst noch unbewiesener Satz, der die zu erörternde Aussage festhält.

Beispiel

These 1: *In einen Sportverein einzutreten ist für die Freizeitgestaltung am besten.*
These 2: *Ein Fachbuch zu lesen ist die beste Art der Informationsbeschaffung zu einem Thema.*
These 3: *In der Schule sollten keine Süßigkeiten verkauft werden.*

Diese **Thesen** sind zunächst **bloße Behauptungen**. **Begründungen** müssen **hinzugefügt** werden und Gegengründe müssen bedacht und gegebenenfalls widerlegt werden, damit man erkennen kann, ob an der These „etwas dran" ist, ob du andere von ihr **überzeugen** kannst – oder nicht.

Für das Schreiben einer Erörterung ergeben sich daher folgende Arbeitsschritte:

Arbeitsschritte für eine Erörterung

- Aufstellen / Formulieren einer **These**
- Erarbeiten von Beweisgründen **für** die These
- Erarbeiten von Beweisgründen, die **gegen** die These sprechen
- Abwägen der zusammengestellten Beweisgründe und Formulieren einer Stellungnahme zu der anfangs dargestellten These

Gehe jetzt von den oben genannten Thesen aus und überlege dir dazu zunächst kurze, einfache Begründungen, die als Beweise dienen sollen.

Aufgabe 161 Begründe jede der oben stehenden Thesen, indem du einen Kausalsatz (*weil ...*) hinzufügst.

Beispiel These 1: In einen Sportverein einzutreten ist für die Freizeitgestaltung am besten, *weil ich dort viele Leute mit den gleichen Interessen finde.*
Gehe entsprechend bei den anderen Thesen vor.

Die Begründungen, die du bisher zu den Thesen geschrieben hast, sind noch recht knapp und lassen viele Fragen offen.
Zum Beispiel zu der bisherigen Begründung von These 1:

- Um welche Möglichkeiten der Freizeitgestaltung geht es?
- Um welche Interessen könnte es sich handeln?
- Ist diese Freizeitmöglichkeit nur für den Schreiber der These interessant?
- Warum könnte der Eintritt in einen Sportverein auch für andere interessant sein?
- Was ist der Vorteil von gleichen Interessen?
- Worin besteht der besondere Vorteil, den ein Sportverein bietet?

Aufgabe 162 Formuliere ähnliche Fragen, die bei den kurzen Begründungen der Thesen 2 und 3 noch offen geblieben sind.

Diese und ähnliche Fragen musst du beantworten, wenn du überzeugend an deinen Thesen festhalten willst. Die Begründungen sollen besser, ausführlicher, beweiskräftiger und damit überzeugender werden. Dafür ist es notwendig, dass du mehr erklärst, Fakten hinzufügst und deine Auffassungen anhand von Beispielen erläuterst.

Betrachte einmal die Begründung für die erste These:
In einen Sportverein einzutreten ist für die Freizeitgestaltung am besten, *weil ich dort viele Leute mit den gleichen Interessen finde.*
Berücksichtigt man nun die offen gebliebenen Fragen und erläutert **mithilfe eines Beispiels** näher, könnte die Begründung so lauten:
Ich interessiere mich sehr für das Handballspiel. Doch es ist sehr schwierig, außerhalb des Sportunterrichts in der Schule einen geeigneten Platz und vor allem passende Mitspieler zu finden. Der Eintritt in einen Sportverein löst dieses Problem, denn hier besteht die Möglichkeit, regelmäßig mit engagierten Mitspielern zu trainieren. Auch bei anderen Sportarten bieten sich jedem diese Vorteile. Außerdem sind die Kosten nicht sehr hoch.

Der Beweis für die These ist nicht nur bedeutend länger, sondern auch besser geworden:

- Es wurde ein spezielles **Beispiel** verwendet, um dem Leser den in der These behaupteten Vorteil zu veranschaulichen.
- Dazu wurde ein **Kontrast** hergestellt: Dem Interesse am Handballspiel wurde die Schwierigkeit gegenübergestellt, dem Hobby ohne Verein nachzugehen, und dann erläutert, inwiefern der Sportverein dieses Problem löst. Eine solche Kontrastbildung ist ein gutes Mittel, um die Beweisführung zu veranschaulichen und zu stärken.

Man kann solche Gegensätze mithilfe von sogenannten adversativen Gliedsätzen formulieren, die zum Beispiel mit *während* oder *wohingegen* eingeleitet werden. Man kann sie auch nominal ausdrücken, also durch eine Hauptwortgruppe wie *im Gegensatz zu …* Im obigen Beispiel wird der Kontrast durch das Wort *doch* angezeigt.

- Schließlich wurde das Beispiel über das persönliche Interesse eines Einzelnen an einer speziellen Sportart hinaus ausgeweitet und auf Möglichkeiten der sportlichen Freizeitgestaltung überhaupt bezogen. Eine solche **Verallgemeinerung** stützt die Beweiskraft der Argumentation erheblich.

Aufgabe163 Erweitere jetzt die Begründung der These 2 – *Ein Fachbuch zu lesen ist die beste Art der Informationsbeschaffung zu einem Thema* – zu einem richtigen Argument, indem du dich am vorigen Beispiel orientierst.

These 3 könnte beispielsweise folgendermaßen begründet werden:
Viele zahnmedizinische Untersuchungen haben ergeben, dass der Zucker in den Süßigkeiten die Oberfläche der Zähne angreift. Karies, die auf lange Sicht die Zähne zerstört, ist die unausweichliche Folge. Vor allem jüngere Kinder sind hierdurch gefährdet, weil bei ihnen die Zahnoberfläche noch nicht so geschützt ist. Daher sollte man den schädlichen Konsum von Süßigkeiten nicht noch in der Schule fördern, sondern den Verkauf dort einstellen.

Aufgabe 164 Prüfe Satz für Satz nach, in welchen Schritten hier die Beweisführung erfolgt, und halte sie in Stichworten fest. Was ist neu an dieser Art der Begründung?

Die Beweisführung zu These 3 geht von wissenschaftlich untersuchten Fakten aus, die als **Beleg** dienen. Daraus werden **Folgerungen** abgeleitet. Am Schluss steht die **Konsequenz,** die nun als begründet entwickelte Aussage der These entspricht.

Es wäre zwar noch möglich, den Hintergrund der wissenschaftlichen Untersuchungen in exakten Daten und Zahlen darzustellen, sofern die entsprechenden Informationen zur Verfügung stehen. Allerdings ist der medizinische Zusammenhang, mit dem argumentiert wird, heutzutage aus den Medien (und sogar aus der Werbung) so bekannt und allgemein als zutreffend akzeptiert, dass das Argument als unbezweifelbare Tatsache gelten kann und hohes Gewicht hat.

Prüfe immer die Beweiskraft deiner Argumente mithilfe der folgenden Fragen:

Überprüfung der Argumente

- Sind die Argumente im Sinne deiner vorher formulierten These wirklich beweiskräftig?
- Hast du anschauliche Beispiele verwendet?
- Sind die Beispiele überzeugend? Lassen sie sich verallgemeinern?
- Hast du, soweit möglich, Fakten als Belege verwendet, um deine Argumente abzusichern?
- Hast du dein Argument logisch aufgebaut (hast du aus Fakten Konsequenzen abgeleitet)?

fgabe 165 Zu der These *Eine Klassenfahrt sollte niemals eine Großstadt als Ziel haben* sind folgende Argumente formuliert:

Argument 1: *Die Schüler wollen dann doch sowieso nur durch die Kaufhäuser rennen. Dafür braucht man keine Klassenfahrt zu machen.*

Argument 2: *Meiner Überzeugung nach ist es der Sinn einer Klassenfahrt, ordentlich zu wandern. Das kann man in einer Großstadt nicht, schon wegen des Autoverkehrs.*

Argument 3: *Die meisten Schüler haben heute die Gelegenheit, mit Eltern oder Freunden zum Beispiel an einem freien Samstag eine Großstadt zu besuchen. Gerade samstags fahren viele zum Einkaufen in eine Großstadt und kennen sich dort schon gut aus.*

Argument 4: *Auf einer Klassenfahrt sollte man etwas machen, was man sonst nicht macht.*

Überprüfe **Qualität und Beweiskraft** der Argumente und kommentiere jeweils kurz die Beweisführung.

2 Argumente finden

Bis hierher wurde klar, wie man ein Argument beweiskräftig gestalten kann. Doch wie findet man eigentlich die passenden Argumente?
Für eine sachgemäße Erörterung ist es nötig, mehrere Argumente aus unterschiedlicher Perspektive vorzutragen. Daher stellt sich die Frage, wie man überhaupt zu einer ausreichenden Anzahl beweiskräftiger Begründungen kommt.
Die Frage ist nicht so einfach zu beantworten, denn die Thesen, für die die Beweisgründe gelten sollen, sind ja sehr unterschiedlich. Mit Sicherheit fällt dir aber das Argumentieren viel leichter, wenn du zum Thema spezielle Kenntnisse hast, die du dir beispielsweise im Unterricht oder durch privates Interesse angeeignet hast.

Gehe den Vorgang der Suche nach Beweisen einmal Schritt für Schritt durch. Nimm an, als Thema wird dir die folgende **Frage** gestellt:
Ist es sinnvoll, Schülerinnen und Schülern regelmäßig Hausaufgaben aufzugeben?

Als Ausgangspunkt für das Argumentieren formulierst du die Fragestellung in einen thesenartigen, **behauptenden Satz** um:
Es ist sinnvoll, Schülerinnen und Schülern regelmäßig Hausaufgaben aufzugeben!
Dazu gehört dann auch die **Gegenthese:**
Es ist nicht sinnvoll, Schülerinnen und Schülern regelmäßig Hausaufgaben aufzugeben! Hier wird die eben formulierte Behauptung ins Gegenteil umgekehrt.

Nachdem du These und Gegenthese nebeneinander auf einen oder auf zwei Zettel geschrieben hast, beginnt das **Brainstorming**, also das Sammeln von spontanen Einfällen – mit Stift in Reichweite!
Ein paar Fragestellungen können dir beim Brainstorming helfen:

Brainstorming für das Sammeln von Argumenten

- Was besagt die These genau und welche Folgerungen ergeben sich aus ihr?
- Welche Vorteile hat es, wenn ich der Aussage der These folge?
- Welche Nachteile ergeben sich aus der Aussage der These?
- Wer vertritt die These bzw. Gegenthese, wer könnte sie vertreten?
- Wie sollte/könnte die These/Gegenthese verwirklicht werden?
- Warum sollte/könnte die These/Gegenthese verwirklicht werden?

Bezogen auf die konkrete Themenstellung bedeutet das zum Beispiel:

- *Hat die Anfertigung von Hausaufgaben Vorteile? Welche? Inwiefern? Für wen? Warum?*
- *Gibt es Nachteile, wenn ich regelmäßig Hausaufgaben aufbekomme? Welche? Inwiefern? Für wen? Warum?*

Aufgabe 166 Versuche nun, deine Einfälle und Gedanken zu den Thesen möglichst spontan in Stichworten und kurzen Sätzen aufzuschreiben. Das Ergebnis bezeichnet man als **Stoffsammlung**.

Viele Gedanken hast du zusammengetragen und es sind sicher auch schon einige Beweisgründe für die These bzw. die Gegenthese erkennbar geworden. Trotzdem ist vieles sicher noch ungeordnet und mancher Gedanke wiederholt sich.
Die Ideen müssen daher **geordnet** und **zusammengefasst** werden. Stelle die Stichpunkte so zusammen, dass die Ideen in Bezug auf die These bzw. die Gegenthese deutlich voneinander getrennt sind, und ordne Gleiches und Ähnliches einander zu.
Ein kleiner Katalog von Fragestellungen und Vorgehensweisen kann dabei hilfreich sein:

Ordnen der Stoffsammlung
- Was wiederholt sich? (Streiche es durch!)
- Gibt es Gedanken, die in einem engeren Zusammenhang stehen?
- Markiere Zusammenpassendes mit der gleichen Farbe.
- Bilde dann Gruppen von zusammenpassenden Gedanken.

Aufgabe 167 Ordne deine Stoffsammlung aus Aufgabe 166 mithilfe der oben genannten Gesichtspunkte.
Ordne dann auch den in Lösung 166 gegebenen Stoffsammlungsvorschlag und ergänze eventuell deine eigene Stoffsammlung mithilfe der Gesichtspunkte aus Lösung 166.

Dieses Material von Stichpunkten ist noch zu unübersichtlich, um damit gut argumentieren zu können. Deshalb kommt jetzt der letzte wichtige Schritt der Vorbereitungen: Überlege dir Gesichtspunkte, unter denen die gruppierten Stichpunkte verallgemeinert und zusammenfassend benannt werden können. Auf diese Weise erhältst du **Oberbegriffe**, mit deren Hilfe die Argumente stichwortartig bezeichnet werden können. So lässt sich leicht eine kurze und damit überschaubare **Gliederung** des gesamten Materials erstellen.

Hier folgen einige Überlegungen, die beim Erstellen einer solchen Gliederung hilfreich sein können:

Gliederung der Stoffsammlung

- Welche Gesichtspunkte der Stoffsammlung gehören inhaltlich zusammen?
  - Durch welche verallgemeinernden Oberbegriffe lassen sich diese Gesichtspunkte zusammenfassen? Notiere die Oberbegriffe.
  - Formuliere mithilfe dieser Oberbegriffe zusammenfassend deine Argumente.
  - Ordne alle Gesichtspunkte der Stoffsammlung den neu gefundenen und bezeichneten Argumenten zu.
- Schreibe dir die Argumente der Reihe nach auf.

Nach dieser Methode lassen sich beispielsweise die Gesichtspunkte 1, 2, 3 und 4 aus Lösung 167 dem Oberbegriff „konzentrierte Wiederholung" zuordnen und das Argument könnte zusammenfassend so bezeichnet werden: *Hausaufgaben ermöglichen konzentrierte Wiederholung und verhindern, dass das im Unterricht Durchgenommene schnell wieder vergessen wird.*

fgabe 168 Ordne auf gleiche Weise die anderen zu dieser These gesammelten Gesichtspunkte: Weise sie Oberbegriffen zu und kennzeichne zusammenfassend das Argument. Verwende wieder das Material aus Lösung 167.

Hilfestellung: Das Material könnte in drei Gruppen angeordnet werden, sodass sich dementsprechend drei Argumente finden und bezeichnen lassen. Zwei der Gesichtspunkte sollten am besten beiseite gelassen werden, weil sie unklar sind.

fgabe 169 Wende die Arbeitsweise aus Aufgabe 168 entsprechend bei der Bearbeitung des Materials zur Gegenthese an. Gehe wieder von der Materialzusammenstellung in Lösung 167 aus.

fgabe 170 Nun kannst du die vorläufige **Gliederung** der Erörterung zusammenstellen. Du brauchst dazu nur deine zusammengefassten Argumente entsprechend ihrer Zugehörigkeit zu These bzw. Gegenthese zu notieren. Zur besseren Übersicht ordnest du die Gliederung tabellarisch an.

In diesen Gliederungspunkten stecken also, knapp formuliert, die **Argumente**, die für die Erörterung benutzt werden sollen. Natürlich müssen sie noch ausgestaltet und beweiskräftig und überzeugend gemacht werden, wie du das am Anfang dieses Kapitels schon geübt hast.
Um diese Arbeitsschritte gründlich zu trainieren, solltest du das nun noch einmal versuchen. Dann hast du an einem Beispiel den ganzen **Weg vom Finden eines Arguments bis hin zu seiner beweiskräftigen Gestaltung** durchschritten.

Aufgabe 171 Gestalte den folgenden Gliederungspunkt zu einem beweiskräftigen Argument aus:
Hausaufgaben ermöglichen die konzentrierte Wiederholung des Gelernten und verhindern das Vergessen
Schlage eventuell noch einmal in den Aufgaben 161 bis 165 die Möglichkeiten der Ausgestaltung von Argumenten nach.

Die Reihenfolge der Argumente aus Lösung 170 bildet nur eine **vorläufige** Gliederung.
Für die **endgültige** Anordnung der Argumente in einer Erörterung gibt es nämlich bestimmte „Aufbaurezepte". Die Gliederung soll also nicht einfach so erfolgen, wie dir die einzelnen Stichpunkte zufälligerweise eingefallen sind. Vielmehr steht hinter einer gelungenen Gliederung ein bestimmter **Aufbau- und Gestaltungsplan**, der auch zur Beweiskraft der Erörterung beitragen soll.

3 Aufbau und sprachliche Gestaltung der Erörterung

Grundsätzlich besteht die Erörterung aus drei Teilen, die jeweils eine eigene Funktion haben.

- **Einleitung:** Hinführung zum Thema
- **Hauptteil:** Darstellung der einzelnen Argumente
- **Schluss:** Entscheidung / Kompromiss

Zur Einleitung

Die Einleitung hat die Aufgabe, den Leser in das Thema einzuführen und ihn dafür zu interessieren. Es muss ihm also möglichst knapp, einprägsam und unterhaltsam klar gemacht werden,

- **worum** es geht,
- **dass** und **weshalb** das Thema wichtig und / oder aktuell ist.

Am Ende der Einleitung muss deutlich zur Fragestellung hingeleitet werden.

fgabe 172 Schreibe unter Berücksichtigung der obigen Hinweise eine Einleitung zu dem Erörterungsthema: *Ist es sinnvoll, regelmäßig Hausaufgaben aufzugeben?*

Zum Hauptteil

Hier werden sämtliche Argumente ausführlich dargestellt. Zu unterscheiden sind die **Pro-Argumente**, die **für** die These sprechen, und die **Kontra-Argumente**, die **dagegen** Stellung beziehen.
Es gibt zwei unterschiedliche Aufbaumöglichkeiten für eine Argumentation.

Die erste Möglichkeit besteht darin, zunächst die Argumente der einen Seite nacheinander vorzutragen **(reihender Aufbau)**. Dabei gehst du am besten so vor, dass du mit dem Argument beginnst, das du als **zweitwichtigstes** einschätzt, denn es ist gut, den Leser gleich mit einem recht wichtigen Argument für das Thema der Erörterung zu interessieren. Die weiteren Argumente ordnest du dann aufsteigend an, sodass das wichtigste am Schluss der Reihe steht. Dann behandelst du die Gegenseite. Hier ordnest du deine Argumente in ihrer Wichtigkeit ansteigend an.

Als Schaubild sieht dieses Aufbauschema des Hauptteils so aus:

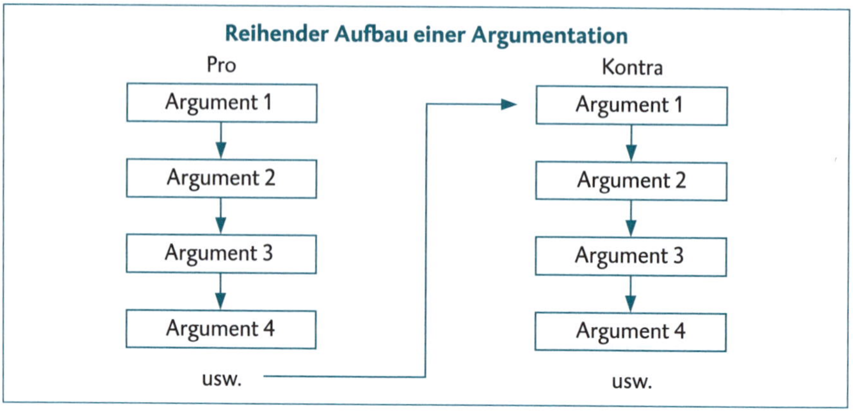

Auch die zweite Aufbaumöglichkeit ist sinnvoll und wird oft verwendet. Man beginnt mit einem Pro-Argument und stellt diesem dann gleich das passende Kontra-Argument gegenüber (oder anders herum). Dann wechselt man wieder zur anderen Seite **(dialektischer Aufbau)**. Auch hier sollte sich das Gewicht der Argumente im Verlauf deiner Darstellung steigern.

Der dialektische Aufbau lässt sich so darstellen:

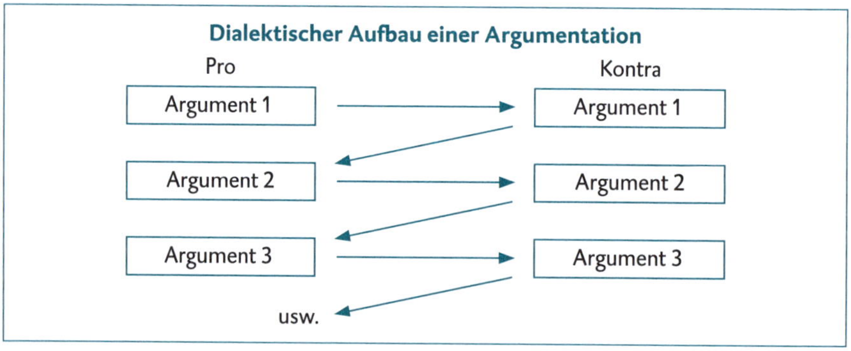

Der Vorteil dieser Vorgehensweise ist, dass Argument und Gegenargument einander übersichtlich gegenüberstehen, sodass man ihre Bedeutung gut abschätzen kann. Nachteilig ist natürlich, dass man immer zwischen verschiedenen Standpunkten zum Thema hin- und herspringen muss, was verwirrend wirken kann.

Leider gibt es hier kein allgemein gültiges Rezept. Du musst selbst entscheiden, welcher Aufbau für dein Thema und deine Argumente besser passt. Entscheidend für die Qualität deiner Erörterung ist die Wahl des Aufbauschemas aber nicht – da kommt es vor allem auf gut begründete Argumente an.

fgabe 173 Untersuche die vorläufige Gliederung der Argumente aus Lösung 170 daraufhin, welche Bedeutung die einzelnen Argumente haben, und ordne sie sinnvoll nach dem reihenden Aufbauschema an. Kommentiere kurz deine Anordnung und schreibe die endgültige Gliederung in zwei gegenüberliegenden Spalten angeordnet auf.

Zum Schlussteil

Der Schlussteil der Erörterung muss deine eigene Stellungnahme enthalten. Du solltest kurz sagen, welche Argumente dir am bedeutsamsten und welche am wenigsten überzeugend erscheinen. Dementsprechend gibst du entweder der Pro- oder der Kontra-Seite Recht. Häufig wird eine Entscheidung jedoch auch so gefällt, dass sinnvolle Argumente von beiden Seiten aufgegriffen werden. Eine solche Entscheidung wird **Kompromiss** genannt. Dabei ist es natürlich möglich, dass der Kompromiss nicht genau in der Mitte liegt, sondern sich mehr zur Pro- oder auch zur Kontra-Seite hinwendet.

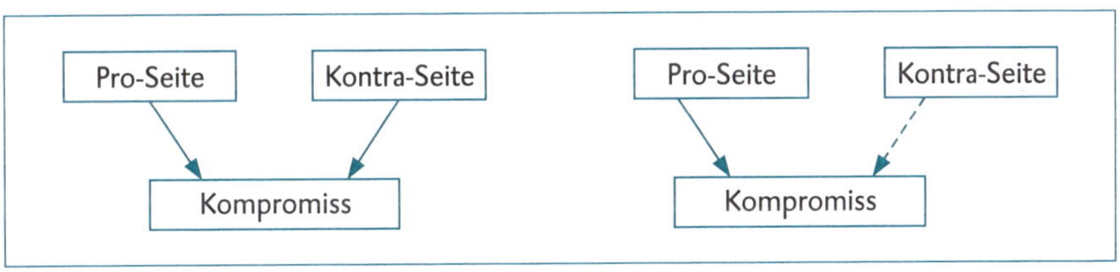

ıfgabe 174 Formuliere zu der Erörterung einen Schluss. Versuche dabei einen Kompromiss zu gestalten.

Bei der **sprachlichen Gestaltung** einer Erörterung ist es grundsätzlich richtig, eine **sachliche Sprache** zu verwenden. Das heißt aber nicht, dass du trocken ein Argument nach dem anderen vorträgst, sondern du kannst deutlich machen, was dir wichtiger ist. Du kannst einige Argumente besonders gut begründen und dadurch hervorheben, um deinen Leser von deiner Auffassung zu überzeugen.

Tipps zur sprachlichen Gestaltung der Erörterung
- Suche zunächst möglichst objektiv Argumente für beide Seiten, Pro und Kontra.
- Wäge die Argumente sachlich ab und stelle sie ebenso sachlich dar.
- Mache erst im Verlauf der Darstellung durch ausführliche, gut begründete Argumente deutlich, welcher Seite deiner Auffassung nach Recht zu geben ist.
- Ganz schlecht ist es, wenn du sinnvolle Argumente, die der eigenen Meinung im Wege stehen, einfach beiseite lässt und gar nicht berücksichtigst. Das ist nicht objektiv und macht dich beim Leser unglaubwürdig. Widerlege daher Gegenargumente immer sachlich und begründet.

Hinweise zur sprachlichen Verknüpfung von Argumenten

Eine kleine Schwierigkeit bei der sprachlichen Gestaltung einer Erörterung kann dann auftreten, wenn ein Argument zu Ende ist und das nächste folgen soll. Hier musst du einen kurzen Übergang schaffen, der dem Leser anzeigt, dass ein neuer Gedanke kommt. Du kannst das zum Beispiel so machen:

- *Ein anderes Argument ist, dass …*
- *Wichtiger noch ist das nächste Argument. Es zeigt, dass …*
- *Die These lässt sich auch mit dem Argument stützen, dass …*
- *Zudem …*
- *Ferner …*
- *Darüber hinaus …*

An der Übergangsstelle von der Pro- zur Kontra-Argumentation (oder umgekehrt) solltest du herausheben, dass ein Wechsel der Sichtweise folgt, etwa:

- *Auf der anderen Seite muss man jedoch auch beachten, was sich für/gegen … vorbringen lässt …*
- *Zu bedenken ist jedoch, dass das Thema noch eine Kehrseite hat. Das zeigen die folgenden Kontra-/Pro-Argumente …*
- *Dies ist jedoch nur eine Seite des Themas. Nicht alle … teilen diesen Standpunkt. So vertreten … die Auffassung, dass … (oder: So fragen …, ob …)*

4 Eine Erörterung schreiben

In diesem Abschnitt wird das Schreiben einer Erörterung vom Suchen der Argumente bis zum Formulieren des Schlusses noch einmal vollständig geübt. Thema ist die Frage nach Sinn und Funktion des Betriebspraktikums, wie es in der 9. oder 10. Klasse an vielen Schulen durchgeführt wird. Die Formulierung des Themas, das auf seine Vor- und Nachteile hin zu untersuchen ist, lautet:
Ist es sinnvoll, im 9. Schuljahr ein Betriebspraktikum durchzuführen?

Die Beantwortung der Fragestellung setzt natürlich voraus, dass du dir Gedanken über den Sinn eines Betriebspraktikums machst. Überlege, was dir das Betriebspraktikum gebracht hat bzw. bringen kann, welchen Nutzen du von ihm erwartest oder was die mit einem Praktikum verbundenen Konsequenzen für den Unterricht in der Schule sind. Da in der Themenstellung die Klassenstufe und damit indirekt auch das Lebensalter angesprochen sind, solltest du auch diesen Aspekt in deine Überlegungen mit einbeziehen.

fgabe 175 Sammle in Form eines Brainstormings Gedanken und Ideen zum Thema. Ordne deine Stichworte dann nach Zugehörigkeit zur Pro- oder Kontra-Seite.

Nun geht es um die genaue **Gliederung**.

Aufgabe 176 Überlege zunächst, nach welchen Gesichtspunkten die notierten Gedankensplitter zusammengestellt werden könnten, und versuche Oberbegriffe für die Zuordnung zu finden.
Formuliere dann in Stichpunkten die einzelnen Argumente und bringe sie in eine sinnvolle und beweiskräftige Reihenfolge.

Aufgabe 177 Schreibe eine Einleitung. Versuche dabei, den Leser zum Thema hinzuführen und ihn dafür zu interessieren.
Achte darauf, dass am Ende der Einleitung die Fragestellung der Erörterung ganz deutlich wird.

Dann folgt der **Hauptteil**.

Aufgabe 178 Formuliere das erste Kontra-Argument aus der Gliederung deiner Stoffsammlung. Achte auf eine beweiskräftige Erläuterung der Nachteile.

Aufgabe 179 Schreibe nun das zweite Kontra-Argument auf. Vergiss nicht, zwischen den Argumenten einen Absatz zu machen.

Aufgabe 180 Überlege, durch welche Beispiele du das dritte Kontra-Argument anschaulich gestalten kannst. Formuliere dann das Argument.
Überprüfe, ob du zur Verdeutlichung der Argumente eine Gegenüberstellung verwendet hast – wenn nicht, dann hole das an einer passenden Stelle des Arguments nach.

Wenn nun der **Wechsel zur Pro-Argumentation** erfolgt, sollte dies dem Leser auch durch einen überleitenden Satz deutlich gemacht werden.
Auch das erste Argument dieser Seite (vgl. die Lösung zu Aufgabe 176) lässt sich gut mithilfe einer Gegenüberstellung ausgestalten.

Aufgabe 181 Schreibe das erste Pro-Argument.
Wie hast du von der Kontra- zur Pro-Seite übergeleitet?

fgabe 182 Überlege, wie du im folgenden Argument auf die Gefahren und Nachteile des Praktikums, die du in Punkt 3 der Gegenposition dargestellt hast, eingehen und wie du sie widerlegen kannst.
Schreibe dann das zweite Pro-Argument auf und achte dabei auf eine ausführliche Beweisführung und auf Beispiele.

Das letzte Argument soll die Vorteile des Praktikums als Einführung in die Berufswelt erläutern. Verdeutliche, weshalb solche Erfahrungen gerade für Schülerinnen und Schüler, die das Abitur machen wollen, wichtig sind.

fgabe 183 Gestalte möglichst beweiskräftig das letzte, schwerwiegende Pro-Argument.

Jetzt fehlt nur noch der **Schluss**teil. Dieser muss eine Stellungnahme enthalten, die erkennbar aus der vorgetragenen Argumentation hergeleitet ist. Hier sollte weder plötzlich ein völlig neues Argument vorgebracht werden, noch darfst du einfach sagen: „Ich finde die These X besser!“

Wenn du dich also zum Beispiel für die Durchführung eines Betriebspraktikums entscheidest, musst du sagen, warum dir die Pro-Argumente wichtiger sind. Umgekehrt ist es auch sinnvoll darzustellen, inwiefern die Kontra-Argumente weniger überzeugend ausfallen.
Du kannst auch einige Überlegungen der Kontra-Seite in deine Schlussentscheidung einbauen und dich damit für einen Kompromiss aussprechen, der von beiden Seiten etwas übernimmt.

Aufgabe 184 Schreibe zu der Erörterung den Schlussteil.
Erläutere, inwiefern der in Lösung 184 angegebene Schluss als Kompromiss aufzufassen ist.

Teste dein Können: Erörterung

Aufgabe 185 Schreibe eine vollständige Erörterung zu folgendem Thema:
Führerschein schon mit 16?

Lösungen

Mit literarischen Texten umgehen

Aufgabe 1 Ausgangspunkt der äußeren Handlung ist die Nennung der beiden Hauptpersonen, des Ortes und der Zeit. Als innere Handlung müsste die Liebe der beiden Personen genannt werden, die ihr Denken und Fühlen zueinander bestimmt.

Formulierungsvorschlag:

Die Erzählung spielt in der schwedischen Stadt Falun und erzählt von einem über 50 Jahre zurückliegenden Ereignis. Die Hauptpersonen sind ein junger Bergmann und seine Braut, die sich lieben und heiraten wollen. *Ausgangssituation*

Aufgabe 2 Der Erzähler signalisiert, dass Neues und Wichtiges kommt, denn er macht jetzt eine präzise Ortsangabe: Er nennt die Kirche des Ortes, in der die geplante Eheschließung zu St. Luciae, also am 13. 12., öffentlich verkündet wird. Da eine solche Ankündigung zum ersten Mal drei Wochen vor der Trauung zu erfolgen hatte, können wir das Datum der zweiten Ankündigung, von der der Text hier spricht, genau auf zwei Wochen vor St. Luciae festlegen und erhalten somit auch eine exakte Zeitangabe. Auch durch das „aber“ am Satzanfang zeigt der Erzähler, dass das Geschehen, das jetzt folgt, einen Gegensatz zum Vorigen bildet, was sich dadurch bestätigt, dass auf die Hochzeitsfreude der Tod folgt.

In Stichpunkten zusammengefasst könnten die ersten beiden Gliederungsabschnitte so formuliert werden:

- Liebe und Zukunftsplanung der beiden Hauptpersonen: der Bergmann und seine Braut in Falun
- Tod des Bergmanns kurz vor der geplanten Hochzeit und Treue der Braut

Aufgabe 3 Die innere Handlung besteht hier im veränderten Gefühl der Braut: Die Liebe hat sich zu Trauer umgewandelt. Dennoch bleibt die enge Beziehung der beiden bestehen, was durch das Wort „treu“ ausgedrückt wird.

Formulierungsvorschlag:
Doch kurz vor dem geplanten Hochzeitstag verunglückt der Bergmann bei seiner Arbeit. Die Braut trauert um ihn und bleibt ihm treu.

Erster Handlungsabschnitt

Aufgabe 4 Weitere Gliederungspunkte liegen in

- Z. 4, signalisiert durch das „aber", das einen Gegensatz zum Vorigen anzeigt; es folgt eine relativ genaue Zeitangabe in Z. 5 f. und eine präzise Ortsangabe in Z. 6 f.
- Z. 17, da „aber" ein verändertes Geschehen anzeigt: Der Tote ist aufgefunden und zutage befördert worden. Die zweite Hälfte des Satzes erzählt vom Hinzutreten einer weiteren Person, der alten Frau.

Die sich ergebenden Gliederungsabschnitte könnten folgendermaßen überschrieben werden:

- Ereignisse der folgenden 50 Jahre
- Auffinden der gut erhaltenen Leiche des Bergmanns
- Identifizierung durch seine damalige Braut und ihre andauernde Liebe

Formulierungsvorschlag:
50 Jahre vergehen, da wird im Bergwerk ein Leichnam gefunden und zutage gefördert, der zwar schon lange dort gelegen haben muss, jedoch völlig unverwest ist, sodass das Gesicht gut erkennbar ist. Dennoch weiß niemand etwas von ihm.

Beginn des zweiten Handlungsabschnitts

Schließlich erkennt die ehemalige Verlobte des damals verunglückten Bergmanns, die jetzt eine alte Frau ist, in dem Toten ihren Geliebten wieder. Sie hat 50 Jahre um ihn getrauert und ist glücklich, ihn noch einmal sehen zu dürfen.

Abschluss des zweiten Handlungsabschnitts

Aufgabe 5

a) Sie sagte, sie fahre heute nach München. / Sie sagte, dass sie heute nach München fahre.
b) Er meinte, am folgenden Tag gebe es schlechtes Wetter.
c) Er fragte, ob er/sie ihm bei diesen Aufgaben wirklich helfen könne.
d) Sie bestätigte, dass sie morgen einen Ausflug machten / machen würden, wenn das Wetter gut sei.
e) Sie zweifelte, ob Michael die Tickets besorgen werde.

Aufgabe 6

1. Abschnitt: Familienurlaub im Hotel — Z. 1–48
2. Abschnitt: Ortswechsel: Rosies Weg zur Stadt — Z. 49–85 bzw. 98
3. Abschnitt: Ortswechsel: Rosie erlebt die Stadt — Z. 86 bzw. 99–143
4. Abschnitt: Ortswechsel: Auf dem Weg in die Berge begegnet Rosie dem Jungen — Z. 143–173
5. Abschnitt: weiterer Ortswechsel: Rosie beginnt sich über den Jungen zu ärgern — Z. 174–257
6. Abschnitt: perspektivischer Personenwechsel, der Junge steht jetzt im Mittelpunkt: Annäherungswünsche und -versuche des Jungen — Z. 258–285
7. Abschnitt: Personenwechsel, Rosie steht wieder im Mittelpunkt: Rosies Angst — Z. 286–323
8. Abschnitt: Wechsel der Beziehung zwischen den Personen: Rosie besiegt die Angst, Rückzug des Jungen — Z. 324–387
9. Abschnitt: Ortswechsel: Rückweg — Z. 387–411

Es ist auch eine etwas andere Gliederung möglich.

Aufgabe 7

Folgende Aspekte solltest du herausgearbeitet haben:

- *Ort und Zeit:* Hotelhalle, Speisesaal, Strand – Urlaubszeit, Sommer
- *Gedanken und Gefühle:* Langeweile, Öde des immer gleichen Tagesablaufs
- *Gedanken über die Familie:* kritische Wahrnehmung der Eltern (Z. 7–11), Leiden unter der Familie, unter ihren Forderungen (Z. 12–20, 26–29), unter den nervenden kleinen Schwestern (Z. 38–41)

Aufgabe 8

Rosie, die Hauptperson der Erzählung, verbringt zusammen mit ihrer Familie ihren Urlaub an einem südlichen Strand. Sie genießt das Hotelleben jedoch nicht, sondern empfindet es als *öde und langweilig*. Das enge Zusammensein mit Eltern und Schwestern *ärgert sie*, weil sie *nichts selbstständig tun darf*, und sie möchte lieber *allein sein*. Deshalb will sie einen Spaziergang zum Ort machen.

Aufgabe 9

Formulierungsvorschlag:

Rosies Weg zur Stadt

Rosie geht den Weg zur Stadt allein. Sie macht den eigentlich anstrengenden Fußmarsch sehr gern. Er bedeutet für sie eine neue Erfahrung, nämlich selbstständig die fremde Gegend kennen zu lernen.

Aufgabe 10 Rosie gefällt die Stadt, denn sie sagt: „Mein Markt, meine Stadt, mein Laden" (Z. 104 f.).

Man sieht, dass sie gern Gesellschaft hat, aber eine, die ungezwungen ist und keine Ansprüche an sie stellt (Z. 139–143).

Formulierungsvorschlag:

Sie erreicht die um die Mittagszeit leere Stadt und fühlt sich hier gut, sozusagen als „Besitzerin". Sie freut sich über die Gesellschaft eines Hundes, der ihr nachläuft.

Rosie erlebt die Stadt

Aufgabe 11 *Formulierungsvorschlag:*

Rosie verlässt die Stadt in Richtung einer einsamen, bergigen Landschaft. Ihr Hochgefühl verstärkt sich, da sie sich jetzt als „Besitzerin" der ganzen Gegend fühlt. Ein Junge, den sie bereits in der Stadt gesehen hat und dem der Hund gehört, läuft ihr nach. Sie unterhält sich mit ihm, aber es ist nur ein belangloses Gespräch.

Begegnung mit dem Jungen

Aufgabe 12 Positive Aussagen finden sich in Z. 190–192, 197–203: Rosie genießt das Abenteuer, sie liebt Sonne, Luft und ihre Freiheit.

Zugleich werden negative Gefühle erkennbar: Rosie fühlt sich verfolgt von dem Jungen (Z. 174–176), er stört die zauberhafte Stimmung (Z. 176–178), weckt Rosies Ärger (Z. 181–183, 215–218).

Formulierungsvorschlag:

Die Begleitung des Jungen erscheint Rosie bald aufdringlich und sie versucht, ihn loszuwerden. Noch einmal genießt sie ihren abenteuerlichen Weg, aber dann taucht der Junge wieder auf.

Ärger über den Jungen

Aufgabe 13 Deutlich wird erstens, dass der Junge durch die Erzählungen und Prahlereien der „Großen" über ihre Erfolge bei deutschen Urlauberinnen sehr beeindruckt ist (Z. 235–257) und dass er zweitens Rosies freundliches Verhalten, das ja eigentlich seinem Hund gegolten hat, falsch verstanden hat (Z. 269–272).

Formulierungsvorschlag:

Zuletzt verfolgt und bedrängt der Junge Rosie. Das Gerede der „Großen" über ihre Liebeserfolge und Rosies freundliches Verhalten, das eigentlich nur seinem Hund gegolten hat, haben in ihm den Wunsch entstehen lassen, Rosie körperlich zu lieben. Ohne genau zu wissen, was er sagt, verlangt er Liebe.

Annäherungsversuch des Jungen

fgabe 14 *Rosie:* ängstlich (schon Z. 275–277, dann Z. 286 f., 292–295), sie stellt sich vor, dass das Abenteuer tödlich enden wird (Z. 308–311).
Junge: zornig; wilder, gieriger Blick (Z. 291 f.), er reißt sich die Kleidung herunter (Z. 315–321).

Formulierungsvorschlag:
Rosie bekommt Angst. Sie versucht, den Jungen abzuwehren, aber da in der einsamen Gegend keine Hilfe zu erwarten ist, taucht das Gefühl von Todesgefahr auf. Der Junge ist von seinen Wünschen nicht abzubringen.

Rosies Angst

fgabe 15 a) Rosie verliert ihre Angst, als ihr die Gefahr bewusst wird. Ihr erscheint der Junge plötzlich als gefährliches Tier (Z. 329–334, 343–345).
b) Die Erinnerung an ein Erlebnis mit dem Vater hilft (Z. 333–342). (Auf dem Heimweg denkt Rosie darüber nach (Z. 389–391). Obwohl sie ganz selbstständig sein wollte, hält sie sich doch noch an das Vorbild des Vaters. Das ist für sie nicht leicht zu verarbeiten.)
c) Der Junge wird „besiegt" (Z. 348–360, 372–375), er zieht sich zurück, läuft weg.

fgabe 16 *Formulierungsvorschlag:*
Als Rosie jedoch die Gefahr ganz klar wird, verliert sie ihre Angst. Ihr kommt die Erinnerung zu Hilfe, wie ihr Vater einmal allein durch einen festen Blick einen Hund vertrieben hat. Genau so sieht Rosie jetzt den Jungen an und „besiegt" ihn. Der Junge läuft weg und Rosie macht sich auf den Heimweg. Sie ist erleichtert, aber dennoch nicht wirklich froh. Sie muss das Erlebnis erst verarbeiten, vor allem, dass sie doch noch die „Hilfe" des Vaters benötigt hat. Deshalb will sie alles für sich behalten. Das Erlebnis mit dem Jungen verändert jedoch ihre Einstellung gegenüber ihrer Familie. Sie merkt, dass man vom Vater Sinnvolles lernen kann.
Doch zeigt ihr Schweigen über den Vorfall, dass trotzdem kein vertrauensvolles Verhältnis zwischen Rosie und ihrer Familie entstanden ist; eine Distanz bleibt noch bestehen.

Rosie besiegt die Angst – Rückweg

Veränderung von Rosies Einstellung, jedoch nach wie vor Distanz zur Familie

Aufgabe 17 Du siehst, dass der Text sofort mit der Darstellung einer Frau einsetzt, die im Gesamtverlauf auch die Hauptrolle spielt. Du solltest deshalb unterstreichen:

- An äußeren Fakten: Einzelheiten zur Wohnsituation der Frau: Sie wohnt in einem großen Haus, oben im vorletzten Stock, zur Straßenseite hin. Es handelt sich offenbar um ein größeres Wohnviertel, denn gegenüber befinden sich ähnlich große Häuser und unten liegt eine belebte Straße. Als Zeitpunkt ist der späte Nachmittag auszumachen.
- Vom äußeren Verhalten der Frau wird nur wenig erzählt. Sie steht unbeweglich am Fenster und sieht starr hinaus; dann wird ihre Aufmerksamkeit von einem Licht aus einem gegenüberliegenden Fenster angezogen, in dem ein alter Mann sichtbar wird.
- An innerer Handlung wird eine ganze Menge deutlich:
  Die Frau wird als „neugierig" charakterisiert. Sie wünscht sich Neues, möchte Sensationelles erleben (Z. 2–9).
  Die Angabe über ihre Wohnsituation (Z. 8 f.) kannst du auch auf ihre Wünsche und Gefühle beziehen: „Alles lag zu tief unten" bedeutet dann auch, dass sie nicht mehr viel vom Leben mitbekommt, also isoliert und einsam ist. Eben darauf weist der Umstand hin, dass sie (offenbar gewohnheitsmäßig) aus dem Fenster schaut. Damit wird auch ihr Verhältnis zu anderen bestimmt: Sie möchte Kontakte haben, ist aber allein. Deshalb ergreift sie jede Möglichkeit, die sich anbietet, am Leben anderer teilzuhaben.

Wenn du diese Ergebnisse zusammenfasst, hast du den ersten wichtigen Textbaustein für die Textanalyse erstellt, nämlich die einleitende Charakterisierung einer Hauptfigur.

Formulierungsvorschlag:

Die Erzählung führt gleich zu Anfang die Hauptperson, eine Frau, ein. Es werden nur wenige Fakten und äußere Merkmale mitgeteilt, sodass kein genaues Bild ihres Äußeren entsteht. Wichtig ist in der Erzählung nur, dass sie oben im „vorletzten Stock" des Hauses wohnt, entfernt vom Leben auf der Straße. *äußere Fakten zur Frau*

Sie fühlt sich dadurch einsam und ausgeschlossen von anderen und hat den dringenden Wunsch, ihre Isolation zu überwinden. Deshalb steht sie am Fenster und schaut neugierig hinaus. Sie wartet auf Sensationen, die ihren einsamen und vermutlich langweiligen Alltag aufhellen, und hofft, Beziehungen zu anderen Menschen zu knüpfen. *innere Handlung*

ıfgabe 18 An äußeren Fakten erfahren wir auch von dieser neu hinzukommenden Person fast nichts. Der Mann wohnt gegenüber, sein Alter wird nicht genau angegeben, er wird aber mehrfach „der Alte" genannt.

Viel mehr wird von seinem Verhalten erzählt, das bis in scheinbar nebensächliche Details sehr genau beschrieben und dadurch auffällig gemacht wird: Hinübernicken, Hut ziehen, Winken, Spielereien mit dem Schal. Erkenntnisse über innere Vorgänge oder über die Persönlichkeit des Mannes sind dem jedoch nicht zu entnehmen: Über seine Gedanken und Gefühle sagt der Text nichts. Aber die Steigerung der Geschwindigkeit und Intensität der Bewegungen wirkt merkwürdig, sinnlos und angesichts des Alters des Mannes geradezu verrückt.

Formulierungsvorschlag:

Als zweite Person des Textes taucht ein alter Mann auf. Über ihn erfährt man nur, dass er der Frau gegenüber wohnt. *äußere Fakten zum Mann*

Merkwürdig ist dann jedoch, was von seinem Verhalten erzählt wird: Er beginnt, scheinbar grundlos, zu grüßen, zu winken und steigert mithilfe von Hut und Schal sein Bewegungsspiel immer mehr, sodass es – gerade angesichts seines Alters – unverständlich und verrückt wirkt. *Verhalten des Mannes*

ıfgabe 19

- Die Frau fühlt sich zunächst durch das Nicken des Mannes angesprochen (Z. 1 f.).
- Sie reagiert vorsichtig auf sein Verhalten, indem sie es ansatzweise nachahmt (Z. 5 f.).
- Dann jedoch, als sein Gestikulieren zunimmt, reagiert sie ängstlich und schockiert und zieht sich zurück (Z. 16, 21 f.).

Damit können wir die anfängliche Beziehung zwischen den Personen bestimmen.

Formulierungsvorschlag:

Die Frau begegnet der Kontaktaufnahme durch den Mann zunächst mit Neugierde und Interesse, ist dann jedoch schnell beunruhigt und zieht sich zurück. *Personenkonstellation*

Aufgabe 20 Du hast sicher erkannt:

- Die Frau beobachtet zwar interessiert weiter, ruft dann jedoch die Polizei. Ihr Interesse verlagert sich weg vom Mann am Fenster und hin zur Polizeiaktion.
- Ihr Motiv für die Benachrichtigung der Polizei ist im Text nicht genannt, sondern muss erschlossen werden: Ihr Vergnügen an den Darbietungen des Mannes scheint beendet, als seine Vorführungen immer waghalsiger und gefährlicher werden. Vielleicht ist sie aber auch einfach schockiert über das Verhalten des Mannes und schätzt es angesichts seines Alters als ungehörig und unmoralisch ein.
- Die Polizeiaktion ist für sie eine ganz neue Attraktion, wie man an der genauen Beschreibung ihres Verhaltens sehen kann: Sie erwartet gespannt die Ankunft des Polizeifahrzeugs und tauscht erst im letzten Moment die erste Attraktion (das Verhalten des Mannes) gegen diese zweite aus. An der Wortwahl erkennst du deutlich, wie aufgeregt sie ist („atemlos“) und wie sie sich bemüht, an allem teilzunehmen („schlich ihnen hinterher“).
- Die Sensationslust der Frau tritt jetzt ganz deutlich hervor. Im Gegensatz zum Anfang zeigt sie sich hier verschärft als Gier nach Sensationellem: Ihr Interesse gilt nicht mehr dem Mann, sondern der noch größeren Sensation. Damit erscheint der Charakter der Frau in einem negativen Licht.
- Die Personenkonstellation hat sich also verändert: Die Haltung der Frau dem Mann gegenüber ist zur bloßen Sensationsgier geworden. Sie beachtet nicht mehr seine Person, sondern sieht ihn nur als Auslöser für ein aufregendes Geschehen.

Formulierungsvorschlag:

Die Frau beobachtet weiterhin interessiert und mit Vergnügen den Mann, doch als dieser plötzlich einen Kopfstand macht, schlägt das Vergnügen um. *äußere Handlung* Sie benachrichtigt die Polizei, weil sie sein Betragen entweder für gefährlich oder für verrückt und angesichts seines Alters für ungehörig hält. *Motiv für Verhaltensänderung* Sicher entspricht es nicht ihren Normvorstellungen von „anständigem“ Verhalten. Zugleich bietet sich damit für sie die Möglichkeit, eine neue Attraktion aus nächster Nähe zu erleben: den Polizeieinsatz.

äußere Handlung Sie achtet genau auf die akustischen Signale des Polizeiautos, bleibt aber, um nichts zu verpassen, so lange in ihrer Wohnung, bis die Polizei eingetroffen ist, und läuft dann nach unten. Durch die Wortwahl wird hier ihre Eile signalisiert („losreißen“, „atemlos“). Die Sensationsgier der Frau, die nur darauf wartet, Neues zu erfahren, wird so sehr deutlich. Sie ist zwar als Folge ihrer Einsamkeit zu erklären, erscheint hier aber geradezu als Sucht nach Sensationen, wobei es ihr nicht mehr darauf ankommt, worin die Sensation besteht.

Charaktermerkmale der Frau, innere Handlung

Damit verändert sich auch die Personenkonstellation, denn in ihrer Einstellung zu dem Mann zeigt sich nun, dass die Frau ihn nur ganz oberflächlich als Auslöser für sensationelle Ereignisse und nicht mehr als Person sieht.

veränderte Personenkonstellation

ufgabe 21

Du erkennst jetzt auf einmal:
- Das Verhalten des Mannes bekommt einen Sinn, da er dem kleinen Jungen, dem seine Vorführungen gelten, Freude bereiten will.
- Die Frau war überhaupt nicht gemeint, ihre Neugier und Sensationslust haben sie zu einer völlig falschen Einschätzung des ganzen Geschehens verführt.

Die veränderte Konstellation lässt sich grafisch zum Beispiel so darstellen:

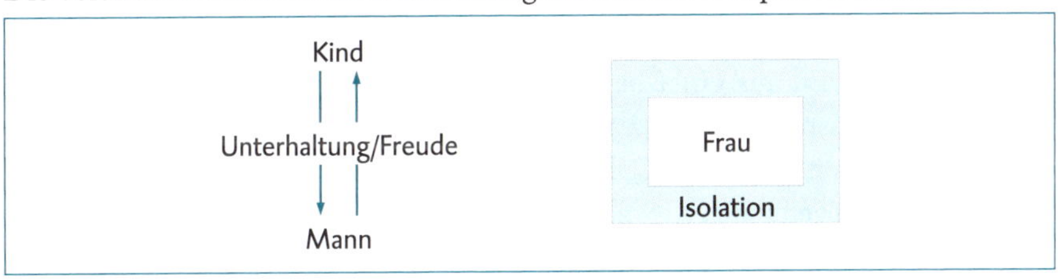

Formulierungsvorschlag:

Der Schluss des Textes zeigt, dass die Frau die Situation falsch eingeschätzt hat. Als sie in der Wohnung des Mannes angelangt ist, betrachtet sie das Geschehen aus seiner Blickrichtung, und dadurch erkennt sie, dass die vermeintlich leer stehende Wohnung über ihr doch bewohnt ist. Dass sie das bisher nicht mitbekommen hat, spricht für ihre Isolation und für die Anonymität der Wohnverhältnisse in Hochhäusern wie dem ihren. Der alte Mann hat mit seinen Vorführungen einen kleinen Jungen unterhalten, der in der Wohnung über ihr im Bettchen steht. Der kleine Junge ist begeistert und ahmt die Gesten des Mannes nach. Dieser erscheint somit keineswegs mehr verrückt,

Beziehung zwischen Mann und Kind

sondern als freundlicher alter Mann, der kinderlieb ist.

Die Frau muss erkennen, wohin ihre Sensationsgier sie getrieben hat. Sie hat an der Kommunikation der beiden nicht teil und bleibt weiter isoliert. *Frau isoliert*

Aufgabe 22

Text 1

Hier ist ein auktorialer Erzähler vorhanden:

- Er erzählt in der 3. Person Singular.
- Er kündigt an, dass er eine Geschichte erzählen will, deren gesamten Ablauf er von Anfang bis Ende überblickt.
- Er macht klar, wer die Hauptperson ist, und gibt von ihr eine allgemeine Charakterisierung (genial und abscheulich, Genie auf dem Gebiet der Gerüche).
- Er wertet die Hauptperson zugleich deutlich (Z. 6 ff.).

Der auktoriale Erzähler macht auf diese Weise seinen Lesern klar, welche Bedeutung Hauptfigur und Erzählung haben, und gibt Hilfen für das Verständnis sowohl der Figur als auch der Geschichte.

Text 2

Hier liegt die sogenannte personale Erzählweise vor:

- Kein auktorialer Erzähler gibt einen informierenden und wertenden Überblick.
- Stattdessen wird aus einer begrenzten Sicht – hier, wie sich zeigt, aus der Sicht der Eltern – erzählt, was geschieht. Nur kurz wird auf Vergangenes zurückgegriffen (Z. 6 f., 17 f.), sonst beschränkt sich die Erzählung auf genau dargestellte gegenwärtige Handlungsverläufe.
- Der Leser muss selbst herausbekommen, wer die Personen sind, in welcher Beziehung sie zueinander stehen und welche Bedeutung alles hat. Aus dem kurzen Textausschnitt wird man zum Beispiel folgern können, dass das so ausführlich beschriebene Warten der Eltern auf die Tochter darauf hinweisen soll, dass sie ihr Leben noch ganz auf die Tochter auszurichten versuchen, während diese inzwischen außerhalb arbeitet und ihr eigenes Leben zu führen beginnt.

Aufgabe 23

Es wird auch in der personalen Perspektive erzählt, doch hier ist die Erzählperspektive in die Person Rosies hineinverlegt und vermittelt eine Binnensicht.

- Aus Rosies Sicht wird die Erzählsituation verdeutlicht (Hotel, Urlaub mit der Familie). Vor allem aber wird der Leser mit ihren Gedanken und Gefühlen bekannt gemacht.

- Man erkennt zugleich Wesentliches über die Personenkonstellation, da ja deutlich wird, dass Rosie sich von ihrer Familie eingeengt fühlt und sie wegwünscht.

ufgabe 24 Da der Text in der 3. Person Singular erzählt ist, handelt es sich um einen Er-Erzähler. Er nimmt zunächst die Perspektive der Frau ein und vermittelt eine Außensicht. Es ist vorhin ja schon aufgefallen, dass der Leser dabei zusammen mit der Frau wahrnimmt:

- Er sieht zunächst mit ihr aus ihrem Fenster.
- Dann wechselt er mit ihr zur Wohnung des Mannes und sieht von dort aus hinüber.

Diese Verwendung der personalen Erzählform und der Außensicht überlässt es dem Leser, alles richtig zu verstehen. Die Gefühle und Charaktereigenschaften der Frau müssen aus ihrem Verhalten abgeleitet werden.

Doch der Textanfang zeigt auch noch anderes:
Es tauchen deutlich negative Wertungen der Frau auf (Z. 4–8), die ja nicht ihre eigene Perspektive spiegeln können. Hier werden also anfangs auktoriale Erzählmöglichkeiten verwendet, um den Leser mit der negativen Wertung der Frau schon auf die richtige Spur zum Verständnis des Textes zu führen.
Du siehst, wie das Bestimmen der Erzählperspektive zum Verstehen beitragen kann.
Zusammengefasst in einem Textbaustein könnten diese Ergebnisse so lauten:

Formulierungsvorschlag:

Leistung der personalen Perspektive

Die Erzählung ist bis auf den Anfang in der personalen Erzählform geschrieben. Auf diese Weise sieht der Leser das Geschehen aus der Sicht der beobachtenden Frau, die natürlich nur aus der Außensicht wahrnimmt. Später begleitet er die Frau dann auf ihrem Weg in das andere Haus und beurteilt die Ereignisse wie sie, da er den gleichen Informationsstand hat.

auktoriale Wertungen

Am Anfang werden allerdings deutliche negative Wertungen der Frau vorgenommen, die an diesen Stellen eine auktoriale Erzählhaltung anzeigen. Die Frau wird nicht nur als neugierig, sondern mit brutalen Worten als sensationsgierig bezeichnet.

Aufgabe 25 Der Eindruck, der hier von der Frau entsteht, wird durch die Erzählperspektive besonders hervorgehoben. Am Anfang wird sie nämlich durch den Erzähler nicht nur *negativ* gewertet, sondern er hebt auch mit *deutlichen, sogar brutalen Formulierungen* ihre sensationsgierigen Wünsche hervor (Z. 4–8). An diesen Stellen nimmt er eine *auktoriale* Perspektive ein, da er dem Leser *gleich zu Beginn einen Eindruck über die Frau* vermitteln will.

Im weiteren Verlauf wird dann die personale Perspektive verwendet. Auf diese Weise sieht der Leser das Geschehen aus der Sicht der beobachtenden Frau (weiter wie in Lösung 24).

Aufgabe 26 Der Erzähler stellt hier die Lebensumstände dar, in die die Hauptperson Friedrich Mergel hineingeboren wird und in denen sie aufwächst. In dem kurzen Abschnitt – die Erzählzeit beträgt höchstens eine Minute – werden mehrere Jahre der erzählten Zeit zusammengefasst. Es geht hier nicht um Einzelheiten des Geschehens, sondern der Erzähler stellt zusammenfassend einen Gesamteindruck her.

Aufgabe 27

Text 1

Hier verändert sich das Verhältnis von erzählter Zeit und Erzählzeit im Verlauf des Textes.

Der Text setzt mit einer Altersangabe Friedrichs ein, macht dann eine ungefähre Datumsangabe (Z. 1–3) und engt gleich darauf die Tageszeit weiter ein (Z. 3 f.). Raffend wird der Tag (die Abwesenheit und die Pläne des Vaters) resümiert (Z. 4–12). Daraufhin folgt eine präzise Zeitangabe (Z. 12). Anschließend werden genaue Einzelheiten der Handlung erzählt:

- die Vorbereitungen zum Schlafengehen,
- die durch den Wind entstehenden Geräusche,
- das Gespräch zwischen Mutter und Sohn über den Vater, im Dialog wiedergegeben,
- das stärker und immer unheimlicher werdende Unwetter (Z. 25–29).

Durch diese ausführliche Schilderung, in der auch Einzelheiten bedeutsam sind, soll der Leser darauf aufmerksam gemacht werden, dass sich Wichtiges anbahnt – und tatsächlich wird wenig später, noch mitten in der Nacht, der Vater tot ins Haus gebracht. Die erzählte Zeit nimmt im Verlauf der Passage im Vergleich zur Erzählzeit stark zu. Beim Dialog zwischen Friedrich und seiner Mutter deckt sich die erzählte Zeit mit der Erzählzeit.

Solche Änderungen in der Erzählzeit deuten meist auf wichtige Geschehnisse hin oder bereiten sie vor.

Formulierungsvorschlag:
Das Verhältnis von Erzählzeit und erzählter Zeit ändert sich im Verlauf des Textausschnitts.
Am Anfang wird mit ein paar gerafften Angaben auf den Abend eines bestimmten Tages hingeführt. Dann wird ausführlicher erzählt. Die abendliche Situation und die durch ein Unwetter bestimmte Atmosphäre werden genau beschrieben. Bei der Wiedergabe des Dialogs zwischen Mutter und Sohn wird zeitdeckend erzählt. Durch diese Veränderung der Zeitbehandlung wird die Bedeutung der Vorgänge hervorgehoben.

Raffung

zeitdeckendes Erzählen

Text 2
Die erzählte Zeit beträgt hier nur einige Sekunden, die in dieser Erzählweise gedehnt werden:

- Friedrich schaut dem Förster reglos nach.
- In Einzelheiten wird erzählt, wie er den sich allmählich Entfernenden noch wahrnimmt.
- Die Veränderung seines Gesichtsausdrucks wird beschrieben.
- Dann verlagert sich die Erzählung auf die Erörterung seiner Gedanken und Gefühle. Dazu wird die Binnenperspektive benutzt.
- In der Wiedergabe von Friedrichs kurzem Selbstgespräch wird schließlich seine endgültige Entscheidung, den Förster weitergehen zu lassen, für den Leser wenigstens in Ansätzen greifbar.

Friedrichs Verhalten, seine Beobachtungen und schließlich sein innerer Kampf werden hier detailliert erzählt. Der Leser wird so auf die schwierige Entscheidungssituation Friedrichs aufmerksam gemacht – und tatsächlich ist es ja diese Szene der Novelle, die Friedrichs Wendung zum Kriminellen markiert.
Gegenüber der erzählten Zeit ist die Erzählzeit gedehnt, wodurch die Bedeutsamkeit der inneren und äußeren Vorgänge hervorgehoben wird.

ufgabe 28 Das merkwürdige Verhalten des alten Mannes wird sehr genau erzählt. Erzählzeit und erzählte Zeit decken sich ungefähr. Der Erzähler macht den Leser damit zum unmittelbaren Zeugen und signalisiert die Bedeutung der Situation: Der Anlass für die Frau, die Polizei zu alarmieren, wird in allen befremdlichen Einzelheiten beschrieben. Dadurch wird die Pointe der Geschichte vorbereitet, denn an deren Ende wird ja gerade dieses Verhalten des Mannes als Zuwendung zu dem kleinen Kind verständlich.

Formulierungsvorschlag:
Als erzählerische Darstellungsweise wird hier ein annähernd zeitdeckendes Verfahren verwendet, da das Verhalten des Mannes in vielen Einzelheiten dargestellt ist. Obwohl sein Verhalten von der Außenperspektive der Frau – sowie des Lesers, der ihre Perspektive teilt – her gesehen zunächst unsinnig wirkt, wird durch diese Darstellungsweise darauf hingewiesen, dass es bedeutsam ist. Das stellt sich ja auch wenig später heraus.

Zeitbehandlung und Perspektive

Angefügt werden könnte dieser Textbaustein dort, wo du in der Analyse der Personenbeschreibung das anfängliche Bild von dem alten Mann behandelt hast.

Aufgabe 29 Hier wird in vielen Einzelheiten eine Naturszenerie beschrieben, die Werther umgibt. Wenn du genau darauf achtest, was geschildert wird und wie es beschrieben ist, erkennst du:

- Es ist Nacht, nur der Mond gibt Licht.
- Fluss und Bäche sind über die Ufer getreten.
- Das vorher friedliche Tal ist überschwemmt.
- Das Wasser fließt die Felsen hinunter.
- Der Wind saust.
- Alles, was mit menschlicher Zivilisation zu tun hat (Äcker, Wiesen, Hecken), ist vom Wasser überdeckt, das zu einem See geworden ist.

Werther befindet sich also in einer wild-bewegten Natur, die als gewaltig und gewaltsam dargestellt ist und zerstörerische Kräfte hat. Auch die Sprache unterstützt diese Eindrücke:

- Der Ich-Erzähler bewertet die Szene als fürchterliches Schauspiel (Z. 7).
- Er benutzt mehrere kurze, zum Teil unvollständige Sätze **(Ellipsen)**.
- Er verändert den normalen Satzbau, um das, was ihn besonders beeindruckt, zur besseren Betonung an den Anfang zu stellen (**Inversion**, Z. 7 f., 10 f.).

Die sprachlichen Mittel der Ellipse und der Inversion unterstreichen somit die Unruhe in der dargestellten Situation.
Werther beschreibt im zweiten Textabschnitt (Z. 13 ff.) seine Gefühle. Er spricht von Qualen und Leiden und deutet den Wunsch nach Selbstmord an, der ihm als Erlösung erscheint. Du siehst, dass die vorhergehende Naturbeschreibung im Text eine Funktion hat, die mit der inneren Verfassung des Ich-Erzählers Werther zusammenhängt:

- Die wilde Natur spiegelt die Unruhe seiner Gefühle wider.
- Die Zerstörungsgewalt der Naturelemente weist auf den Gedanken der Selbstzerstörung hin, der sich Werther hier aufdrängt – und den er dann später am Ende des Romans auch verwirklicht.

Wenn du die Darstellung dieser Naturszene zusammenfasst, gewinnst du einen weiteren Textbaustein für eine Analyse:

Formulierungsvorschlag:

Die Natur, die Werther umgibt, wird als wild und gefährlich beschrieben. *Beschreibung der Naturszenerie*

Es werden Flüsse und Bäche erwähnt, die über die Ufer getreten sind, sodass das gesamte Tal überschwemmt ist. Der Eindruck der Gefahr wird dadurch noch verstärkt, dass Wassermassen beschrieben sind, die von Felsen herabstürzen und einen See bilden, der alles unter sich begraben hat, was auf menschliches Leben hinweist (Äcker, Wiesen und Hecken). Durch die Dunkelheit der Szenerie, die nur vom Mondschein erhellt wird, und das Toben des Windes gewinnt alles einen unheimlichen Charakter.

Der Ich-Erzähler Werther zeigt, wie sehr er von alldem beeindruckt ist, wenn er es als „ein fürchterliches Schauspiel“ bezeichnet. Auch durch den Satzbau – durch kurze, zum Teil elliptische Sätze und die Verwendung der Inversion – kommt seine Aufregung zum Ausdruck. *Bewertung durch den Erzähler*

Die wilde Natur spiegelt Werthers innere Aufregung wider und die Zerstörungskraft der Natur weist voraus auf Werthers späteren Selbstmord. *vorausdeutende Funktion*

ufgabe 30 *Formulierungsvorschlag:*

Der Text verwendet eine erzählende und beschreibende Sprache. Dialoge fehlen, die Personen kommen nie miteinander ins Gespräch. Eben darin liegt ihr Missverstehen begründet, das zuvor schon anhand ihrer Verhaltensweisen dargestellt worden ist. Der Text enthält viele anschauliche Nomen und Verben, mit denen das Verhalten der Personen beschrieben wird. Bei der Beschreibung des Geschehens überwiegen einfache, meist kurze Sätze. Besondere Schwierigkeiten oder Auffälligkeiten der Sprache sind nicht vorhanden. *sprachliche Merkmale*

Aufgabe 31 Der Text *Das Fenstertheater* von Ilse Aichinger ist nach diesen Definitionen deutlich als Kurzgeschichte aufzufassen. Auch der Text *Die Tochter* von Bichsel gehört zu dieser Textsorte. Wenngleich nur der Anfang abgedruckt ist, wird dabei doch der charakteristische blitzartige Einstieg in die Handlung deutlich.

Schon der Anfang von *Das Parfüm* weist auf einen Roman hin, denn aufgrund der Aussagen des auktorialen Erzählers ist eine ausführliche Darstellung der Hauptperson und ihres Lebens in ihrer gesellschaftlichen Umgebung zu erwarten.

Eine Entscheidung, zu welcher Textsorte *Die Judenbuche* gehört, ist auf der Grundlage der hier abgedruckten Ausschnitte nicht eindeutig zu treffen, nur die Kurzgeschichte scheidet aus. Die Ausschnitte spiegeln jedoch wider, dass der Erzähler eine länger dauernde Handlung mithilfe von Zeitsprüngen erzählt und dass er sich auf eine Hauptperson konzentriert. Diese Merkmale sprechen für eine Novelle und so ist der Text auch einzuordnen.

Aufgabe 32 Der Verfasser des vorliegenden Textes ist Wolfgang Borchert. Er wurde am *20. Mai 1921* in *Hamburg* geboren und starb am *20. November 1947* in *Basel.* Mit 20 Jahren musste er seine Ausbildungs- und Berufspläne beenden, weil er *zum Kriegsdienst eingezogen wurde.* 1945 kehrte er aus der Gefangenschaft zurück. In der kurzen Lebenszeit, die ihm wegen seiner angeschlagenen Gesundheit nur noch blieb, schrieb er seine bekannten Erzählungen wie *Nachts schlafen die Ratten doch, An diesem Dienstag* und das Schauspiel *Draußen vor der Tür.*

Die schlimmen Erfahrungen von Krieg und Nachkriegszeit, die er selbst erlebt hat, sind in allen seinen Texten zu spüren.

Aufgabe 33

1. Abschnitt (Z. 1–20): Im ersten Teil der Erzählung wird in die Situation eingeführt: Die Frau wacht nachts auf, vermisst ihren Mann und geht in die Küche. Dort findet sie ihn und erkennt sofort, dass er sich heimlich von dem knappen, rationierten Brot genommen hat. Sie ist entsetzt.
2. Abschnitt (Z. 21–80): Es beginnt ein Gespräch, in dem der Mann Ausreden vorbringt und die Frau so tut, als würde sie sie glauben. Sie möchte ihn nicht beschämen.
3. Abschnitt (Z. 81–106): Im Schlafzimmer geht das Gespräch zu Ende. Die Frau bemerkt ganz deutlich, dass ihr Mann sie belogen hat.
4. Abschnitt (Z. 107–124): Nach einem Zeitsprung wird ein weiteres Gespräch am nächsten Abend mitgeteilt. Die Frau gibt ihrem Mann eine zusätzliche Brotscheibe von ihrem Anteil. Er erkennt, dass sie ihn durchschaut hat.

ufgabe 34 Die Zeilen 1 und 3 geben knapp, aber genau Ort und Zeit der Gesprächssituation an. Aus der Sicht der Frau – zunächst in der Außenperspektive – wird dann erzählt, wie sie auf den Tisch schaut; dann werden genaue Angaben gemacht: „Brotteller" (Z. 21 f.), „Das Messer lag noch neben dem Teller. Und auf der Decke lagen Brotkrümel." (Z. 23 ff.) Wie ungewöhnlich das ist, wird in den Zeilen 25 ff. hervorgehoben: Jeden Abend räumt die Frau den Tisch ab. Ihr ungläubiges Staunen über das, was eigentlich nicht sein darf, wird durch die erneute Nennung von Messer und Krümeln (Z. 28 f.) verdeutlicht.

ufgabe 35 Hier muss man die Knappheit der Nahrungsmittel in der Kriegs- und Nachkriegszeit berücksichtigen. Es gab pro Person feste Zuteilungen von kleinen Rationen der wichtigsten Grundnahrungsmittel. Borchert setzt die Kenntnis dieser Zusammenhänge beim Leser voraus.

Formulierungsvorschlag:

Einbeziehen der Zeitsituation in die Textanalyse

Dass der Mann heimlich Brot isst, hat schwerwiegende Bedeutung: Er denkt in einer Notsituation nur an sich und nicht daran, dass auch seine Frau Hunger haben könnte; er handelt also egoistisch. Die Heimlichkeit zeigt, dass der Mann seiner Frau nicht genügend vertraut. Er will oder kann ihr seine Bedürfnisse, den Hunger, nicht mitteilen. Ihre Beziehung ist in dieser Hinsicht gestört.

ufgabe 36 Du hast bisher die folgenden Analyseschritte durchgeführt:

- den Beginn der äußeren Handlung dargestellt: Örtlichkeit, Zeit, Hauptpersonen, ihr Zusammentreffen und das heimliche Verhalten des Mannes;
- festgestellt, wie das heimliche Verhalten des Mannes und dessen Entdeckung und Wahrnehmung durch die erzählerische Darstellungsweise betont werden;
- die Bedeutung der Zeitsituation für die Einschätzung des Verhaltens erkannt und hervorgehoben;
- das Verhalten des Mannes an dieser Stelle charakterisiert und
- die Beziehung des Mannes zu seiner Frau, die sich aus diesen Umständen ableiten lässt, charakterisiert.

Formulierungsvorschlag:

Ausgangssituation

Die Handlung der Erzählung setzt nachts ein und spielt in der Wohnung der beiden Hauptpersonen. Die Frau hat ein Geräusch gehört, geht in die Küche und trifft dort ihren Mann. Ort und Uhrzeit sind ungewöhnlich und deuten schon an, dass das Gespräch große Bedeutung hat. Auf den ersten Blick scheint es jedoch eher belanglos zu sein und der Leser kann kaum verstehen, warum davon in so vielen Einzelheiten erzählt wird.

Detaillierte Wahrnehmung aus der Perspektive der Frau

Der Erzähler beschreibt aus dem Blickwinkel der Frau zunächst, wie sie entdeckt, dass ihr Mann heimlich Brot gegessen hat: Ihr Blick fällt auf den Tisch. Dann nimmt sie die weiteren Gegenstände, die darauf stehen, genau wahr. Zunächst werden in der Außenperspektive Angaben zur Situation gemacht, wobei Nomina und Verben zur Beschreibung verwendet werden: „Brotteller" (Z. 21 f.), „Das Messer lag noch neben dem Teller. Und auf der Decke lagen Brotkrümel." (Z. 23 ff.) Wie ungewöhnlich das ist, wird in den Zeilen 25 ff. hervorgehoben: Jeden Abend räumt die Frau den Tisch ab. Ihr ungläubiges Staunen über das, was eigentlich nicht sein darf, wird verdeutlicht durch die erneute Nennung von Messer und Krümeln (Z. 28 f.), die gegen alle Erwartung auf dem Küchentisch liegen.

Zeithintergrund als Verstehenshilfe

Dass der Mann heimlich Brot isst, hat vor dem Hintergrund der Zeit eine schwerwiegendere Bedeutung, als wir uns heute vorstellen können. Der Verfasser geht von seiner eigenen Lebenserfahrung der Kriegs- und ersten Nachkriegszeit aus. Damals gab es pro Person feste Zuteilungen von kleinen Rationen der wichtigsten Grundnahrungsmittel. Die meisten Menschen hungerten. Das Essen reichte gerade zum Überleben.

Charakterisierung des Mannes

Das Verhalten des Mannes zeigt also, dass er in der Notsituation nur an sich denkt und nicht daran, dass auch seine Frau Hunger haben könnte; er handelt egoistisch.

Auswirkungen auf die Beziehung

Für die Beziehung zu seiner Frau ergeben sich hieraus ebenfalls schwerwiegende Folgen. Seine Heimlichkeit zeigt, dass er ihr nicht genügend vertraut. Er will oder kann ihr seine Bedürfnisse, den Hunger, nicht mitteilen.

Aufgabe 37 Die Worte des Mannes sind als wörtliche Rede im Text leicht erkennbar. Was sonst noch unterstrichen werden muss, ist anhand der Zeilenangaben im folgenden Text erkennbar.

Formulierungsvorschlag:
Der Mann versucht seine ungewöhnliche nächtliche Anwesenheit in der Küche zu begründen. Seine Erklärungen sind aber sehr ungenau („Ich dachte, hier wäre was"; Z. 54) und werden auch nicht genauer, wenn er sie im Folgenden mehrfach fast wörtlich wiederholt (Z. 57 f., 70 f.). Sein Verhalten, das zusätzlich erzählt wird (Z. 55 ff., 63 f., 69) macht seine Unsicherheit deutlich. Seine Worte scheinen daher bloß Ausreden zu sein.

Verhalten
Motiv

[Au]fgabe 38 *Formulierungsvorschlag:*
Die Frau geht auf die Ausreden ihres Mannes ein. Sie tut so, als habe auch sie das Geräusch gehört, obwohl sie ja anfangs genau erkannt hat, was wirklich passiert ist, und daher weiß, dass er lügt (Z. 48 ff., 59 f.). Sie ist enttäuscht über sein fehlendes Vertrauen, gerade weil sie schon so lange verheiratet sind. Deshalb will sie ihn aber nicht einfach als Lügner bloßstellen und blamieren, sie hilft ihm sogar, Erklärungen für das angebliche Geräusch zu finden (Z. 65 ff., 77 ff.). Sie fürchtet, dass ihr Mann merkt, dass sie alles durchschaut hat, und bemüht sich, das zu verhindern (Z. 73 ff.). Darum sucht sie auch nach Möglichkeiten, das Gespräch bald zu beenden, und weist ihn auf die Kälte hin (Z. 45 ff., 66 ff.).

Verhalten
Gefühle
Motivation

[Au]fgabe 39 *Formulierungsvorschlag:*
Bis zum Ende des Gesprächs behält der Mann seine Lügen bei. Er ist aber sehr unsicher, ob seine Frau dies nicht durchschaut. Die Frau versucht ihm bis zum Schluss zu helfen und sie spielt sogar vor, eingeschlafen zu sein. Sie hilft ihm also, sein egoistisches Verhalten und seine Lüge verstecken zu können. Obwohl sie ihm in dieser Situation überlegen ist, nutzt sie das nicht aus.

gegensätzliches Verhalten und unterschiedliche Motive

[Au]fgabe 40 *Formulierungsvorschlag:*
Am nächsten Abend gibt die Frau ihrem Mann von ihrem Brot etwas ab. Sie erklärt, dass sie es abends nicht so gut vertrage, aber ihre eigentliche Absicht ist es, ihrem Mann zu helfen. Sie will verhindern, dass er sich aus Hunger

Verhalten
Motivation

noch einmal heimlich Brot nimmt. Auch möchte sie nicht, dass sich so ein Gespräch wiederholt, in dem sie sich beide nicht die Wahrheit sagen.

Begreifen des Mannes

Ihr Mann versteht die Absicht seiner Frau. Ihm ist klar, dass sie ihn durchschaut hat, und er schämt sich, wie man an seinem Verhalten und dem gebeugten Kopf (Z. 116 f.) merkt.

Der Leser kann nur vermuten, dass der Mann wahrscheinlich dankbar ist, weil seine Frau es ihm so leicht macht, das Problem beiseite zu schieben.

Aufgabe 41 Der Text von Wolfgang Borchert ist fast ganz aus der personalen Perspektive geschrieben. Der Leser erfährt aus der Sicht der Frau, was sie tut und denkt. Nur einmal, in den Zeilen 38 bis 44, wird auch aus der Sicht des Mannes berichtet. Der Leser muss sich in das Geschehen hineinfinden, ohne dass ihm weitergehende Erklärungen gegeben werden.

Der veränderte Textanfang ist dagegen in der auktorialen Perspektive geschrieben. Hier wird der Leser ausführlich über die Vorgeschichte informiert und in die Situation eingeführt. Die Personen und ihre Beziehung zueinander werden vom Erzähler beschrieben und beurteilt, sodass dem Leser eine Meinung vorgegeben wird.

Die von Wolfgang Borchert gewählte Erzählperspektive wirkt sich auf die Darstellung so aus, dass sie sehr viele Dialoge enthält, die einfach wiedergegeben werden. Was sie über das Verhältnis der Personen zueinander aussagen, muss der Leser selbst herausfinden. Die Gedanken der Frau, die an einigen Stellen dargestellt werden, geben dabei Hilfen, sodass es für den Leser leichter wird, das Verhalten des Mannes einzuschätzen.

Eine nähere Beschreibung des Schauplatzes fehlt, denn sie ist aus der Sicht der Frau überflüssig. Lediglich die Angaben über den Tisch, die Krümel und das Messer beschreiben Einzelheiten des Raums, denn sie bilden ja den Ausgangspunkt der Erzählung.

Aufgabe 42 Es handelt sich um eine Kurzgeschichte, denn es wird ohne Einleitung und Schluss eine Krisensituation erzählt. Dem Leser werden keine Lösungen angeboten. Vielmehr muss er selbst darüber nachdenken, wie die beiden Eheleute ihre Schwierigkeiten wohl bewältigen werden.

Aufgabe 43 Die Kurzgeschichte *Das Brot* von Wolfgang Borchert veranschaulicht in einem kurzen Handlungsausschnitt, dass schwierige äußere Lebensbedingungen, wie sie die Kriegs- und Nachkriegszeit mit sich brachte, das Leben von Menschen verändern können. Es wird aus der personalen Perspektive von einer Vertrauenskrise zwischen einem älteren Ehepaar erzählt. Die Frau versucht durch ihr Verhalten das Problem zu lösen, doch ob es ihr endgültig gelingt, bleibt im Rahmen der Kurzgeschichte offen und damit dem Urteil des Lesers überlassen.

Rückblick

Thematik

Aufgabe 44

Einleitung

Die Kurzgeschichte „Hauptsache weit" wurde 2001 geschrieben und stammt von der Schriftstellerin Sybille Berg. Die 1962 in Weimar – damals noch DDR – geborene Autorin siedelte 1989 in die Bundesrepublik um und hat vor allem erzählerische Texte und Dramen veröffentlicht, die teilweise – wie z. B. der Roman „Sex II" – Empörung hervorriefen und ihr die Bezeichnung einer Pop-Literatin eintrugen. Sybille Berg lebt heute verheiratet in der Schweiz.

Im Mittelpunkt der Kurzgeschichte „Hauptsache weit" steht ein 18-jähriger Junge, der nach der Schule etwas von der Welt kennen lernen will und deshalb nach Asien reist. Zu dem Zeitpunkt, von dem die Kurzgeschichte erzählt, befindet er sich zunächst in einem Hotelzimmer irgendwo in Asien – vermutlich in Thailand, Indien oder Kambodscha (Z. 24 f.). Der Jugendliche fühlt sich aber längst nicht so gut, wie er es sich erhofft hatte. Erst als er Gelegenheit findet, über E-Mails Kontakt mit zuhause herzustellen, geht es ihm besser.

Gliederung

Der Text lässt sich vor allem anhand von Schauplatzwechseln in vier Gliederungsabschnitte einteilen.

Der erste Teil umfasst die Zeilen 1 bis 11 und gibt ein paar knappe Informationen zur Person des Jungen und zu der Zeit vor Antritt seiner Reise.

Der zweite Abschnitt – von Zeile 12 bis 58 – beschreibt ihn in seiner einfachen Unterkunft, und es wird zurückgeblickt auf bisherige Erlebnisse auf seiner Reise. Dabei werden die gegenwärtigen Gedanken und Gefühle des Jungen sichtbar: Er fühlt sich in der Fremde sehr einsam und vermisst Heimatliches.

Im dritten Abschnitt, von Zeile 59 bis 81, hat der Protatgonist sein Zimmer verlassen, er geht in ein Restaurant und läuft anschließend durch die Stadt. Doch seine Gedanken und Gefühle sind immer noch die gleichen wie vorher, sein Einsamkeitsgefühl hat sich sogar noch verstärkt.

Mit dem vierten Abschnitt schließlich – ab Zeile 82 – ändert sich die Situation des Jungen, der sich nun in einem Internetcafé befindet und dank des elektronischen Kontakts zu seinen Freunden die schlimmen Gefühle vergisst.

Erzählperspektive und Zeitgestaltung

Der Text weist eine personale Erzählperspektive auf, es wird in der Er-Form aus Sicht des Jungen erzählt. Sowohl sein Verhalten als auch seine Gedanken und Gefühle werden ausführlich dargestellt.
Die erzählte Zeit umfasst nur wenige Stunden, doch ist der Beginn der Handlung nicht genau anzugeben, da eine Zeitangabe fehlt. Das Geschehen des Textes ist weitgehend durch die Gedanken und Gefühle des Jungen bestimmt, der in seinem Zimmer sitzt oder durch die nächtliche Stadt geht. Auch einige Rückblenden werden durch den Erzähler eingefügt. In Zeile 60 erfolgt dann ein genauerer Hinweis auf die Zeit, und der weitere Handlungsverlauf – das Essen im Restaurant, der Besuch des Internetcafés und das Schreiben der Mails – ist von da an auf etwa zwei bis drei Stunden eingrenzbar. In diesem kurzen Zeitraum durchlebt der Junge eine Veränderung seiner Gedanken und Gefühle.

Hauptteil: Handlungs- und Personenanalyse

Die Kurzgeschichte beginnt ohne jede Einleitung mit dem, was vermutlich das ursprüngliche Motiv des Jungen für die aktuelle Reise war: In einer erzählerischen Rückblende erfährt man von seinem Wunsch, wegzugehen, um nach dem Ende der Schulzeit das Leben auszukosten. Wenige Sätze stellen knapp ein paar Merkmale des Jugendlichen vor. Er wird in seinem angenehmen Äußeren beschrieben, seine musikalischen Fähigkeiten werden ebenso benannt wie der Schulabschluss, den er gerade erreicht hat. Diese sehr allgemein gehaltene Darstellung passt zur Namenlosigkeit des jungen Mannes, der nur als „er" eingeführt wird und damit einen Typ repräsentiert, der verallgemeinerbar ist. Auch die Zukunftsvorstellungen des Jungen werden nur äußerst vage formuliert („irgendwie", „wohl", „was", Z. 8 f.). Er hat sich darüber offenbar noch keine konkreten Gedanken gemacht, sondern will erst einmal „weg" (Z. 1). Dass ihm dies nicht schwer fällt, weil er – zu diesem Zeitpunkt – „noch keine Enttäuschung kannte" (Z. 5), kann als Vorausdeutung auf die enttäuschenden Erfahrungen verstanden werden, die im weiteren Verlauf des Geschehens zur Sprache kommen.
Der zweite Abschnitt, mit dem die eigentliche und aktuelle Handlung einsetzt, bestätigt dies. Der Junge hat sein Reisevorhaben realisiert und befindet sich zu Beginn der Erzählsituation in einem Hotelzimmer in Asien, das als sehr einfach und ungemütlich dargestellt wird (Z. 14–20, 41). Auch die innere und äußere Verfassung des Jungen wird als recht desolat beschrieben. Schon die

Eingangsfrage (Z. 13) zeigt seine desillusionierte Haltung, körperliche Beschwerden aufgrund der ungewohnten asiatischen Küche kommen hinzu (Z. 20–22). Weder Spaß (Z. 13) noch Glück (Z. 18) hat der Jugendliche bislang auf seiner Reise erfahren, was durch eine erneute Rückblende in Kontrast zu seinen vorherigen optimistischen Erwartungen gesetzt wird (Z. 23–32). Der Wunsch, der langweiligen Enge in Deutschland zu entfliehen und etwas zu erleben (Z. 26–28), der Stolz, sich von den – als „blass" abgewerteten – Freunden (Z. 29) abzuheben, hatten ihn ursprünglich angetrieben. Doch leicht ironisierend werden dem die tatsächlichen enttäuschenden Erfahrungen, wie etwa seine bisherigen Reisebekanntschaften (Z. 32–39), gegenübergestellt.
Entsprechend trostlos wirkt die gegenwärtige Situation im Hotelzimmer, auf die der Erzähler dann wieder hinführt (Z. 41). Der Junge spürt immer stärker seine Fremdheit und Einsamkeit. Ausschlaggebend dafür ist nicht zuletzt die Medienlandschaft: Erwähnung finden das unverständliche ausländische Fernsehprogramm und die Sehnsucht nach den TV-Stars aus Deutschland; dem Jungen fehlen eine Zeitung in seiner Sprache, Zeitschriften mit ‚Promi-Klatschgeschichten' und das Telefonieren (Z. 45–58). Ohne diese Formen der – öffentlichen wie privaten – Kommunikation fühlt er sich unendlich alleine und isoliert, nahezu inexistent (Z. 58).
Diese Eindrücke, Gefühle und Gedanken der Hauptfigur setzen sich auch im folgenden Abschnitt fort. Der Ortswechsel in das Restaurant ändert nichts, die Erfahrungen der Isolation bleiben (Z. 61–64), verstärken sich sogar noch: Der Junge kommt sich vor, als ob er tot sei (Z. 64–68), das bisher unterdrückte Weinen kann er nicht mehr verhindern (Z. 69). Die Erinnerungen an seine einstigen Erwartungen, auf die wiederum zurückgeblendet wird, zeigen noch einmal schmerzhaft den Kontrast von frohen Hoffnungen (Z. 74–76) und der traurigen Gegenwart (Z. 76–78).
Auf dem Höhepunkt des Fremdheitsgefühls, als sogar die Tiere ausländisch zu reden scheinen (Z. 80), stellt sich jedoch eine Wende ein.
In wenigen kurzen, zum Teil grammatisch unvollständigen Sätzen, die den beschleunigten Herzschlag des Jugendlichen veranschaulichen (Z. 81), lenkt der Erzähler auf den neuen Ort, das Internetcafé. Beinahe atemlos wirkt die Darstellung dieser glücklichen Entdeckung in Satzfragmenten. Auch das Verhältnis des Jungen zur Wirklichkeit verändert sich minutenschnell: Dank des elektronischen Mediums ist seine Beziehung zum Leben wieder da, durch die Kommunikation mit den Freunden ist er wieder lebendig. In seinem plötzlichen Glücksgefühl glaubt er vermutlich selbst, wenn er ihnen schreibt, wie großartig alles ist (Z. 86). Das Vorherige ist schlagartig bedeutungslos, so wie etwa die riesigen Insekten zu seinen Füßen oder das unbekömmliche Essen (Z. 88–91).

Die Katastrophen von zuvor sind nur noch lächerlich kleine (Z. 92). Die Internetkommunikation vertreibt das Gefühl des Alleinseins und wischt die Probleme der Realität weg – zumindest für die Zeit, in der der Junge metaphorisch in den Bildschirm eintaucht wie in ein weiches Bett (Z. 94–96), das ihm Geborgenheit verschafft. Und noch einmal wird am Schluss der Geschichte betont, wem der Jugendliche das unverhoffte Hochgefühl verdankt: Microsoft, Apple und Sat 1 werden angeführt, stellvertretend für die gesamte mediale Welt, die die Kommunikation und offenbar auch das Heimatgefühl des Jungen bestimmt.

Textsorte und sprachliche Gestaltung

Wenngleich der Text von Sibylle Berg mit seinen unterschiedlichen Schauplätzen der Handlung und den mehrfachen Rückblenden nicht exakt den Merkmalen einer Kurzgeschichte entspricht, so gibt es dennoch typische Kennzeichen, die eine Zuordnung zu dieser Textsorte erlauben: Der unvermittelte Einstieg in das Geschehen wie auch das offene Ende, das den Fortgang der Handlung nur andeutet, sind klare Anzeichen einer Kurzgeschichte. Auch die Konzentration auf eine Hauptperson, die in einem relativ kurzen Zeitraum in einer problematischen Lebensphase dargestellt wird, ist typisch für diese Textsorte.
Die sprachliche Gestaltung der Geschichte unterstützt das Einfühlen des Lesers in den Jugendlichen und seine Situation. Passend zur personalen Erzählperspektive wird häufig eine jugendliche Umgangssprache verwendet (z. B. Z. 8–10, 72, 76). Die vielen unvollständigen Sätze lassen das Erzählte wirken wie Gedankenfetzen des Jungen. Die sich häufig wiederholenden Begriffe „fremd" und „heiß" (Z. 46, 59–61, 71 etc.) unterstreichen außerdem dessen bedrückende Situation. Auch sprachliche Bilder und Übertreibungen setzt die Autorin immer wieder zur Verstärkung ein (Z. 19 f., 64, 78 f., 80, 89 f., 95 f.).

Schluss

Der Titel des Textes „Hauptsache weit" weist zunächst auf die Wünsche und Sehnsüchte des Jungen hin, die ihn in die Ferne geführt haben. Im Mittelpunkt der Erzählung steht jedoch die Erfahrung der Fremdheit, die er dort macht. Ausgerechnet das im Titel fehlende Wort, „weg", entspricht also dem Gefühl, das der Junge durchlebt: Er fühlt sich nicht nur weit, sondern vollkommen „weg", beinahe tot. Der Titel ironisiert damit auch den anfänglichen doch recht oberflächlichen Wunsch. Denn „Hauptsache weit" zu reisen, bedeutet für den Jugendlichen schließlich nicht, weg zu sein von Alltag, Langeweile und Problemen, sondern es stürzt ihn vielmehr in eine tiefe Krise. In dieser wird ihm überhaupt erst klar, welch existentielle Bedeutung die – zuhause selbstverständliche – Medienwelt und die Kommunikation mit vertrauten Menschen für ihn haben.

ufgabe 45 Adjektive und Nomen geben viele Hinweise.

Zum Äußeren: Kleiner, unruhiger, magerer Mann, vor dem Kopf liegende Fischaugen, Gesicht wie ein Hecht, unheimlich

Charakterliche Hinweise: Dicktuende Verschlossenheit, gesuchte Treuherzigkeit, möchte als aufgeklärter Kopf gelten, wird als Streit suchend angesehen

Formulierungsvorschlag einer möglichen Zusammenfassung:

äußere Merkmale

Der Erzähler gibt einige genaue Hinweise zum Äußeren Simon Semmlers, wobei auffällt, dass eher abstoßende Einzelheiten (Fischaugen) erwähnt und Vergleiche angestellt werden (Gesicht wie ein Hecht), die die Figur unsympathisch erscheinen lassen.

Entsprechungen zwischen Äußerem und Charakter

Die charakterlichen Andeutungen (unheimlich; dicktuend, das heißt angeberisch; gesuchte, also nicht echte Treuherzigkeit; Streit suchender Kerl, dem man lieber aus dem Wege geht) gehen in die gleiche Richtung. Das wenig angenehme Äußere hat somit eine Entsprechung im unangenehmen Charakter: Simon Semmler ist angeberisch, lässt aber dennoch niemanden etwas von seinen wirklichen Absichten erfahren, und er tut nur so, als wäre er offen und ehrlich, er ist also heuchlerisch. Aufgrund seiner Streitsüchtigkeit ist es erklärlich, dass ihm die Mitbewohner des Dorfes aus dem Wege gehen.

Rolle des Bösen

Dass eine so charakterisierte Figur in einer Erzählung nur die Rolle des Bösen spielen kann und auf andere einen schlechten Einfluss ausübt, ist klar.

Aufgabe 46 Auffällig an Friedrichs Verhalten ist:

- Er stolziert in feinen Kleidern herum.
- Er kommandiert Johannes herum, der sein Schützling genannt wird.
- Er setzt sich vor den Augen der Gutsherrschaft als Tänzer in Szene und zieht die Aufmerksamkeit der Mädchen auf sich.

Hinter solchem Verhalten verbirgt sich die folgende innere Handlung, auf die der Erzähler noch eigens hindeutet:

- Dass Friedrich „wie ein Hahn“ stolziert (was der Erzähler durch den Vergleich zusätzlich betont), zeigt seine Absicht, mit seiner neuen Kleidung anzugeben und andere zu beeindrucken. Angeberei und Eitelkeit werden so als Charaktermerkmale erkennbar.

- Seine befehlende Haltung gegenüber Johannes hebt der Erzähler durch das Adverb „gebieterisch“ und die Kennzeichnung seiner Kopfbewegung als „stolz“ hervor: Friedrich genießt seine Überlegenheit gegenüber Johannes und bestätigt durch sein Verhalten die eben genannten Merkmale.
- Sein ausführlich geschildertes auffälliges und übertriebenes Verhalten beim Tanzen zeigt, dass er gern auf sich aufmerksam machen und das Publikum beeindrucken möchte. Auch das passt zu seiner Eitelkeit und Angeberei, die so immer wieder als zentrale Charaktermerkmale Friedrichs betont werden.

Aufgabe 47 a) Folgende Verhaltensweisen Tells werden sichtbar:
- Er zeigt sich gleich mit seinen ersten Worten an dem Hilfesuchenden interessiert (Z. 1).
- Er fordert den Fährmann wiederholt auf, die Überfahrt zu wagen und damit Baumgarten zu retten (Zeilen 10, 17, 25).
- Er drängt verstärkt auf eine Entscheidung zugunsten Baumgartens (Z. 23 f.).
- Er übernimmt selbst ohne Zögern die gefährliche Aufgabe (Z. 25 f.).
- Er betont sein Vertrauen auf Gott bei seinem Tun (Z. 25).
- Er sieht sein Handeln als etwas, das er „nicht lassen konnte“, das heißt als seine mitmenschliche Pflicht (Z. 33).
- Anhand dieser Worte und Verhaltensweisen gewinnt der Leser bzw. Zuschauer Eindrücke über Tells Charakter: Tell erscheint spontan, hilfsbereit, entschlossen, mutig bis zum Einsatz des eigenen Lebens. Sein Vertrauen auf Gott ist ein entscheidendes Motiv für die Hilfsbereitschaft gegenüber anderen.

b) Die anderen Figuren (außer Baumgarten) spielen nur Nebenrollen, doch tragen auch sie dazu bei, Tell zu charakterisieren:
- Ruodi, der Fährmann, hat Angst, die Fahrt zu unternehmen (Z. 12 f.), er weigert sich, da er die Gefahr für sein eigenes Leben als zu hoch einschätzt. Er ist daher eine **Kontrastfigur**, die in ihrem gegensätzlichen Verhalten gerade Tells Charaktermerkmale herausstellen soll.
- Die Worte der anderen bescheinigen Tell, dass sein in dieser Situation gezeigter Mut **charakteristisch** für ihn ist.
  - Baumgarten traut Tell zu, ihn zu retten (Z. 28).
  - Werni bestätigt, dass Tell immer in solcher Weise handelt (Z. 27).
  - Sogar der Fährmann selbst ist nicht etwa neidisch auf Tell, sondern er bestätigt dessen außergewöhnlichen Mut (Z. 37 f.).

Aufgabe 48 Paulet beschreibt Marias Vergangenheit und hebt den Grund hervor, aus dem sie aus ihrem eigenen Land nach England gekommen ist: Sie wurde von ihrem Volk vertrieben.

Er beschreibt weiterhin ihr politisches Ziel: Sie will England zurück zum katholischen Glauben führen und das Land von Frankreich abhängig machen.

Paulet wertet Maria negativ. Auch seine scharfe Wortwahl (z. B. „Mörderin“, „verjagt“, „Greueltat“, „geschändet“) macht klar, dass er sie als Verbrecherin sieht und ihre politischen Absichten verurteilt.

Wie er ihren Charakter einschätzt, ist leicht zu folgern: verbrecherisch, falsch, unmoralisch, verräterisch.

Aufgabe 49 Hanna Kennedy charakterisiert Maria und ihre Lage folgendermaßen:

- Maria ist eine Unglückliche, die nach England gekommen ist, um dort von ihren Verwandten Schutz zu erhalten (Z. 2–5).
- Sie wird, obwohl sie Königin ist, gegen geltendes Recht gefangen gehalten (Z. 6 f.).
- Sie hat dadurch schon ihre Jugend verloren (Z. 8).
- Sie soll jetzt sogar zu Unrecht angeklagt werden (Z. 11–13).

In Kennedys Augen ist Maria ein Opfer. Von negativen Eigenschaften ist hier nicht die Rede, vielmehr ist sie nach Meinung der Kennedy vertrauensvoll, glaubt an das Gute im Menschen und sitzt deshalb nun im Gefängnis. Jede Anklage ihr gegenüber ist Unrecht.

Kennedy kennt Maria seit deren Kindheit. Ihre damalige Aufgabe, für Maria zu sorgen, übt sie, wenn auch verändert, noch immer aus. Es besteht zwischen beiden daher eine langjährige, enge Beziehung. Die positive Charakterisierung Marias durch Kennedy ist daher möglicherweise von dieser engen Beziehung beeinflusst.

Der Rezipient darf somit Kennedys Charakterbeschreibungen nicht einfach als gültige Kennzeichnungen Marias ansehen, sondern muss kritisch bleiben – genauso wie zuvor gegenüber den negativen Urteilen Paulets.

Aufgabe 50 Maria tritt ruhig und bescheiden auf. Das Kreuz weist auf die Bedeutung der Religion für sie hin. Sie redet gefasst und macht der aufgeregten Kennedy klar, dass königlicher Glanz und Schmuck bedeutungslos für sie sind. Trotz der beschränkten, sogar entwürdigenden Lebensverhältnisse im Gefängnis zeigt sie Würde – ihrem wahren königlichen Wesen kann niemand etwas anhaben.

Kennedys positives Urteil über Maria als legitime Königin wird durch diesen ersten Auftritt der Titelfigur bestätigt. Das bisher unklare Charakterbild gewinnt so auf der Grundlage der drei ausgewerteten Textstellen ein positives Profil.

Aufgabe 51 Friedrich Dürrenmatt ist einer der bekanntesten deutschsprachigen Schriftsteller der heutigen Zeit. Er wurde *1921* in *Konolfingen bei Bern (Schweiz)* geboren und starb *1990*. Dürrenmatt hat viele Schauspiele und auch Kriminalromane geschrieben, seine Werke werden an Theatern oft gespielt und einige sind durch Film und Fernsehen bekannt geworden. Zu den berühmtesten gehören *Die Physiker* und *Der Verdacht* [hier sind auch andere Nennungen möglich].
Sein Schauspiel *Der Besuch der alten Dame* handelt davon, dass die Bürger einer Stadt der Versuchung *nicht widerstehen können*, für Geld *einen Menschen umzubringen*. Sie werden von der Milliardärin *Claire Zachanassian* dazu gebracht, ihren Mitbürger *Ill* zu töten. Obwohl dieser anfangs als angesehener Bürger galt, versucht man im Verlauf des Schauspiels, sich von ihm abzuwenden und ihn als Bösewicht abzustempeln, um seine Ermordung zu rechtfertigen und das Gewissen *zu beruhigen*.
Der Bürgermeister des Ortes spielt in dem Text eine wichtige Rolle, da er entscheidenden Einfluss auf die öffentliche Meinungsbildung in der Gemeinde hat.

Aufgabe 52

a) *Erwartungen:* Er erhofft sich Millionen für die Stadt (Z. 6 f.). Er denkt, Claire werde gerührt sein (Z. 32 ff.).
b) *Bedeutung:* Er bereitet sich genau auf den Besuch vor, indem er sich nähere Informationen über das ehemalige Mitglied der Gemeinde beschafft und sein eigenes feierliches Auftreten plant (Z. 1–3, 35 ff., 49 ff.). Zudem gibt er bis in alle Einzelheiten genaue Anweisungen für den Empfang, indem er den Bürgern sagt, wie sie sich verhalten sollen und sogar, welche Gefühle sie an den Tag zu legen haben (Z. 49 ff.). Dadurch wird die große Bedeutung erkennbar, die er dem Besuch beimisst.
c) *Verhalten gegenüber Ill:* Er ist sehr freundlich. Er betrachtet Ills Rolle beim Empfang als besonders wichtig. Er teilt ihm mit, dass er in ihm seinen Nachfolger sieht (Z. 10 ff.).

Aufgabe 53 *Formulierungsvorschlag:*

Der Bürgermeister erhofft sich von Claire ein größeres Geldgeschenk für die Stadt. Daher ist ihre Ankunft von allergrößter Bedeutung für ihn. Man kann das an der genauen Planung erkennen, die er für dieses Ereignis vornimmt. Das geht so weit, dass nicht nur äußere Verhal-

Erwartungen

Planungen

tensweisen wie Hüteschwenken geübt, sondern auch Anweisungen hinsichtlich der Gefühle gegeben werden, die die Bewohner zum Ausdruck bringen sollen. Alles dient dem Zweck, Claire so zu rühren, dass sie die Millionen hergibt, die man sich von ihr verspricht.

Zielsetzung

Der Bürgermeister schätzt hierfür Ill, den Jugendfreund Claires, als besonders wichtig ein. Deshalb ist er sehr freundlich zu ihm, redet ihm nach dem Mund, bezeichnet ihn als „die beliebteste Persönlichkeit in Güllen“ (Z. 11 f.) und erklärt, ihn als seinen „Nachfolger“ anzusehen (Z. 15).

Haltung gegenüber Ill

ufgabe 54

Formulierungsvorschlag:

Wenn man das Verhalten des Bürgermeisters betrachtet, sieht man, dass ihm das Wohl des Ortes sehr am Herzen liegt. Er setzt sich engagiert dafür ein und ist ein fähiger Organisator, der auf den Erfolg setzt.

positive Charakterzüge

Es fällt allerdings auf, dass ihm Erfolg möglicherweise wichtiger ist als Ehrlichkeit, denn ihm ist jedes Mittel recht, um Claire zu rühren und sie so zur Schenkung zu bewegen. Ob die Leute, die Claire begrüßen sollen, wirklich so freundliche Gefühle ihr gegenüber haben, ist ihm gleichgültig. Es kommt ihm nur auf die Wirkung an. Er ist also auch bereit, Menschen zu beeinflussen, wenn es seinen Zielen nützt.

Einschränkungen der positiven Merkmale

Ill gegenüber zeigt er sich freundschaftlich, aber ob diese Haltung seinen wirklichen Gefühlen Ill gegenüber entspricht, erscheint nicht ganz sicher, denn Ill ist ja zugleich derjenige, von dessen Hilfe er am meisten erwartet. Es könnte daher sein, dass seine Freundlichkeit letztlich nur Berechnung ist.

Zweifel gegenüber dem Bürgermeister

ufgabe 55

a) Der Bürgermeister hat viel Neues angeschafft und tut so, als sei das ganz normal: Er raucht eine bessere Zigarre (Z. 6 ff.), trägt eine neue Krawatte (Z. 15 f.) sowie neue Schuhe (Z. 17 ff.).
b) Er gibt vor, gar nicht nachvollziehen zu können, wie Ill sich fühlt (Z. 1–3, 23 ff.). Er versucht ihn abzuschieben (Z. 37 f.) und erklärt Ills Ängste für unbegründet (Z. 44 ff.).

c) Als die neue Schreibmaschine gebracht wird (Z. 50 f.), ist offensichtlich, auf welcher Seite er jetzt steht. Er verändert daraufhin seine Haltung gegenüber Ill und handelt somit nach der Maxime, dass Angriff die beste Verteidigung ist:
- Er wirft Ill seine angeblich nihilistische Haltung vor (Z. 59 ff.).
- Er bezeichnet Claires Vorgehen als verständlich (Z. 69 ff.).
- Er hält Ill sein früheres Verhalten gegenüber Claire vor (Z. 71 ff.).
- Er spricht ihm das Recht ab, Maßnahmen gegen Claire zu fordern (Z. 82 ff.).

d) Er versucht noch zu vertuschen, dass er jetzt vollständig auf der Seite Claires steht, indem er Ill versichert, dass die Bewohner von Güllen ihm, ungeachtet aller Vorwürfe, unverändert „die gleiche Hochachtung und Freundschaft entgegenbringen wie zuvor" (Z. 103 ff.). Kennzeichnend ist, dass er diese offenkundig unehrliche Erklärung in der „Wir"-Form abgibt. Er vermeidet, von sich selbst zu sprechen, und zieht sich stattdessen auf seine offizielle Funktion zurück, indem er sozusagen für alle Mitbürger spricht. Bezeichnend ist auch, dass sich die beiden bei den Worten des Bürgermeisters über ihre angebliche Freundschaft nicht einmal ansehen – das geht aus der Regieanweisung hervor.

Formulierungsvorschlag:

Veränderung der Einstellung des Bürgermeisters und sein abweisendes Verhalten

Der Bürgermeister hat jetzt eine ganz andere Einstellung gegenüber Ill als im ersten Textabschnitt. Schon sein Auftreten mit einer teuren Zigarre und einer neuen teuren Krawatte zeigt, dass er sich genauso verhält wie die anderen Ortsbewohner, vor denen sich Ill ja gerade fürchtet. Deshalb tut er auch so, als wüsste er gar nicht, worum es Ill geht, und fragt zweimal scheinbar verständnislos nach. Als Ill von seiner Furcht spricht, fragt er „Fürchten?" (Z. 26) und als Ill Schutz verlangt, meint er „Wozu denn?" (Z. 31). Er schiebt seine eigene Verantwortung als Bürgermeister beiseite, indem er Ill schließlich an die Polizei verweist. Mit dem offenkundig ungerechtfertigten Hinweis auf die humanistische Tradition der Stadt Güllen versucht er schließlich, Ills Ängste als völlig unsinnig darzustellen.

Offensichtlichkeit seiner Lüge

Dass er Ill gegenüber unehrlich ist, wird gleich darauf ganz deutlich, als ein Mann eine neue Schreibmaschine bringt und damit zeigt, dass auch in der Gemeindeverwaltung schon mit dem Geld Claires geplant wird.

Als seine Lüge so offensichtlich geworden ist, ändert der Bürgermeister seine Strategie gegenüber Ill. Er macht ihm jetzt Vorwürfe, zuerst nur wegen seiner angeblich nihilistischen Haltung, dann aber auch in Bezug auf sein damaliges Verhalten gegenüber Claire. Außerdem gesteht er Claires Forderungen nach Vergeltung eine gewisse Berechtigung zu, auch wenn er es vorsichtig ausdrückt (vgl. Z. 69 ff.). Er stellt Ill als einen so schlechten Menschen hin, dass er als Bürgermeister nicht mehr infrage komme (Z. 81 ff.).

Strategieänderung des Bürgermeisters

Am Schluss hat er wohl gemerkt, dass er zu weit gegangen ist. Er spricht jetzt – bezeichnenderweise nicht persönlich, sondern gewissermaßen von Amts wegen im Namen aller Güllener – von unveränderter „Hochachtung und Freundschaft" (Z. 103 f.) gegenüber Ill, aber das steht im Widerspruch zu seinem gesamten Verhalten zuvor. Auch dass sich beide in diesem Gesprächsteil gar nicht mehr ansehen, zeigt, dass nur noch Ablehnung zwischen ihnen herrscht und die Worte von der Hochachtung leere Phrasen sind.

Verschleierung seiner wirklichen Haltung gegenüber Ill

ufgabe 56 *Formulierungsvorschlag:*

Nun zeigt der Bürgermeister seinen wahren Charakter. Er hat sich geschickt verstellt, steht jedoch eigentlich längst auf der Seite Claires. Sein alleiniges Interesse ist es, an Claires Geld heranzukommen. Ills Schicksal ist ihm gleichgültig, doch will er natürlich mit dessen Ermordung selbst nichts zu tun haben. Deshalb verstellt er sich zunächst wieder, macht dann indirekt deutlich, dass Ill es eigentlich verdient habe, getötet zu werden, und redet sich hinterher wieder mit Phrasen heraus. Er handelt verantwortungslos und unmenschlich und verfolgt nur recht schnöde materielle Interessen.

wahrer Charakter des Bürgermeisters

ufgabe 57 *Formulierungsvorschlag:*

Die Freundlichkeit, mit der der Bürgermeister Ill anfangs behandelt, erweist sich im weiteren Verlauf der Handlung als nur vorgespielte Rolle, da Ill zu diesem Zeitpunkt noch seinen Interessen zu nützen scheint. Tatsächlich geht es dem Bürgermeister nur um das Geld von Claire Zachanas-

Zusammenfassung der entscheidenden Verhaltensweisen und Charaktermerkmale

sian. Um dieses Ziel zu erreichen, verstellt er sich und verschleiert seine wahren Absichten.
Der Bürgermeister verhält sich berechnend: Andere Menschen interessieren ihn nur so lange, wie sie ihm nützen. Er ist heuchlerisch und man kann sich auf ihn, seine Aussagen und seine angebliche Freundschaft nicht verlassen.

zusammenfassendes Urteil

Aufgrund dieser Verhaltensweisen und Charaktermerkmale ist der Bürgermeister eine sehr negative Figur im Schauspiel Dürrenmatts. Da er die anderen Bewohner beeinflusst und sie in ihrem Egoismus bestätigt, trägt er eine erhebliche Mitschuld an der Ermordung Ills am Ende des Theaterstücks.

persönliche Wertung

Eine solche Gestalt, wie sie der Bürgermeister verkörpert, kann ich nur ablehnen. Menschen, die nur an sich selbst denken und nur ihre eigenen Interessen im Auge haben, sind nicht nur als Freunde, sondern überhaupt als Gesprächspartner uninteressant. Man kann ihnen nie vertrauen, sondern muss immer damit rechnen, dass sie einen ausnützen. Auf den Umgang mit solchen Menschen würde ich lieber verzichten.

Aufgabe 58 Den Beginn des Einleitungsteils kannst du so übernehmen, wie du ihn vorher schon geschrieben hast. Wenn du dann am Ende der Einleitung zur Person des Pfarrers hinlenkst, kannst du auf unterschiedliche Weise verfahren:

- Wenn du das Schauspiel kennst, gehst du auf die Situation und die Person des Pfarrers genauer ein, zum Beispiel so:
  Der Pfarrer ist neben dem Bürgermeister, dem Polizisten, dem Arzt und dem Lehrer eine der Autoritäten des Ortes Güllen. Er spielt – außer bei diesem Gespräch mit Ill – im Schauspiel sonst keine bedeutsame Rolle. Ills Angst, ermordet zu werden, ist aufgrund des Angebots von Claire Zachanassian, für seinen Tod eine Milliarde zu zahlen, inzwischen stark gestiegen, denn er hat immer wieder gesehen, dass die Dorfbewohner Anschaffungen getätigt haben, die sie sich eigentlich gar nicht leisten können; somit haben sie sich davon abhängig gemacht, dass eines Tages die Geldsumme auch wirklich ausbezahlt wird. Ill wird klar, dass sein Tod daher im Grunde schon stillschweigend beschlossen ist, und er verlangt Schutz von den Autoritäten des Ortes.
  Nachdem ihn der Bürgermeister abgewiesen hat, kommt er jetzt zum Pfarrer. Sein Gespräch mit ihm steht ziemlich genau in der Mitte des Schau-

spiels. Durch den Pfarrer wird Ill klar, was er bisher nicht wirklich wahrhaben wollte: dass nämlich seine Tötung unausweichlich geworden ist.

- Wenn du den Text nur aus diesem Buch oder aus der Inhaltsangabe eines Lexikons kennst, schreibst du etwas kürzer, zum Beispiel so:
  Der Pfarrer ist neben dem Bürgermeister eine der Autoritäten des Ortes Güllen. Sein Gespräch mit Ill findet statt, als Ills Angst, ermordet zu werden, stark gestiegen ist: Claire Zachanassian hat seinen Mitbürgern angeboten, für seinen Tod eine Milliarde zu bezahlen. Ill ist klar geworden, dass sein Tod schon stillschweigend beschlossen ist, und er verlangt von den Autoritäten des Ortes Schutz. Deshalb kommt er jetzt zum Pfarrer.

Dann kannst du folgendermaßen weiterschreiben:
Formulierungsvorschlag:

erster Eindruck

Das erste längere Auftreten des Pfarrers in dieser Szene macht gleich von vornherein einen merkwürdigen Eindruck, denn er erscheint mit einem Gewehr auf der Bühne. Wenn er auch gleich darauf seinen Talar anzieht, so bleibt der kriegerische Eindruck doch erhalten.

Verhalten im Gespräch

Im Gespräch mit Ill verhält sich der Pfarrer zunächst sehr freundlich. Er lädt ihn ein, mit ihm in die Sakristei einzutreten, und nimmt sich für ein Gespräch Zeit. Den seltsamen Eindruck seines anfänglichen Auftretens erklärt er mit dem Hinweis auf den entsprungenen Panther Claires.

Folgerung hinsichtlich seines Charakters

Es fällt allerdings auf, dass der Pfarrer nicht wirklich auf Ills Worte eingeht. Als Ill von seiner Furcht spricht, getötet zu werden, antwortet der Pfarrer: „Man soll nicht die Menschen fürchten, sondern Gott" (Z. 29 f.). Er weicht dem Problem Ills aus. Er ist somit nicht ehrlich.

weitere Verhaltensweisen, die den Charakter des Pfarrers näher beleuchten

Ill versucht ihm daraufhin klar zu machen, dass die vielfachen Anschaffungen der Bewohner Güllens seine Furcht, getötet zu werden, ausgelöst haben. Der Pfarrer aber geht auf diese konkreten Befürchtungen Ills gar nicht ein, sondern hält ihm das Böse vor, das er in der Vergangenheit getan hat, und meint, dass Ill nur aufgrund seiner eigenen Schlechtigkeit auch Schlechtes von anderen denke. Der Pfarrer wirft Ill also deutlich vor, ein schlechter Mensch zu sein, und findet es richtig, dass Ill Angst hat, weil er sich nur so bessern könne.

Er fordert ihn daher zur Reue auf. Nur um sein eigenes Seelenheil solle er sich kümmern und nicht darum, was die anderen Bewohner sich kaufen. Auch hier ist der Pfarrer nicht ganz ehrlich. Statt hilfsbereit zu sein, greift er Ill an und beschuldigt ihn heuchlerisch. Seine ganze Argumentation lässt sich als bittere Satire auf die vermeintliche Unfähigkeit oder gar Unwilligkeit der Kirche lesen, den Menschen, die sich mit ihren Problemen an sie wenden, wirklich zu helfen. Mit dem Hinweis auf eine bevorstehende Taufe versucht der Pfarrer dann, Ill loszuwerden.
In diesem Moment beginnt eine neue, zweite Kirchenglocke zu läuten. Stolz lobt der Pfarrer ihren guten Klang. Ill erkennt in diesem Augenblick, dass auch der Pfarrer so gehandelt hat wie die anderen Bewohner: Auch er hat in der Hoffnung auf die Milliarde schon die neue Glocke gekauft. Auf Ills bestürzten, anklagenden Ausruf hin – „Auch Sie, Pfarrer! Auch Sie!“ (Z. 98 f.) – ändert der Pfarrer sein Verhalten. Er weicht nicht mehr aus und lenkt nicht mehr ab, er bricht zusammen, weil ihm seine eigene Schuld klar wird, denn mit dem Kauf der Glocke hat er ja selbst bewiesen, dass auch er Ills Tod schon eingeplant hat und nicht verhindern will. Anders als der Bürgermeister vorher sagt der Pfarrer jetzt die Wahrheit. Er fordert Ill auf zu fliehen und gibt auch den tieferen Grund für die Todesgefahr an, die Ill droht: „Wir sind schwach“ (Z. 101 f.). Sein eigenes Verhalten zeugt von der Wahrheit dieser Erkenntnis. Er weiß, dass die Menschen durch das Geld so manipulierbar sind, dass sie alles tun, bis hin zum Mord. Er selbst nimmt sich nicht davon aus. Deshalb sieht er nur in Ills Flucht einen Ausweg.

Änderung des Verhaltens und Eingeständnis der Schuld

Hilfe bekommt Ill von dem Pfarrer somit nicht, aber zum ersten Mal schließlich doch eine ehrliche Einschätzung seiner Lage und damit das Eingeständnis, dass seine Furcht begründet ist. Darin liegt auch die besondere Bedeutung des Gesprächs zwischen Ill und dem Pfarrer.

Bedeutung des Gesprächs für Ill

Im ersten Teil des Gesprächs verhält sich der Pfarrer genauso verlogen wie die anderen Bewohner. Er denkt nur an die Vorteile, die das Geld bringen würde. Zwar hat er nicht den eigenen Vorteil im Sinn, sondern denkt an die

Zusammenfassung

Verschönerung seiner Kirche, aber er ist nicht hilfsbereit. Statt Nächstenliebe zu üben, wie es ihm aufgrund seines Amtes anstehen würde, versucht er alle Mitverantwortung von sich zu schieben und wehrt sich, indem er Ill beschuldigt.

Doch hält er dieses falsche Verhalten nicht durch. Er lügt nicht weiter, wie der Bürgermeister, sondern er gesteht die Schwäche der Menschen ein, durch Geld verführbar zu sein. Davon nimmt er sich nicht aus.

Wertung

Der Pfarrer ist genauso schwach wie alle anderen. Da er aber die einzige Person in Güllen ist, die sich schließlich doch ehrlich verhält, erhält sein Charakter einen sympathischen Zug.

ufgabe 59

Einleitung

In seiner 1994 veröffentlichten Kurzgeschichte *Der Filialleiter* stellt Thomas Hürlimann ein Ehepaar dar, das scheinbar gemütlich vor dem Fernseher sitzt. Als die Frau plötzlich auf dem Bildschirm als Teilnehmerin einer Fernsehrunde erscheint und dort öffentlich ihre Abneigung gegenüber ihrem Mann erklärt, ist der fassungslos. Doch ohne dass beide darüber ins Gespräch kommen, setzen sie kurz darauf ihr gewohntes Leben fort.

Gliederung

Maria-Lisa in der Talkrunde und ihre Äußerungen über ihren Mann	*Z. 1–11*
Willys Reaktion auf die Äußerungen	*Z. 12–20*
Maria Lisa teilt ihren Hass auf ihren Mann öffentlich mit	*Z. 21–31*
Die Ungeheuerlichkeit im Fernsehen und die Wirklichkeit im Wohnzimmer	*Z. 32–58*
Erstarrung und Unverständnis	*Z. 59–68*
Alles geht weiter wie bisher	*Z. 69–73*

Inhaltswiedergabe

Die Erzählung stellt ein Ehepaar dar; der Mann ist Filialleiter in einem Supermarkt und die Frau arbeitet dort als Verkäuferin. Beide sitzen vor dem Fernsehgerät und sehen eine Talkrunde. Dabei entspannen sie ihre müden Füße mit einem Kamillebad.

Die Ehefrau erscheint auf einmal als Teilnehmerin der Talkrunde auf dem Bildschirm. Von der Moderatorin über ihre Beziehung zu ihrem Mann befragt, teilt sie gelassen ihre Abneigung gegenüber ihrem Mann mit. Der kann dies kaum fassen, auch weil er wahrnimmt, wie seine Frau zugleich ganz ruhig neben ihm sitzt und sogar seinem Fußbad heißes Wasser zugießt. Willy, der Ehemann, fühlt, dass etwas Unglaubliches geschehen ist, und versucht, sich darüber klar zu werden. Doch zu einem Gespräch zwischen den beiden kommt es nicht und nach kurzer Zeit läuft alles so weiter wie immer: Fernsehen, Bier und Salzstangen.

Erzählperspektive, Zeitgestaltung, Sprache und Textsorte

Hürlimann verwendet eine personale Erzählperspektive. Das Geschehen wird aus der Sicht des Filialleiters erzählt, der mit der überraschenden Situation konfrontiert wird. Man erfährt somit etwas über seine Gedanken und Gefühle, während von der Ehefrau nur in der Außenperspektive, aus der Sicht ihres Mannes, erzählt wird. Doch über weite Strecken des Textes beschränkt sich der Erzähler darauf, in einer recht einfachen Sprache äußere Handlung darzustellen. Meist sind die Sätze gereiht, schwierige Wörter kommen nicht vor. In der Erzählung wird eine alltägliche Sprache verwendet.

Die Erzählung umfasst nur einen kurzen Zeitraum von vielleicht einer Stunde. Sie stellt ein plötzliches, bedeutsames Ereignis dar, das ohne weitere Einleitung unvermittelt einsetzt. Das Geschehen bricht dann ebenso plötzlich wieder ab und lässt den Leser mit diesem offenen Ende allein. Eine solche Gestaltungsweise der Handlung ist typisch für eine Kurzgeschichte.

Schauplatz

Ort der Handlung ist das Wohnzimmer des Ehepaars, wo beide nebeneinander auf der Couch vor dem Fernseher sitzen. Ausführlich wird auch erzählt, wie beide dabei ihre von der Arbeit im Supermarkt schmerzenden Füße in einem Kamillebad entspannen. Die Szene erhält dadurch einen etwas lächerlichen Anstrich, vor allem wenn der Erzähler noch die Verniedlichungsform „Plastikeimerchen" benutzt und auch das Nachgießen des Wassers genau beschreibt.

Personengestaltung

Die Informationen, die die Kurzgeschichte über die Hauptpersonen gibt, beschränken sich auf ihre Vornamen und ihre berufliche Tätigkeit. Weitere Auskünfte zu ihrem Leben oder ihrer Vergangenheit gibt es nicht. Stattdessen werden durch das knappe Geschehen der Kurzgeschichte das Verhalten der Personen und ihre Beziehung zueinander blitzlichtartig beleuchtet. Durch die personale Erzählweise, die Willys Sicht der Dinge mitteilt, steht seine Person im Vordergrund.

Die Erzählung setzt gleich mit der einen entscheidenden Szene ein: Die scheinbar gemütliche Feierabendsituation verändert sich schnell, als der Filial-

leiter seine Frau auf dem Fernsehschirm sieht. Er erschrickt zwar zunächst über ihr unerwartetes Auftreten, doch scheint ihm ihre Kleidung zu gefallen (Z. 5 f.). Dann jedoch kommt der Schock, als sie der Fernsehmoderatorin die Auskunft gibt, für ihren Mann nichts zu empfinden.
Die Reaktion des Filialleiters, die nun mit dem unkontrollierten Ausruf des Namens seiner Frau und seiner „zittrige[n]“ Handbewegung genau dargestellt wird, macht das deutlich. Der plötzliche Schock zerstört die scheinbare Gemütlichkeit der häuslichen Situation.
Doch Maria-Lisa steigert sich noch im Ausdruck ihrer Abneigung, indem sie schließlich im Fernsehen erklärt, dass ihr Mann sie anekelt (Z. 30). All das sagt sie lächelnd, ruhig und freundlich, so wie ihr Mann sie von ihrem Verhalten im Supermarkt her kennt (Z. 28 f.).
Willy ist fassungslos und die Darstellung seines unkontrollierten Verhaltens (Z. 25 ff.) hebt das noch besonders hervor.
Endlich gelingt es ihm, sich wieder ein wenig zurechtzufinden. Er prüft, ob er tatsächlich in seinem Wohnzimmer sitzt, und stellt beruhigt fest, dass alles wirklich ist – genau so wie seine neben ihm sitzende Frau, die zugleich auf dem Bildschirm zu sehen ist. Als er wahrnimmt, wie Maria-Lisa ihm Wasser zum Fußbad zugießt, kommt sogar ein angenehmes Gefühl in ihm auf (Z. 46 f.), bis ihm wieder in den Sinn kommt, was gerade geschehen ist: Ihm wird klar, dass er öffentlich von seiner eigenen Frau als abstoßend und gefühllos bezeichnet und dadurch gedemütigt worden ist und er fragt sich auch, weshalb sie das getan hat. Er findet keine Antwort, er meint nur, dass dadurch seine bisherige Existenz – die er bemerkenswerterweise mit „sein[em] Supermarkt“ gleichzusetzen scheint – erschüttert ist (Z. 56 f.).
Sein Versuch, das Geschehene zu verstehen und irgendwie einzuordnen, lässt Willy zögern, als seine Frau ihm das Frotteetuch reicht. Nur mit Unterwäsche bekleidet und minutenlang unentschlossen in seinem Fußbad stehend, macht er einen merkwürdigen, ja lächerlichen Eindruck. Seine Frau anzusprechen und etwa nach ihren Motiven zu befragen, kommt ihm nicht in den Sinn.
Der Hinweis Maria-Lisas auf das kalte Wasser ruft ihn aus seiner Bewegungsunfähigkeit zurück. Aber er sagt nichts und versucht nichts zu klären. Er tut nur das, was er nach seinem Fußbad immer schon gemacht hat: Er trocknet sich die Füße. Und genauso geht es dann am Schluss der Kurzgeschichte weiter: Beide sitzen schweigend und fernsehend nebeneinander, er Bier trinkend und sie Salzstangen knabbernd. Die Probleme, die kurzfristig aufgetaucht sind, werden zugedeckt und das alltägliche Verhalten geht weiter.
Über Maria-Lisa erfährt man nur das, was sie in der Fernsehsendung über ihre Gefühle sagt und was der Erzähler aus der Sicht des Mannes über ihr Verhalten

mitteilt. Warum sie in die Fernsehsendung gegangen ist und dort solche Äußerungen gemacht hat, warum sie nicht ihrem Mann allein sagt, wie sich ihre Gefühle ihm gegenüber entwickelt haben, warum sie ihm nicht einmal anschließend erklärt, wie es zu dem Fernsehauftritt gekommen ist und ob sie ihre Äußerungen in der Talkrunde wirklich ernst meint – das sind Fragen, die in der Kurzgeschichte nicht geklärt werden und die allein schon durch die Wahl der personalen Perspektive auch nicht geklärt werden können. Maria-Lisa versorgt ihren Ehemann anscheinend freundlich mit heißem Wasser, sonst bleibt sie stumm und sieht unbeteiligt die Fernsehsendung, als würde es gar nicht um sie gehen. Mehr wird von ihrem Verhalten nicht erzählt. Würde man nichts von ihren Talk-Äußerungen wissen, könnte man sie als vielleicht etwas langweilig, aber doch liebevoll einschätzen. So aber entsteht von ihr ein widersprüchliches und befremdendes Bild.

Aufgabe 60 Eine wirkliche Beziehung ist zwischen den beiden Personen nicht vorhanden. Sie leben und arbeiten zwar zusammen, aber das ist auch schon alles. Von gemeinsamen Gesprächen und gemeinschaftlicher Klärung von Problemen erfährt man nichts. Sie erzählt ihm nichts von ihren Gedanken und Gefühlen, sondern wendet sich an andere. Ihn verwirrt zwar ihr Verhalten, das seinem gewohnten Bild von ihr widerspricht, aber er fragt nicht nach. Dann läuft zwischen ihnen alles so weiter wie zuvor; das Fernsehprogramm lenkt von den Problemen ihres Lebens ab. Ihre Gemeinsamkeit besteht somit nur im gleichen Tagesablauf, da sie ja schon tagsüber im Supermarkt zusammen arbeiten und auch abends mit Fernsehen und Fußbad das Gleiche tun. Das geht offenbar schon lange so, wie der Text auch ausdrücklich sagt: Mit dem Hinweis „Wie jeden Abend“ (Z. 14) wird klar, dass sich alles schon in der Vergangenheit so abgespielt hat, und der offene Schluss der Kurzgeschichte deutet an, dass sich auch in der Zukunft nichts daran ändern wird. Ihr Verhalten ist somit von Wiederholungen geprägt, ihre Beziehung erschöpft sich in der Routine des Alltags.

Dabei haben sich jedoch die Gefühle der beiden verschieden entwickelt: Willy scheint es noch gar nicht bemerkt zu haben, dass praktisch keine Gemeinsamkeit mehr zwischen ihnen besteht, er ist offenbar mit dem alltäglichen Tagesablauf zufrieden gewesen.
Maria-Lisa hat dagegen empfunden, dass ihr gemeinsamer täglicher Trott armselig ist. Sie hat, wie sie in der Sendung sagt, zuerst mit Hass reagiert, doch hat sich dieses starke Gefühl abgeflacht. Nun ist es nur noch Abneigung, was sie für ihren Mann empfindet. Aus dieser Abschwächung ihrer ursprünglichen

Wut, aus der Verkümmerung ihrer Emotionen heraus ist vielleicht zu erklären, dass auch sie keine wirklichen Konsequenzen zieht und wie ihr Mann in ihrem Alltagstrott gefangen bleibt.

ufgabe 61 Willy ist anscheinend mit dem bisherigen Tagesablauf so zufrieden gewesen, dass er sich abweichende Empfindungen seiner Frau überhaupt nicht vorstellen konnte. Eine Begründung dafür lässt sich vielleicht von der Bedeutung seines Berufslebens für ihn herleiten. Schon die Überschrift des Textes nennt ja seine Berufsbezeichnung und auch am Erzählanfang wird sie genau wiederholt. Als Filialleiter hat Willy eine verantwortungsvollere, schwierigere, aber sicher auch abwechslungsreichere Aufgabe als seine Frau, die wohl als Verkäuferin tätig ist (vgl. Z. 28 f.). Daraus kann man folgern, dass Willy mit seinem Beruf zufriedener ist, was sich auch auf seinen Tagesablauf überhaupt auswirkt. Die negative Folge ist, dass Willy abends ermüdet ist und sich um die Gefühlsverfassung seiner Frau gar nicht mehr kümmert.
Maria-Lisa hat vielleicht auch aufgrund ihrer untergeordneten Position im Supermarkt ihrem Mann gegenüber den kritischeren Blick der Untergebenen, die die Schwächen des Vorgesetzten genau registriert, weil sie unter ihnen leidet.

ufgabe 62 Im geregelten Tagesablauf der beiden gibt es keinen Ansatzpunkt für ein Gespräch, bei dem man Probleme oder Wünsche zur Sprache bringen könnte. Mit Willy zu sprechen schien Maria-Lisa daher wohl unmöglich. Gleich mit seinen Gefühlen an die Öffentlichkeit des Fernsehens zu gehen, ist natürlich ein großer Schritt. Doch muss ihr das als die einzige Möglichkeit vorgekommen sein, sich auszusprechen. Ihr ist sicher klar gewesen, dass Willy die Sendung sehen würde, und man kann deshalb vermuten, dass ihr Auftritt im Fernsehen so etwas wie ein Hilfeschrei war, um ihm mitzuteilen, wie sie sich fühlt. Es ist aber auch möglich, dass sie sich gefühlsmäßig wirklich schon so weit von ihm abgewandt hat, dass sie ihn nur noch schockieren wollte.

ufgabe 63 Das gemeinsame Fernsehen am Abend hat für beide anfangs Gemeinsamkeit und Entspannung bedeutet. Doch im Laufe der Zeit ist daraus eine Art Ritual geworden, das regelmäßig stattfindet und ihre gemeinsame Zeit vollständig ausfüllt. Diese Gewohnheit macht nicht nur ein gemeinsames Gespräch unmöglich, sie schränkt auch ihre Fähigkeit ein, sich mit der eigenen Realität auseinanderzusetzen: So muss sich Willy ja mit Mühe vom Fernsehapparat losreißen, um zu begreifen, dass Maria-Lisas Äußerungen sich auf seine „richtige" Wirklichkeit beziehen, und am Schluss sieht es so aus, als würden mithilfe des Fernsehrituals die aufgekommenen Probleme wieder zugedeckt. In gewisser

Hinsicht scheint es weder Willy noch seiner Frau zu gelingen, die Wirklichkeit des Fernsehauftritts von Maria-Lisa mit der Wirklichkeit ihres eigenen Lebens zu verbinden. Nur so ist zu erklären, dass sie weiterhin fernsehen, nachdem sie dort so Verstörendes über ihre Beziehung gehört haben.

Aufgabe 64 Wenn man sich das Bild vor Augen führt, das hier entworfen wird – der Filialleiter, nur mit Unterwäsche bekleidet, minutenlang unbeweglich im roten „Plastikeimerchen" stehend –, wird man kaum anders können, als über Willy zu lachen. Zu unpassend sind sein Anblick und sein Verhalten angesichts der ernsten Situation, in der ja gerade durch Maria-Lisas Worte seine bisherigen Vorstellungen zerstört worden sind.
Durch die Darstellungsweise des Textes wird Willy hier in ein ironisches Licht getaucht: Er, der die ganze Zeit nichts von dem bemerkt hat, was in seiner Beziehung zu Maria-Lisa falsch läuft, wird in dem Moment, als er zu einer gewissen Erkenntnis darüber zu gelangen scheint, zur lächerlichen Figur gemacht.
Die Ausdrucksweise „ein totes Paar Füße [...]" kann als Metapher verstanden werden, wobei „tot" nicht nur auf die Ermüdung durch die Arbeit zu beziehen ist. Denn wenn man das Zitat etwas verkürzt als „ein totes Paar" liest, ist dies zugleich eine Anspielung auf die erloschene Beziehung zwischen den beiden.

Aufgabe 65 Der Lösungsvorschlag soll hier keine festen Vorgaben machen, weil sehr unterschiedliche Gestaltungsmöglichkeiten vorstellbar sind. Die Lösung muss allerdings die Situation und auch die gedankliche und gefühlsmäßige Verfassung Willys zu diesem Zeitpunkt der Handlung als Voraussetzungen berücksichtigen.

- Willy ist schockiert durch die Äußerungen seiner Frau.
- Er ist gerade dabei, sich das Ausmaß der Bedeutung ihrer Worte im Hinblick auf ihre Beziehung vor Augen zu führen.
- Er begreift auch, dass der öffentliche Rahmen, in dem seine Frau sich über ihn geäußert hat, alles schwerer und beleidigender für ihn macht.
- Er beginnt zu verstehen, dass seine bisherigen Vorstellungen vom Leben mit Maria-Lisa zerstört worden sind – und das fällt ihm schwer.
- Auf der anderen Seite stehen da immer noch die Annehmlichkeiten der Situation:
  - das gewohnte warme Bad, das entspannend wirkt,
  - die Gewohnheit, sich von seiner Frau bedienen zu lassen, über die sie sich keine kritischen Gedanken zu machen scheint (Wasser nachgießen, Handtuch reichen, Z. 43 ff. und 59).

Die Lösung sollte diese Umstände aufgreifen und bei der Darstellung von Willys Gedanken ausgestalten. Gerade die Gegensätzlichkeit der Empfindungen, die Willy in dieser Situation durchmacht, lässt ihn hier zögern: Er weiß noch nicht, wie diese Eindrücke verarbeitet werden können und wie er reagieren muss.

ufgabe 66 Thomas Hürlimann wirft in seiner Kurzgeschichte einen Blick auf die Beziehung eines Ehepaars, das sich entfremdet hat. Im ständig gleichen Ablauf des Alltags ist die Beziehung abgestorben, ohne dass einer der Partner in der Lage gewesen wäre, das in einem gemeinsamen Gespräch zur Sprache zu bringen. Die Kurzgeschichte setzt mit ihrer Handlung zu einem Zeitpunkt ein, zu dem nur noch durch den „ungeheuerlichen" Schritt der Frau, im Fernsehen über ihre Ehe zu sprechen, die Störung ihrer Beziehung zur Sprache gebracht werden konnte. Es gelingt ihr zwar, ein Schockerlebnis bei ihrem Mann auszulösen und ihn zum Nachdenken zu bringen, doch bringt das beide Eheleute nicht weiter. Am Ende setzen sie lediglich das Verhalten fort, das sie immer schon an den Tag gelegt haben.

ufgabe 67 Die grundsätzliche Personenkonstellation – ein Ehepaar, das schon längere Zeit verheiratet ist – ist in beiden Texten gleich. Gleich ist auch, dass jeweils im Mittelpunkt des Geschehens eine Problemsituation steht, die plötzlich zum Vorschein kommt und auf die die Personen reagieren müssen. Um die Handlung auf die plötzliche Problemsituation zu konzentrieren, wird für beide Texte die Form der Kurzgeschichte gewählt, auch wenn bei Borchert die erzählte Zeit durch die Schilderung der Szene am folgenden Abend ein wenig verlängert ist.

ufgabe 68 Beiden Kurzgeschichten liegt eine ähnliche Problemsituation in der jeweiligen Beziehung der Eheleute zueinander zugrunde:
Bei Borchert entdeckt die Ehefrau das heimliche Brotessen ihres Mannes und empfindet das und auch sein anschließendes Lügen als Störung des gegenseitigen Vertrauens, das sie als Basis ihrer langjährigen Ehe vorausgesetzt hatte.
Ähnlich schockartig wird der Filialleiter in Hürlimanns Kurzgeschichte von dem öffentlichen Bekenntnis seiner Frau überrascht, das seine Vorstellungen über ihre Beziehung und ihr Leben zerstört.
Doch hier liegen auch gleich die Unterschiede in den Reaktionen der Personen auf die Krisensituation. Diese unterschiedlichen Reaktionen ermöglichen Schlussfolgerungen hinsichtlich der jeweiligen Art ihrer Beziehung.

Bei Borchert bedeutet die Notsituation der Nachkriegszeit eine besondere Belastung für beide Eheleute; es gibt aber noch Gespräche zwischen den Ehepartnern – auch wenn der Mann bei der Entdeckung seines heimlichen Verhaltens mehrfach lügt – und das ist ja auch am Ende der Erzählung entscheidend für die Lösung. Bei Hürlimann hingegen findet keinerlei Kommunikation statt und es wird deutlich, dass die beiden Ehepartner schon lange kein echtes Gespräch mehr geführt haben und wohl auch nicht mehr führen werden.
Sehr deutlich unterscheiden sich auch die jeweiligen Frauenrollen. Die Frau bei Borchert versucht eine Störung der Beziehung zu vermeiden und bemüht sich aktiv um eine Lösung, während in der Kurzgeschichte von Hürlimann die Frau zu keinem Gespräch mit ihrem Mann findet. Sie wählt den Weg, ihn zu schockieren, was aber schließlich auch zu keiner Form von Gemeinsamkeit führt.
Die Männerrollen in den Erzählungen sind nicht ganz so gegensätzlich. In *Das Brot* erkennt der Mann, wie sein Verhalten auf seine Frau gewirkt hat, und er bemerkt ihren Versuch, seinen Fehler auszugleichen. Auch dem Filialleiter wird plötzlich klar, dass die bisherige Form ihres Zusammenlebens zerstört ist, und er beginnt sich nach dem Grund dafür zu fragen. Doch er kommt nicht weiter, erhält auch keine Hilfe von seiner Frau und versäumt es, sich direkt an sie zu wenden.
Hürlimanns Text bietet keinen Ausweg aus dem ehelichen Dilemma. Borcherts Text hingegen macht die Schwierigkeiten beider Ehepartner deutlich, doch er deutet auch die Möglichkeit einer Wendung zum Besseren an.
Borcherts Text gibt Hoffnung. Hürlimann zeigt die Leere zwischen zwei Menschen auf, die im Alltag abgestumpft sind und sich nichts mehr zu sagen haben, und er deutet durch seine ironische Darstellungsweise Kritik an einer solchen Existenz an.

Aufgabe 69 Auf Anhieb fällt auf, dass in diesem Gedicht die Klänge der Wörter eine wichtige Rolle spielen. Das hängt offenbar damit zusammen, dass auch inhaltlich die Beschreibung von Flötenklängen im Mittelpunkt steht. Eine genauere Betrachtung des Inhalts zeigt:

- Ein Sprecher redet jemanden an (Imperative in Vers 1 und 4) und fordert ihn zum aufmerksamen Zuhören auf.
- Es geht um die Wahrnehmung von Klängen (der Flöte und des Brunnens), die in Vers 3 noch näher beschrieben werden.
- Wer die Personen sind und wo die Szene spielt, ist offenbar unwichtig, nur die akustischen Wahrnehmungen stehen im Vordergrund.

ufgabe 70 a) Die Klangwirkungen entstehen vor allem durch die Anzahl langer ö- und ü-Laute (in *Hör, Flöte, kühlen, Töne*), aber auch durch die wiederholt verwendeten langen ie- und au-Doppellaute *(wieder, rauschen, lauschen)*.

b) Mit Akzenten versehen sieht der Text so aus:

Hő́r, es klágt die Flṓte wíeder,
Únd die kǘhlen Brúnnen ráuschen,
Gólden wéhn die Tṓne níeder –
Stílle, stílle, láß uns láuschen!

Betonte und unbetonte Silben alternieren (wechseln sich gleichmäßig ab). Pro Vers finden sich vier Hebungen (betonte Silben). Die Verse reimen sich im Kreuzreim.

c) Wichtig ist, dass die langen Vokale mit den Hebungen zusammenfallen. Die Klangwirkungen entstehen also auf zweifache Weise: durch die Länge und durch die Betonung der Vokale.
Zusätzlich prägen sich die Klänge noch dadurch ein, dass sie durch den Kreuzreim wiederholt werden.
Und noch etwas kommt hinzu: Da betonte und unbetonte Silben ganz regelmäßig aufeinander folgen, entsteht ein ruhiger, gleichmäßiger Rhythmus, der den Eindruck eines Liedes entstehen lässt. Dies wird durch die unterschiedlichen langen Vokale verstärkt, die den Klangeindruck einer Melodie hervorrufen. Es ist also im Gedicht nicht nur von einer Flötenmelodie die Rede, sondern man glaubt sie fast auch zu hören.

d) Auffällig ist im dritten Vers, dass die Töne nicht einfach genannt werden. Vielmehr werden bildhafte Formulierungen verwendet, die die Klänge als Farben *(golden)* und als Bewegungen *(wehn nieder)* beschreiben und sie dadurch besonders eindringlich machen.

ufgabe 71 Das Gedicht beschränkt sich auf eine ganz knappe, sachliche Sprache: Dauer und Intensität der Beziehung werden bezeichnet (Vers 1 f.) und dann wird mitgeteilt, dass die Liebe plötzlich vorbei ist. Das Gedicht sagt nichts darüber, wer die handelnden Personen sind: kein Name, kein Alter, kein Beruf, nichts über Wohnort und soziale Stellung wird erzählt; diese Informationen, die in einem erzählenden Text vermutlich vorkommen würden und wichtig sein könnten, sind hier ausgeblendet.

ufgabe 72

- Zunächst wird die Dauer der Liebesbeziehung mitgeteilt (Vers 1).
- Die Art der Beziehung wird dann genauer beschrieben, sie wird allerdings – wenn du die Wortwahl bedenkst – mit „sie kannten sich gut“ (Vers 2) sehr

zurückhaltend bezeichnet. Nach der Wortwahl in diesem Vers zu urteilen, ist von einer Liebesbeziehung gar nicht die Rede. Vielleicht handelt es sich bei der Formulierung aber auch um ein bewusstes Understatement, das auf den gezielt nüchternen Ton des Gedichts zurückzuführen ist.

- Von Liebe spricht erst der dritte Vers, aber schon im Zusammenhang mit deren Ende; dabei fällt die Wortwahl auf, die dieses Ende kennzeichnet: „kam abhanden" deutet darauf hin, dass etwas „irgendwie" verschwunden ist, meist, weil man nicht genügend darauf geachtet hat.
- Im letzten Vers zeigt das „wie" einen Vergleich an, der das Ende dieser Beziehung weiter beschreibt. Der Vergleich der Liebe mit Stock oder Hut anderer Leute beschreibt – und wertet – die Art, wie „sie" mit ihrer Liebe umgegangen sind: Sie haben sie nachlässig, wie eine unwichtige Sache behandelt; deshalb ist sie verschwunden, ohne dass sie wissen, warum – damit ist auch schon ein Grund dafür genannt, dass es zum Ende gekommen ist.

Aufgabe 73

- Das Gedicht will keine individuelle Liebesgeschichte schildern, die Personen sind nur als „sie" bezeichnet und daher austauschbar.
- Nicht der spezielle Einzelfall interessiert somit, sondern ein typisch menschliches Verhalten, das der Autor kritisiert und vor dem er warnen will, weil es statt Gemeinschaft Fremdheit erzeugt.
- Am knapp dargestellten Beispiel wird im Gedicht somit etwas Charakteristisches deutlich, das über den Einzelfall hinausreicht und den Leser zum kritischen Nachdenken über sich selbst anregen will.

Zusammengefasst formuliert könnten die Ergebnisse aus den Aufgaben 71–73 beispielsweise so dargestellt werden:

Formulierungsvorschlag:

Darstellung der Beziehung und ihre Wertung durch sprachliche Mittel

Die Verse stellen das Ende einer langjährigen Beziehung zwischen zwei Menschen dar. Die Personen werden gar nicht beschrieben, sondern mit dem Pronomen „sie" eingeführt. Die einzige Information, die gegeben wird, ist die bisherige Dauer der Beziehung (Vers 1). Zwar wird das Verhältnis der Personen zueinander in Vers 3 als „Liebe" bezeichnet, doch zuvor gewinnt man durch die verwendete Sprache nicht den Eindruck einer wirklich engen Beziehung, denn in Vers 2 wird das Verhältnis lediglich mit der eher oberflächlich klingenden Redewendung „sie kannten sich gut" gekennzeichnet. Allerdings könnte diese Formulierung aufgrund des betont nüchternen Tons, der

im Gedicht angeschlagen wird, auch als bewusstes Understatement aufgefasst werden. Die Beschreibung des Endes in den Versen 3 und 4 macht das Verhältnis der beiden Personen deutlicher: Der Verlust der Liebe wird mit „kam abhanden" bezeichnet und zusätzlich durch den Vergleich mit Alltagsgegenständen – „Wie [...] ein Stock oder Hut" – veranschaulicht. Durch die Darstellungsweise wird deutlich gemacht, dass die beiden ihre Beziehung zu wenig gepflegt haben, sodass ihnen die Liebe schließlich unbemerkt abhanden kommen konnte.
Am Ende stehen beide ratlos da und können nicht begreifen, was eigentlich passiert ist. (Diese Fassungslosigkeit sowie die Unfähigkeit, die Beziehung durch einen entscheidenden Schritt zu retten, wird im weiteren Verlauf des Gedichts beschrieben.)

verallgemeinerbare Bedeutung

Da die Verse keine speziellen, individuellen Personen beschreiben, kann das Geschehen verallgemeinernd auf andere übertragen werden, sodass es auf typisches Verhalten von Menschen hinweist. Der Verfasser des Gedichts kritisiert so die Gleichgültigkeit von Menschen, die schließlich zur Zerstörung einer engen Beziehung führt, und will damit zum Nachdenken anregen.

ufgabe 74

In ganz wenigen Einzelheiten wird die Situation bezeichnet: Weber an ihrem Arbeitsplatz.

- Die Weber werden nur mit „sie" benannt, man erfährt nichts über Namen, Anzahl, Kleidung, Raum, Einrichtung, Ort und Zeit.
- Nur drei äußere Merkmale werden hervorgehoben: düstere Augen, tränenlos, Fletschen der Zähne.
  Dadurch entsteht ein bestimmter Eindruck: Die Weber wirken bedrohlich, durch das Zähnefletschen aggressiv (ein Ausdruck, der im Allgemeinen mit Hunden in Verbindung gebracht wird) und gefühllos bzw. abgestumpft, worauf der Ausdruck „keine Träne" hindeutet. Nur auf diesen speziellen Eindruck will das Gedicht hinaus, sonst wird nichts von den Personen dargestellt.

Auffällig viel Raum (Verse 3 bis 5) nehmen die Aussagen zur Tätigkeit der Weber ein:

- Sie weben ein Leichentuch.
- Vers 3 zufolge handelt es sich dabei um ein Leichentuch für ihr eigenes Land, Deutschland, das hier zugleich angeredet wird.
- Die Aussagen werden wiederholt und dadurch hervorgehoben.

Dabei wird klar, dass das Gedicht nicht von einer konkreten Tätigkeit spricht, sondern dass das Weben bildhaft (metaphorisch) gemeint ist: Es bezeichnet ein Handeln, das auf die Zerstörung des Landes hinauswill, politisch gesprochen auf Revolution gegen die staatliche Obrigkeit. Dazu passt dann auch das anfängliche düster-aggressive Bild der äußeren Erscheinung der Weber.
Auch im folgenden Vers 4 erhält „Weben" die metaphorische Bedeutung von Aggressivität und Zerstörung. Durch die Wiederholung in Vers 3 und 4 ist das Wort „weben" schon betont, der Schlussvers bestärkt dies noch. Hier werden spezielle sprachliche Mittel verwendet:

- Die **Wiederholung** hebt das Wort „weben" hervor.
- „Weben" erscheint immer in Verbindung mit „wir", ist somit durch den gleichen Anfangsbuchstaben mit diesem Wort verbunden (**Alliteration**) und hebt das Tun der Weber hervor.
- In den ersten vier Versen des Textes sind jeweils vier Silben betont. Hier sind die betonten Silben mit einem Akzent gekennzeichnet:

  Im dǘstern Áuge kéine Trǟne,
  Sie sítzen am Wébstuhl und flétschen die Zǟhne:
  Déutschland, wir wében dein Léichentúch,
  Wir wében hinéin den dréifachen Flúch –

  Der letzte Vers hat dagegen nur zwei Betonungen: Wir wében und wében!

  Der Rhythmus verlangsamt sich, nur das schon vorher wiederholte gleiche Wort wird betont, um ihm noch mehr Gewicht zu verleihen. Dieser letzte Vers wird damit zum metaphorischen Drohsignal, in dem die Aggression der Weber gegen ihren Staat stark zum Ausdruck kommt. Konzentriert auf diesen Eindruck hinzuarbeiten ist somit die Darstellungsabsicht der ersten Strophe.

Zusammengefasst könnten die bisherigen Ergebnisse so formuliert werden:

Formulierungsvorschlag:

Darstellung und Erläuterung des Erscheinungsbildes der Weber

Das Gedicht *Die schlesischen Weber* von Heinrich Heine zeigt in der ersten Strophe knapp eine Situation: Weber sitzen am Webstuhl. Sie werden nicht als Einzelpersonen beschrieben, sondern nur in ihrer Gesamtheit als Weber bezeichnet. Mit ganz wenigen äußeren Merkmalen ist ihr Aussehen dargestellt: Sie sitzen mit düsteren, tränenlosen Augen zähnefletschend am Webstuhl (Verse 1 f.). Weitere Informationen, besonders auch über ihre Gefühle, werden nicht gegeben. Insbesondere durch das Zähnefletschen, das an gefährliche Hunde erinnert, machen die Weber einen aggressiven Eindruck und erscheinen gefühllos, was aus den tränenlosen Augen gefolgert werden kann.

sprachliche Hervorhebung der Tätigkeit

Angesichts dieser knappen Darstellung zum Bild der Personen fällt besonders auf, dass ihre Tätigkeit, das Weben, wiederholt und gewissermaßen insistierend (in seiner Bedeutung betont) genannt wird (Verse 3 bis 5). Das Weben tritt sprachlich durch die mehrfache Verbindung mit „wir“ hervor. Diese Alliteration betont beide Worte. Vor allem der letzte Vers fällt auf, der nur das Wort „Weben“ wiederholt und dadurch nur zwei Hebungen besitzt. Da die anderen Verse jeweils vier Betonungen besitzen, erscheint im letzten Vers der Rhythmus des Textes abgebremst und die Worte „weben und weben“ wirken dadurch besonders eindringlich.

metaphorische Bedeutung

Bei genauer inhaltlicher Betrachtung wird schnell deutlich, dass mit Weben nicht einfach die handwerkliche Tätigkeit gemeint ist. Wenn in den Versen 3 und 4 davon die Rede ist, dass ein Leichentuch für Deutschland gewebt wird, wird klar, dass hier metaphorisch gesprochen wird. Weben bedeutet dann, dass die Weber ihrem eigenen Land den Tod androhen, also zu revolutionärem Umsturz bereit sind, um die politische Situation des Landes zu verändern. Dazu passt auch die Darstellung ihres aggressiven Erscheinungsbildes, das zu Anfang des Textes aufgefallen ist.

Gesamtbild

Die Weber werden somit als aggressive, revolutionsbereite Gruppe von Menschen dargestellt, die mit ihrem Land unzufrieden sind und Veränderungen erreichen wollen.

ufgabe 75 Dass mit dem Wort „wir“ die Menschen insgesamt gemeint sind, lässt sich aus den Versen 1 und 2 folgern, denn das noch unbestimmte „wir“ wird durch die menschliche Aufgabe der Verwaltung, die auf die ganze Erde bezogen ist, definiert. Die Vorstellung von der Aufgabe der Menschen als Verwalter spielt auf christliche Motive an, wie sie in der Erzählung vom Paradies (Genesis 1) vorhanden sind: Dort wird die Erde den Menschen von Gott zur Bewahrung und zum Schutz anvertraut. Diese Aufgabe erfüllt der Mensch jedoch nur unvollkommen, da er die Erde weniger bewahrt als vielmehr verwandelt – wie, wird im folgenden Vers näher beschrieben.

Aufgabe 76 „Gärten" sind nicht nur Bodenflächen, auf denen Gras, Blumen oder Gemüse wachsen, sondern es sind Orte, wo sich der Mensch um die Erde kümmert und von ihr Freude und Nutzen zurückerhält. „Scheiterhaufen" sind nicht nur lodernde Feuer, sondern sie stehen in Verbindung mit Schrecken, Verfolgung und Tod.

Durch diese Worte werden also zwei gegensätzliche Arten des Umgangs mit der Erde bezeichnet: Menschen pflegen die Erde und nutzen sie, aber sie verbreiten auf ihr auch Zerstörung und Tod. „Wörter" steht zwischen diesen Gegensätzen und verweist auf eine eher „neutrale" Haltung, etwa auf die Möglichkeit, über die Verhältnisse auf der Erde zu reden, sie zu beschreiben und zu diskutieren.

Aufgabe 77 Die Bezeichnungen „Blumenworte" und „Kriegsgestammel" enthalten gegensätzliche Konnotationen: „Blumenworte" erzeugt die Vorstellung von einer schönen, angenehmen Mitteilung, „Kriegsgestammel" vermittelt den Eindruck von einer Schrecken verbreitenden Äußerung. Diese Gegensätzlichkeit von Freude und Gefahr ist mit dem vorhergehenden Wort „Doppelspiel" gemeint.

Der Begriff „Doppelspiel" verweist zurück auf „Gärten" und „Scheiterhaufen", die vorher ja schon dazu gedient haben, die Doppelwertigkeit menschlichen Verhaltens auf der Erde metaphorisch zu kennzeichnen, und er greift zudem den Titel des Gedichts auf.

Das Gedicht stellt somit menschliches Verhalten dar; es schildert und wertet es, indem es Signalworte setzt, die aufgrund ihrer Konnotationen anschauliche Vorstellungen von unterschiedlichen Haltungen hervorrufen. Das Gedicht endet, indem es diese Vorstellungen nebeneinander stehen lässt. Es gibt weder Erklärungen für unseren Umgang mit der Erde noch Lösungen zu der daraus entstehenden Problematik, sondern es will durch seine Metaphern Gegensätze anschaulich machen und den Leser damit anregen, nachzudenken, mitzuempfinden und sich verantwortlich zu fühlen.

Aufgabe 78 Der Verfasser des vorliegenden Gedichts ist Theodor Storm. Er wurde 1817 in *Husum* in Schleswig-Holstein geboren. Wie sein Vater ergriff er zunächst den Beruf eines *Rechtsanwalts*, später war er in seiner Heimatstadt als *Amts-*

gerichtsrat tätig. Zeitweilig musste er wegen der politischen und militärischen Auseinandersetzungen zwischen Schleswig-Holstein und Dänemark seine Heimat verlassen. Er starb *1888* in *Hademarschen*.
Storm schrieb viele Gedichte und Erzählungen, zum Beispiel die bekannte Erzählung *Der Schimmelreiter*. In vielen seiner Werke spielen die Atmosphäre und die Menschen seiner norddeutschen Heimat eine wichtige Rolle.
Das vorliegende Gedicht *Die Stadt* ist um 1850 entstanden.

ufgabe 79 Storm beschreibt hier eine Stadt, die vermutlich seine Heimatstadt Husum ist. Auffällig ist dabei, dass er die Stadt keineswegs nur positiv beschreibt, sondern mit vielen negativ wirkenden Aussagen beginnt.

ufgabe 80 Das Gedicht besteht aus drei Strophen mit je fünf Versen. In den einzelnen Versen folgen betonte und unbetonte Silben im Allgemeinen regelmäßig aufeinander, das Versmaß ist ein drei- bzw. vierhebiger Trochäus, dem ein Auftakt, das heißt eine kurze und inhaltlich meist weniger bedeutsame Silbe, vorausgeht. Die Verse 1, 3 und 4 jeder Strophe sind vierhebig und die Verse 2 und 5 sind dreihebig. Es wurden nur wenige Reime verwendet: So reimen sich jeweils die Verse 1, 3 und 4 sowie die Verse 2 und 5 jeder Strophe (abaab), sodass eine dem Kreuzreim ähnliche Reimform mit einem zusätzlichen Paarreim im Innern der Strophe erkennbar ist. Die zweite Verszeile des Paarreims und damit jeweils der vorletzte Vers jeder Strophe zögert gewissermaßen den Abschluss der Strophe noch heraus. So erhält die letzte Zeile, nachdem zuvor eine gewisse Spannung aufgebaut wurde, zusätzliches Gewicht.

ufgabe 81 Vom Inhalt her ist das Gedicht in zwei Teile zu gliedern: Im ersten Teil (Strophen 1 und 2) beschreibt der Sprecher Eindrücke über die einsame Lage und die triste Atmosphäre der Stadt, die eher als negativ anzusehen sind. Der Beginn des zweiten Teils in Strophe 3 ist durch das Wort „Doch" als Gegensatz markiert: Hier beschreibt der Sprecher positive Gefühle, die er gegenüber der Stadt hat.

ufgabe 82 Auffällig ist in Vers 1 die zweifache Nennung des Adjektivs „grau". Da „grau" mit der Konnotation von Eintönigkeit und Langeweile verbunden ist, passt auch das als eintönig bezeichnete Meeresrauschen zu dieser tristen und bedrückenden Atmosphäre.
Durch die Versform werden diese Eindrücke hervorgehoben. Das Wort „grau" erhält jeweils eine Betonung und wird so als Schlüsselwort deutlich markiert.

Auch der Nebel, der auf der Stadt liegt, passt in seinem Farbwert zu dem Grau der Stadt, sodass der anfängliche Eindruck vertieft wird. Dass er zugleich noch „schwer drückt", löst weitere negative Eindrücke von Enge und sogar Bedrohung aus.
Auch durch Geräusche wird die Stadt gekennzeichnet. Das Brausen des Meeres wird als einziges Geräusch im Text benannt. Es ist schon deshalb „eintönig" und in Vers 5 auch ausdrücklich so bezeichnet. Dieses Wort ist besonders auffällig und bedeutsam, weil es das bisher durchgehende Versmaß stört. Denn eigentlich muss „eintönig" auf der ersten Silbe betont werden, sodass der Leser hier automatisch stockt und das Wort stärker beachtet. Der negative Eindruck durch die Geräusche verbindet sich mit dem, der durch die Farbwerte hergestellt wurde.
Auch die Aussage über die geografische Lage („seitab", Z. 2) unterstreicht die bisherigen Eindrücke, da die Stadt damit als abseits von Leben und Lebensfreude liegend charakterisiert ist.

Aufgabe 83 Auffällig sind die mehrfachen negativen Aussagen: Es werden Pflanzen und Tiere bezeichnet, die in der Stadt gerade *nicht* vorhanden sind.
Eigentlich sind Begriffe wie „Wald", „Mai" und „Vogel" ja positiv konnotiert und rufen angenehme Vorstellungen von einer gefälligen Umgebung hervor, doch das wiederholte „kein" macht gerade das Fehlen dieser Elemente einer lieblichen Natur deutlich. Selbst die „Wandergans" fliegt an der Stadt „vorbei", die somit wiederum als eintönig und einsam gekennzeichnet wird. Die Wandergans ist durch ihre Laute („hartem Schrei") nicht gerade als angenehm beschrieben. Dass selbst solch ein Tier nur an der Stadt vorbeifliegt, verstärkt den öden Eindruck, den das Gedicht von ihr vermittelt. Was an Natur vorhanden ist, ist einzig das Strandgras.
Dieser Eindruck wird durch das Versmaß verstärkt. Die gleichmäßige Abfolge der Trochäen (nur in Vers 7 wird leicht davon abgewichen) erzeugt einen gleichförmigen Rhythmus, der zur Atmosphäre der Stadt passt.
Die bisherige Darstellung der negativen Atmosphäre der Stadt wird also fortgesetzt.

Aufgabe 84

- Schon das „Doch" zu Beginn der dritten Strophe signalisiert einen Gegensatz zum Vorherigen.
- Viele Begriffe mit positiver Konnotation wie „Herz", „Jugend", „Zauber", „lächelnd" werden verwendet.
- Der Sprecher spricht die Stadt mit „du" an (Vers 12) und wiederholt die Anrede (Vers 14), er personifiziert sie also.

Die völlig andere Sicht der Stadt kommt dadurch zustande, dass der Sprecher sie nun aus der Perspektive der Erinnerung an seine Jugend betrachtet und dass damit eine gefühlsmäßige Bindung ins Spiel kommt.

Formulierungsvorschlag:

Schon der Beginn der dritten Strophe macht mit der einen Gegensatz anzeigenden Konjunktion „Doch" klar, dass der Sprecher die Stadt nun mit anderen Augen betrachtet, nämlich mit dem Blick der Erinnerung. Damit taucht die Vorstellung von seiner Jugend auf, die er in der Stadt verbracht hat und an die er gern zurückdenkt. Durch das Wort „Zauber" wird die Schönheit der Erinnerung an die Jugend besonders hervorgehoben. Damit wird eine gefühlsmäßige Bindung an die Stadt sichtbar, die er mit dem Wort „Herz" meint und die trotz allem, was er vorher beschrieben hat, für sein Verhältnis zu der Stadt entscheidend ist. Die Personifizierung in der Anrede, die zweimal wiederholt wird („du [...] du", Verse 12 und 15; „dir [...] dir", Vers 14), macht die gefühlsmäßige Bindung deutlich. Dass die Stadt von außen gesehen weiterhin grau bleibt, spielt für den Sprecher keine Rolle. Die scheinbar nur graue Stadt ist die Stadt seiner Jugend und das ist für ihn entscheidend.

Gegensatz zum bis dahin beschriebenen Bild der Stadt

Hervorhebung der gefühlsmäßigen Bindung als neuer Haltung gegenüber der Stadt

ufgabe 85 Das Gedicht beschreibt die Stadt in völlig gegensätzlicher Weise. Dem negativen Bild von der öden, eintönigen Stadt der ersten beiden Strophen wird in der dritten ein positives Bild gegenübergestellt: Das liegt daran, dass sie für den Sprecher der Ort seiner Kindheit ist. Allein durch diese Erinnerung wird sie für ihn schön. Das Gedicht macht somit deutlich, dass für den Sprecher die gefühlsmäßige Bindung an die Heimatstadt wichtiger ist als Eindrücke, die nur durch äußerliche Ansichten und Gegebenheiten entstehen.

ufgabe 86 Wenn man die Biografie Storms und die politische Situation zur Entstehungszeit des Gedichts einbezieht, kann man die Aussageabsicht noch genauer bestimmen. Als Storm das Gedicht um 1850 schrieb, hatte sich der politische Konflikt um Schleswig-Holstein weiter zugespitzt. Die Dänen hatten eine Schlacht gewonnen und Storms Heimatstadt Husum war von dänischer Eroberung bedroht – die ja auch zwei Jahre später erfolgte.

Die drohende Gefahr der Eroberung bildete für den Dichter sicher den aktuellen Anlass, ein Gedicht zu schreiben, in dem er seine Liebe zur Heimatstadt so deutlich ausdrückt und festhält.

Aufgabe 87 *Strophe 1:* Durch Worte wie „nah“, „dicht“, „drängend“, „Gewürgte“ (Konnotation von Gefahr/Tod) entsteht ein Eindruck von bedrohlicher Enge und fehlendem Lebensraum.
Strophe 2: Die Worte „Ineinander dicht“, „Fassaden/Leute“ („Fassade“ lässt an eine Sache denken, wird hier jedoch mit Menschen in Verbindung gebracht) und „Blicke eng ausladen“ zeigen, dass der Eindruck von Enge auch für das menschliche Leben gilt. Außerdem zeigt sich die Unpersönlichkeit der Beziehungen zwischen den Menschen, die sich andererseits – wenn auch auf mehr oder weniger triebhaft-tierische Weise – nach Kontakt sehnen („Begierde“).
Strophen 3 und 4: Die Aussagen und Worte „Dass ein jeder teilnimmt, wenn ich weine“, „abgeschlossner Höhle“, „fern“ und „alleine“ machen deutlich, dass die Entfaltung eines privaten Lebensraums aufgrund der Enge des städtischen Lebens nicht möglich ist. Jeder bekommt mit, was der andere tut, denkt und fühlt, dennoch ergeben sich keine zwischenmenschlichen Beziehungen, es herrscht Isolation.

Formulierungsvorschlag:

Darstellung des Stadtbildes und seiner Wirkungen

Die Stadt, die der Autor Wolfenstein darstellt, ist offensichtlich eine Großstadt. Dicht stehende Häuserreihen werden erkennbar und Straßen, in denen auch Straßenbahnen fahren. Durch die Personifikation der Häuser und Straßen (Verse 2 bis 4), den Vergleich in Vers 1 und durch weitere Hinweise (Verse 1 und 3: „Löcher eines Siebes“; „so dicht“) wird der Eindruck einer Enge erzeugt, in der sogar die Straßen zu wenig Raum haben. Zusätzlich erhält diese Enge dadurch eine bedrohliche Wirkung, dass sie mit Worten beschrieben wird, die an Gefahr und Tod denken lassen (Vers 4).

Einbeziehung der Darstellung menschlicher Beziehungen

Dieser Eindruck von fehlendem Lebensraum wird auch in Bezug auf die Menschen deutlich. Das Gedicht stellt sie in einer typischen Großstadtsituation dar, in der sie dicht gedrängt in einer Straßenbahn sitzen. Trotz der räumlichen Nähe der Menschen in Straßenbahnen und Häusern herrscht Unpersönlichkeit im Verhältnis zueinander. Der Text hebt diesen Eindruck zum Beispiel dadurch hervor, dass er die

Menschen als „Fassaden“ beschreibt und sie damit als Sachen bzw. als Objekte behandelt.

Aufgabe 88 **Ähnlichkeiten:** Negative Atmosphäre, Öde, Einsamkeit der Stadt bei Storm (Strophen 1 und 2) ähneln der Einsamkeit der Menschen in der Großstadt im Gedicht von Wolfenstein. Der Betrieb in der Großstadtenge wird genauso negativ gesehen wie die Öde der Stadt bei Storm.

Gegensätze: In Storms Gedicht herrscht Einsamkeit; dagegen steht die Betriebsamkeit des Großstadtlebens bei Wolfenstein. Noch wesentlicher ist die Wendung zur positiven Sicht der Stadt bei Storm, während Wolfenstein bei negativen Aussagen über die Menschen im Großstadtbetrieb bleibt.

Formulierungsvorschlag:

fehlende Übereinstimmung

Übereinstimmungen zwischen den Stadtbildern der Texte sind nicht vorhanden, denn Storms Text stellt eine kleine Stadt dar, bei Wolfenstein ist hingegen ein Blick in eine Großstadt beschrieben. Dennoch gibt es Ähnlichkeiten: Bei Storm ist die Stadt öde und einsam, bei Wolfenstein fühlen sich die Menschen trotz des betriebsamen Großstadtlebens allein. In beiden Texten entstehen daher beim Leser zunächst negative Eindrücke über die Stadt.

Ähnlichkeiten zwischen den Gedichten

Gegensätzlichkeiten im Verhältnis Mensch – Stadt

Die Texte gehen jedoch völlig gegensätzlich zu Ende: Bei Storm ändert sich durch die Erinnerung an die Jugend das Bild der Stadt; sie erscheint trotz ihres Äußeren durch die persönliche Beziehung des Sprechers zu ihr positiv.

Bei Wolfenstein bleibt das negative Bild erhalten; im Betrieb des Großstadtlebens können die Menschen nicht einmal persönliche Beziehungen zueinander aufbauen, sie bleiben allein. Gerade die Enge der großstädtischen Lebensverhältnisse ruft diese Unpersönlichkeit hervor.

Aufgabe 89 Die Stadtbilder in den beiden Gedichten von Storm und Wolfenstein stehen also in einem starken Gegensatz zueinander. Zwar ähneln sie sich anfangs in der Atmosphäre der Einsamkeit, doch dann wird bei Storm die Stadt als Ort einer schönen Erinnerung unerwartet in ein positives Licht getaucht, während sich bei Wolfenstein das durch Einsamkeit und das Fehlen menschlicher Beziehungen geprägte negative Bild von der Großstadt noch verschärft.

Aufgabe 90

Einleitung

Der Autor des vorliegenden Gedichts, Conrad Ferdinand Meyer, lebte von 1825 bis 1898 und stammte aus der Schweiz. Das Gedicht mit dem Titel *Zwei Segel* beschreibt, wie sich zwei Segel in aufeinander abgestimmten Bewegungen dem Wind anpassen. Das Gedicht verdeutlicht, dass die Aussagen über die Segel als Metapher dafür verstanden werden können, wie Menschen miteinander umgehen sollten.

Form

Das Gedicht besteht aus drei Strophen mit je vier Versen. Die Verse haben abwechselnd weibliche und männliche Versausgänge und reimen sich im Kreuzreim. Jeder Vers hat zwei Hebungen: Dem Auftakt schließt sich ein Daktylus an; danach folgen noch ein Trochäus (weibliches Versende) oder nur eine betonte Silbe (männliches Versende). Das Schema sieht so aus:

x | x́ x x | x́ x
x | x́ x x | x́

Dieses Metrum wird gleichmäßig durchgehalten. Dadurch entsteht ein ruhiger Rhythmus, der aber nicht eintönig wirkt, weil durch den Daktylus jeweils eine auflockernde Bewegung in der Mitte des Verses entsteht. Vielleicht soll durch den Daktylus in der Versmitte die rhythmische Bewegung der Wellen des Sees angedeutet werden.

Gliederung

Die drei Strophen gehören inhaltlich eng zusammen. Ein Gliederungseinschnitt erfolgt nach der ersten Strophe: Zunächst werden die Segel auf dem Wasser in ihrer gemeinsamen Bewegung insgesamt vorgestellt. Die Strophen zwei und drei greifen den Gesichtspunkt der Bewegung auf und beschreiben in einigen Einzelheiten, wie diese Bewegungen aufeinander abgestimmt sind.

Erläuterungen

Mit wenigen Worten erzeugen die ersten beiden Verse die Vorstellung von einem Boot mit zwei Segeln – oder auch von zwei mit je einem Segel ausgerüsteten Booten – auf dem Wasser. Genaue Angaben zu Ort und Zeit, gar zu dem Boot oder der Situation überhaupt werden nicht gemacht; das Gedicht konzentriert sich nur auf die beiden Segel und lässt den Eindruck entstehen, dass sie sich vom Hintergrund der „tiefblauen Bucht“ aufgrund ihrer Helligkeit abheben. Dieser Kontrast von hellen Segeln und blauem Hintergrund wird durch die Vokale in den Versen 1 und 2 betont, da die hellen *e*-Laute aus Vers 1 sich im folgenden Vers zu dunklen Klängen *(au, u)* verändern.

Die Verse 3 und 4 konzentrieren sich weiter auf die Segel. Diese füllen sich mit Wind und das Boot nimmt Fahrt auf. In dem Wort „schwellend" sind es wie vorher die hellen *e*-Laute, die klanglich in Verbindung mit „Segel" stehen. Diese Verbindung wird durch die Alliteration „Segel sich schwellend" noch betont. Merkwürdig ist, dass die Fahrt des Bootes als „Flucht" vor dem Wind beschrieben ist, doch durch das Adjektiv „ruhiger" bleibt der Eindruck einer langsamen Bewegung erhalten.

Die zweite Strophe beschreibt in den Versen 5 und 6 Bewegungen des einen Segels. Die Alliteration von „wie", „Winden", „wölbt" setzt sich im „Wird" in Vers 7 fort. Der Zusammenhang, den die Alliteration herstellt, veranschaulicht dann die folgende Aussage, dass nämlich das zweite Segel ebenso wie das erste durch den Wind bewegt wird und gleich reagiert.

Die Reimworte verdeutlichen dieses Zusammenspiel der Segel: das Bewegen in den „Winden", wirkt sich auch auf das „Empfinden" des zweiten Segels aus, sodass das, was sich „bewegt", auch das andere „erregt". An dieser Stelle wird deutlich, dass hier nicht nur von Segeln die Rede sein kann, sondern dass die Segel metaphorisch für Menschen stehen, denn der Ausdruck „Empfinden" passt nur zu Lebewesen. Es geht also darum, dass das Gedicht durch die Segelmetapher harmonisch aufeinander abgestimmtes Verhalten von Menschen veranschaulichen will. Die dritte Strophe setzt diese Aussageabsicht fort: „Hasten" (Vers 9) und „Ruhen" (Vers 12) sind Verhaltensweisen, die auch gut zu Menschen passen. Die Segel, die sich bei schneller Bewegung (Verse 9 und 10) und in Ruhe (Verse 11 und 12) einander anpassen, sind auch hier als Metaphern für menschliches Verhalten zu verstehen. Besonders deutlich ist das im letzten Vers, in dem das eine Segel als „Gesell" bezeichnet wird: Dieser Begriff weist klar auf einen Menschen hin. Die Fahrt auf dem Wasser der „Bucht", die zwar aufgrund der knappen Darstellungsweise des Gedichts nicht beschrieben wird, aber als Hintergrund für die Bewegungen der Segel mitgedacht werden muss, verweist so metaphorisch auf den Weg des Menschen durch das Leben.

Zusammenfassung und Aussageabsicht

In der Segelmetapher beschreibt das Gedicht somit menschliches Verhalten. Auf der Fahrt, die ebenfalls metaphorisch zu verstehen ist, handeln – so stellt das Gedicht es in seinen Metaphern vor – beide Menschen gemeinsam. Erlebnisse und Erfahrungen auf diesem Weg werden gemeinsam verarbeitet und es besteht eine harmonische Übereinstimmung im Wünschen und Wollen.

Conrad Ferdinand Meyer veranschaulicht in seinem Gedicht die Vorstellung von einem harmonischen menschlichen Miteinander, das als wünschenswertes Vorbild für menschliches Verhalten überhaupt gelten kann.

Aufgabe 91 *Inhalt und Aufbau:*

- „Liebes Tagebuch“: direkte Ansprache
- „Das war vielleicht ein verrückter Tag!“: Zu Beginn Rückbezug auf die nahe Vergangenheit, d. h. den vergangenen Tag
- „diese nervigen kleinen Anhängsel“, „das hat mir schon gefallen“: Äußerung subjektiver Gedanken und Gefühle
- 1. Absatz: chronologische Schilderung der Erlebnisse des Tages; logisch zusammenhängender Aufbau, Struktur entsprechend dem Ausgangstext
- „Wie der nur drauf kam, mir hinterherzulaufen? Und was wollte der eigentlich?“: Auseinandersetzung mit einem Thema, das die Schreiberin beschäftigt, das sie noch verarbeiten muss
- „... zwischendurch hatte ich schon auch mal ein bisschen Angst.“: große Ehrlichkeit/Offenheit

Sprache:

- „Endlich konnte ich mal ...“: geschrieben aus der Ich-Perspektive (1. Pers. Singular)
- „Ist einfach alles ganz anders ...“, „dass ich ihn küsse und ...“: unvollständige Sätze (wie Gedankenfetzen)
- „mal“, „Ja gut, ...“, „aufs Auge drücken“: Umgangssprache

Aufgabe 92 Mögliche Themen, die der Mann aufgreift:

- Er erzählt vom TV-Auftritt seiner Frau.
- Er berichtet von seinen Gefühlen, als er hörte, was seine Frau sagte (z. B.: Verblüffung, Schock, Traurigkeit, Wut, Enttäuschung).
- Er fragt sich (und die Schwester), warum seine Frau das getan hat; stellt Vermutungen an (z. B.: sie ist aus irgendeinem Grund sauer auf ihn/will sich für etwas rächen; sie hat im Fernsehen gelogen; sie wusste sich nicht anders zu helfen/kann mit ihm direkt nicht reden etc.).
- Er erzählt, wie der Abend weiter verlief: Es gab keine Aussprache (z. B.: sie schwieg, er war zu überwältigt, um etwas zu sagen); der Abend endete wie jeder andere auch vor dem Fernseher.
- Er fragt sich (und die Schwester), was er jetzt machen soll, wie er damit umgehen soll (z. B.: schweigen, seine Frau konfrontieren, es nicht so ernst nehmen etc.).
- Er spricht über die Beziehung zu und die Gefühle für seine Frau (z. B.: er liebt sie immer noch, will die Ehe retten; er sieht die Ehe eigentlich auch als gescheitert an; denkt, es sei das Beste, so weiterzumachen, wie bisher ...).
- Er bittet um Rat/Beistand/Hilfe in dieser Krisensituation.

Aufgabe 93 *Formulierungsvorschlag für eine Fortsetzung des Dialogs:*

MODERATORIN: Wie verhält sich Ihr Mann im Alltag Ihnen gegenüber?

MARIA-LISA *(achselzuckend)*: Eigentlich gar nicht.

MODERATORIN *(irritiert)*: Er verhält sich gar nicht ...? Was meinen Sie damit?

MARIA-LISA: Das soll heißen, dass ich eigentlich auch gar nicht da sein könnte. Ich glaube, es würde ihm erst auffallen, wenn niemand kommt, um ihm sein Bier zu bringen. Für ihn bin ich schon seit Jahren nicht mehr als ein nützliches Möbelstück, glaube ich.

MODERATORIN *(mit gespielter Betroffenheit)*: Das ist ja sehr traurig, dass Sie so empfinden. Haben Sie denn mit Ihrem Mann einmal darüber gesprochen? Vielleicht bedeuten Sie ihm ja doch mehr, als Sie denken!

MARIA-LISA: Ach, das glaube ich nicht. Das Einzige, was für ihn wichtig ist, ist sein Supermarkt! *(Seufzt.)* Wissen Sie, wir reden nicht so offen miteinander. Und ich dachte ja, er bemerkt selbst irgendwann mal etwas – oder hat von sich aus das Bedürfnis, wieder eine liebevollere Beziehung zu führen. Aber ... *(Verstummt.)*

MODERATORIN: Aber nichts ist passiert, vermute ich?

MARIA-LISA *(resigniert)*: Gar nichts.

...

Aufgabe 94 AN*NA: Soso, du bist also in der Welt unterwegs. Wo trottest du denn rum auf dem Globe?

GLOBETROTTER: Im Moment bin ich in Thailand. Aber in ein paar Tagen gehts schon weiter ... Laos ist das nächste Ziel. Und du, auch schon mal in Asien gewesen?

AN*NA: Nee, leider nicht. Sitze hier mitten im deutschen Grau in Grau und langweile vor mich hin ... Aber bei dir geht ja sicher was ab **neidisch guck** Wie lange bist denn schon auf Tour?

GLOBETROTTER: Ach, noch gar nicht mal so lange. Aber um ehrlich zu sein, hätte ich auch schon wieder genug. :-(

AN*NA: Wie jetzt? Warum das denn? Ist doch bestimmt total aufregend so ein Trip ...

GLOBETROTTER: Ja, das dachte ich vorher auch! Was glaubst du, wie ich mich auf die Reise gefreut habe – endlich mal weg aus Deutschland, keine Schule, keine Eltern, es den ganzen Langweilern zeigen, die nur zu Hause an ihrer Playstation rumsitzen ... Hätte echt NIE gedacht, dass ich mir, wenn ich erst mal hier bin, wünschen würde, dass ich selbst daheim in meinem Zimmer sitze und irgendwas Unspektakuläres und Stinklangweiliges mache **seufz**

AN*NA: Du hast also Heimweh? Oder gibts nen anderen Grund dafür, dass du dort keinen Spaß hast?

GLOBETROTTER: Heimweh? Ja, schon irgendwie. Ich fühl mich hier halt so fremd und alleine. Ich versteh kein Wort, egal ob auf der Straße, im Fernsehen oder in der Zeitung. Ich bin wie ein Fremdkörper, der nicht im Geringsten kapiert, was um ihn herum abgeht.

AN*NA: Das wusstest du ja aber vorher, dass du kein Thai sprichst ...?! Aber das ist doch auch nicht so tragisch! Man kann mit den Leuten doch auch anders kommunizieren – mit Händen, Füßen, Lachen, Grimassen usw. So hab ichs im Urlaub auch immer gemacht – sehr zur Freude der Italiener, Polen, Ägypter usw. :-D

Und du kannst dir doch trotzdem das Land anschauen, die Gegenden, die Leute, wie sie so leben, was sie tun ... Waren das nicht die Pläne, die du hattest? Du bist doch nicht verreist, um im Hotel zu sitzen und mit irgendwem in Deutschland über Alltagskram zu quatschen, oder?

GLOBETROTTER: Nein, natürlich nicht. Ich weiß ja selbst nicht, was los ist. Es ist halt alles nicht so, wie ich es mir vorgestellt hatte.

AN*NA: Nämlich wie denn?

GLOBETROTTER: Es fängt damit an, dass es einfach so unerträglich heiß ist. Und dreckig! Du kannst dir gar nicht vorstellen, wie die Absteige aussieht, in der ich übernachte. Vom Geruch ganz zu schweigen ... Und dann das Essen hier **Augen verdreh** Mir ist quasi permanent übel. :-(

Dabei wollte ich doch eigentlich ganz lässig in der Sonne sitzen, Kaffee trinken und mich mit anderen netten Rucksacktouris austauschen. Aber coole Cafés gibts hier nicht, die anderen, die hier rumreisen und die ich bisher getroffen habe, sind alle komisch und die Sonne ist so heiß, dass man es keine 5 Minuten aushält ...

AN*NA: Hui, da kommt ja einiges zusammen.

GLOBETROTTER: Sag ich doch!

AN*NA: **überleg**

GLOBETROTTER: Was gibts denn da so lange zu überlegen?

AN*NA: Na, ob ich dir jetzt den Kopf tätschle oder ihn dir doch lieber wasche ...

GLOBETROTTER: Also ich wäre ja fürs Tätscheln **grins**

AN*NA: Was du nicht sagst **smile** Aber mal ernsthaft: Ich kann dich einerseits schon verstehen. Wenn man aus seiner gewohnten Umgebung weggeht und das erste Mal für lange Zeit so ganz auf sich gestellt ist, das kann einen schon runterziehen. Auch wenn die Situation ein bisschen anders ist: Mir ging es so, als ich von daheim auszog zum Studieren. So ohne Anhaltspunkt in der neuen Stadt und tausend Dinge, für die man ganz allein und selbst verantwortlich ist und entscheiden muss ... Da hab ich mich anfangs auch recht einsam und teilweise überfordert gefühlt. Ich glaube also, dass das gar nicht so „unnormal" ist, was du gerade mitmachst – vor allem weil du ja auch richtig weit weg bist! Aber ich hab auch die Erfahrung gemacht, dass man, wenn man dann die Zähne zusammenbeißt und sich auf das Neue einlässt, auch viel dabei gewinnen und hinterher irgendwann echt stolz auf sich sein kann.

GLOBETROTTER: Das wäre dann wohl das „andererseits"?

AN*NA: Was?

GLOBETROTTER: Na das Reiß-dich-mal-am-Riemen-Junge ...

AN*NA: Ja so in etwa. :-) Ich meine nur, überleg doch mal, wie viele Leute dich wohl beneiden um die Möglichkeit, so in der Welt umherzuziehen! Bei mir war das nach dem Abi leider nicht drin. Ich würd jetzt zu gern mit dir tauschen!

GLOBETROTTER: Sicher? Mir ist eben irgend so ein Rieseninsekt über die Hand gekrabbelt ...

AN*NA: *lol* Na gut, DAS bräuchte ich zugegebenermaßen nicht unbedingt.

GLOBETROTTER: Aber noch mal zu dem, was du eben sagtest: Es bringt mir ja nichts, wenn alle anderen das hier toll finden würden, aber ich selbst mich nur elend dabei fühle.

AN*NA: Das stimmt natürlich. Du musst schon deinen eigenen Weg gehen, da geb ich dir recht. Ich wollte damit nur sagen, dass das gerade eine tolle Chance für dich ist, etwas zu erleben, die nicht unbedingt jeder hat. Und ich denke halt, wenn du wieder ein bisschen einen anderen Blick dafür bekommst, kannst du dich vielleicht auch darauf einlassen. Klar ist es heiß und dreckig und schwierig, aber es ist doch auch spannend, zu sehen, wie die Leute unter diesen Bedingungen leben, dass es vielleicht nicht jeder so gut hat wie wir hier. Und ich bin sicher, du hast auch schon ein paar schöne, lustige oder interessante Sachen gesehen: das Meer, die Tempel, die Märkte, den Straßenverkehr – keine Ahnung, sowas eben ... Meinst du nicht, du kannst dich aufrappeln und wieder mehr das Positive sehen? Ganz ehrlich: Wen juckts, wenn du das Fernsehen nicht verstehst? Da läuft bestimmt eh nur Mist, genau wie hier. ;-)

GLOBETROTTER: Hmmm. Ja, ok, das klingt schon ganz vernünftig, was du da sagst. Ob es halt so klappt, weiß ich nicht. Und ob das was an dem Einsamkeitsgefühl ändert.

AN*NA: Also ich bin ja überzeugt, dass sicher auch ein paar nette, coole Touris wie du da unterwegs sind und du bald auch solche triffst. Aber wir können ja einen Deal machen ...

GLOBETROTTER: Einen Deal? **Stirn runzel** Lass mal hören.

AN*NA: Der Deal ist: Du gibst jetzt mal alles, um deine ursprünglichen Pläne durchzuziehen – UND Spaß dabei zu haben! Und wenn du trotzdem wieder mal am Boden sein solltest, weil alles schiefgeht, dann gehst du dir wieder online und wir chatten ein bisschen oder du schreibst mir ne Mail ... Wäre das was? **lieb guck**

GLOBETROTTER: Wie könnte ich diesem Blick widerstehen **grins** Ja, klingt nicht übel. Danke. Voll nett von dir, dass du dir solche Mühe gibst, mich wieder aufzurichten.

AN*NA: Nichts zu danken. Würde mich ja freuen, wenn ich mal wieder von dir höre und du mir n bisschen was aus der großen weiten Welt berichtest. Will sagen: Du darfst dich natürlich auch gern melden, wenns dir nicht schlecht geht!!

GLOBETROTTER: :-) Alles klar, mach ich, versprochen!

Mit Sachtexten umgehen

ufgabe 95 Einige Beispiele für Sachtexte, die dir einfallen könnten: Wetterbericht, Bedienungsanleitung, (Fernseh-/Radio-/Zeitschriften-) Interview, Info-Notiz am schwarzen Brett, Filmkritik, Änderung im Busfahrplan, Kochrezept etc.

ufgabe 96 **Wer-Frage:** Der Text handelt von den Ergebnissen eines Forschungsprojekts amerikanischer Wissenschaftler, die untersucht haben, wie Menschen gedruckte Texte bzw. Bildschirmtexte lesen und verstehen.
Was-Frage: Die grundlegende Aussage ist im Kern schon in der Überschrift enthalten. Die Untersuchung hat nämlich ergeben, dass gedruckte Texte besser und verständlicher erscheinen als Texte am PC-Bildschirm. Der Grund dafür liegt in der Wahrnehmungsweise des menschlichen Auges.
Wo-/Wann-Frage: Der Text berichtet von einer wissenschaftlichen Untersuchung der Universität in Ohio aus dem Jahr 2001 und befasst sich mit der menschlichen Wahrnehmung von aktuellen Medien.

ufgabe 97 Der Text basiert auf einer aktuellen Untersuchung der Universität Ohio in den USA, die sich vergleichend mit dem Lesen und Verstehen von gedruckten Texten bzw. von Bildschirmtexten befasst hat. Ihr Ergebnis ist, dass aufgrund der Funktionsweise des menschlichen Auges gedruckte Texte besser gelesen und verstanden werden können.

ufgabe 98 Zunächst werden Ergebnis und Durchführung der Untersuchung beschrieben (Z. 1–13).
Dann folgen Erläuterungen zu dem Ergebnis (Z. 14–48):

- Zeilen 14–29: Die Wahrnehmungsweise des Auges wird beschrieben. Bei Drucktexten bewegt es sich mit hoher Geschwindigkeit (in so genannten Saccaden) und nimmt dabei die Informationen auf.
- Z. 29–38: Gegensatz: Bei Monitorbildern ist die Augenaktivität deutlich geringer. Sprachlich hervorgehoben wird der Gegensatz durch die Komparativform „viel geringer“ (Z. 34) und etwas später durch die abwertenden Adverbien „nur noch“ (Z. 37).
- Z. 39–44: Es folgen weitere Erklärungen, warum Monitorbilder dem Auge Mühe bereiten. Mit mehreren Adjektiven werden diese Probleme deutlich bezeichnet (Z. 41 f.).
- Z. 45–48: Die Folgen: geringe Sehaktivität, Ermüdung. Sprachlich wird die Beeinträchtigung der Wahrnehmung durch das Adverb „derart“ sowie durch den folgenden Hinweis auf die messbaren Nachwirkungen betont.

Knappe Zusammenfassung:
Der Text stellt die Ergebnisse einer Untersuchung der Universität in Ohio dar, in der Studenten Texte auf Papier und am Bildschirm lesen mussten. Dabei stellte sich heraus, dass die Drucktexte leichter und besser verständlich wirkten.
Zur Erklärung wird im Text die Wahrnehmungsweise des menschlichen Auges erläutert. Bei gedruckten Texten verarbeitet das Auge die Informationen aktiv. Bei Bildschirmtexten geschieht dies viel langsamer. Das liegt daran, dass das Auge an den Monitorbildern, die sich ständig neu aufbauen, keinen festen Halt findet. Dadurch ermüdet das Auge, und die Wahrnehmung wird beeinträchtigt.

Aufgabe 99

- … wie **jedoch** der Hamburger Informatiklehrer … (Z. 29)
  oder: **Doch** wie der Hamburger Informatiklehrer …
- … Wissenschaftler herausgefunden, dass **demgegenüber** beim Lesen am Bildschirm … (Z. 36)

Zum Text aus Lösung 98 könnte man hinzufügen:
- Bei Bildschirmtexten geschieht dies **jedoch** viel langsamer.
- … an den Monitorbildern, die sich **im Gegensatz** zu Printtexten ständig neu aufbauen …

Aufgabe 100

Der Abschnitt enthält weitere Informationen zu Nachteilen der Bildschirmtexte. Diese Nachteile bestehen
- in der psychomotorischen Unterforderung beim Bildschirmlesen.
  Der Verfasser veranschaulicht das mithilfe von **Beispielen:** Wer am Monitor liest, blättert nicht, unterstreicht nicht und notiert sich am Rand keine Anmerkungen.
- im Fehlen der haptischen Dimension, die als die Möglichkeit erläutert wird, sich eine Aussage schon durch den Bewegungsablauf des Schreibens einzuprägen.

Die weiteren Nachteile, die hier dargestellt sind, ergänzen die zuvor genannten Gesichtspunkte. Sie dienen dazu, den kritischen Blick der Leser auf Bildschirmtexte zu verschärfen.

Aufgabe 101

Der erste Satz stellt eine Auffassung dar, die der Verfasser **nicht** teilt. Deshalb formuliert er: „der Eindruck [wird] erweckt". Es handelt sich um die Ansicht, dass die vielen durch den Computer verfügbaren Daten zu beträchtlichem Lernzuwachs führten.

Der zweite Satz wendet sich dagegen; der Verfasser hebt diese – nämlich seine eigene – Auffassung durch das eingefügte „jedoch" als **gegensätzlich** hervor (vgl. die Tabelle auf S. 87) und erklärt, dass aus dem Computer stammende, einfach nur aneinandergereihte Informationen nur „Datenmüll" seien.
Der dritte Satz führt den Gedankengang weiter, indem er eine entscheidende **Voraussetzung** dafür angibt, dass Computerdaten wirklich Lernzuwachs bringen können und kein „Datenmüll" sind: Diese Voraussetzung ist die Fähigkeit des Computerbenutzers, mit den Informationen intelligent umzugehen.
Die Aussage dieses Textabschnitts hängt mit dem des vorangegangenen Abschnitts zusammen, insofern sich die kritische Haltung gegenüber den mithilfe des Computers vermittelten Informationen fortsetzt. Doch kommt hier zugleich ein neuer, weiter gehender Gedanke hinzu: Es geht nicht mehr um das Lesen und die Verständlichkeit von PC-Texten, sondern generell um deren Nutzen, der davon abhängig ist, was der Mensch aus den gewonnenen Computerdaten macht.

fgabe 102

1. Bessere Verständlichkeit von gedruckten Texten im Vergleich zu Bildschirmtexten als Ergebnis einer wissenschaftlichen Untersuchung.
2. Erklärungen:
   - Die Funktionsweise des Auges bei der Wahrnehmung von gedruckten Texten.
   - Das Sehverhalten bei der Monitorbetrachtung und dessen Auswirkungen.
3. Weitere Nachteile bei der Arbeit mit Bildschirmtexten.
4. Datenmüll oder Datennutzung?

fgabe 103

Die Sprache des Originals ist hier nur ein wenig verändert, die Abfolge der Aussagen und ihre Länge sind im Wesentlichen erhalten geblieben. Hier ist nichts zusammengefasst, nichts verknappt, nichts ist auf grundlegende Aussagen konzentriert.

fgabe 104

Der vorliegende Sachtext von Helmut Höge mit dem Titel „Bienen als Bullen" handelt von der Idee, Bienen zu trainieren und sie wie Spürhunde im Polizeidienst einzusetzen. Dabei werden sowohl Möglichkeiten und Chancen eines solchen Einsatzes thematisiert als auch eventuelle Probleme und Bedenken dargestellt.

Aufgabe 105

Gliederung

1. Abschnitt: Lob auf die Biene und ihr Nutzen für die Menschen *(Einleitung)* — Z. 1–8
2. Abschnitt: Idee und Laborversuch einer Polizistin mit dem Ziel, Bienen als „Spürbienen“ zu konditionieren *(aktueller Anlass und Thema)* — Z. 8–30
3. Abschnitt: Einsatzmöglichkeiten der dressierten Bienen *(Vertiefung/Argumente für das Projekt)* — Z. 31–44
4. Abschnitt: Der Lebenszyklus von Bienen *(Hintergrundinformationen)* — Z. 45–62
5. Abschnitt: Natürliche Grenzen der Spürbieneneinsätze sowie ethische und rechtliche Probleme *(Einschränkung/Argumente gegen das Projekt)* — Z. 62–78
6. Abschnitt: Vergleich mit anderen Tierarten und Relativierung der Bedenken in Sachen Tierwohl *(Abrundung)* — Z. 79–90

Aufgabe 106 Zu Beginn des Artikels zeigt der Autor auf, welch große Bedeutung die Biene als Nutztier für den Menschen schon seit Urzeiten hat. Der Mensch profitiert von ihrer Honig- und Wachsproduktion sowie ihrer Rolle als Bestäuberin von Pflanzen.

Aufgabe 107 Nun kam die Idee auf, dass die Bienen dem Menschen noch auf eine andere Weise nützen könnten. Eine Polizeibeamtin schlägt vor, die Insekten wie Hunde zu dressieren, um Dinge aufzuspüren. Die Polizistin schaffte es in einem Laborversuch, Bienen mithilfe von Zuckerwasser als Belohnung bzw. Stromstößen als Bestrafung so abzurichten, dass sie auf bestimmte Gerüche reagierten.

Aufgabe 108 Die so trainierten Tiere könnten dann als „Spürbienen“ zum Beispiel bei der Drogenfahndung eingesetzt werden und Drogenlager ausfindig machen. Auch Flughäfen sind mögliche Einsatzorte für die dressierten Bienen, die dort illegale Substanzen aufspüren könnten. Gegenüber anderen Tierarten bieten Bienen entscheidende Vorteile: Zum einen dauert das Training der Insekten nur sehr kurze Zeit. Zum anderen kann ein einziges Bienenvolk große Flächen abdecken.

Aufgabe 109 In einem Einschub vermittelt der Verfasser dem Leser/der Leserin anschließend Hintergrundinformationen zum Bienenleben, um zu verdeutlichen, was gerade dieses Tier so interessant macht. Die Insekten durchlaufen einen festgelegten Lebenszyklus, wobei sie aber in der Lage sind, sich Umweltbedingungen flexibel anzupassen. Dies ist möglich, da sie, mit Ausnahme von Männchen und Königin, nicht spezialisiert sind, sondern von der Brutpflege über Arbeiter- und Wächterfunktionen bis hin zum Pollensammeln viele Aufgaben übernehmen und beherrschen.

fgabe 110 Davon ausgehend stellt der Text im Folgenden mögliche Probleme dar, die sich beim Bieneneinsatz ergeben können. Dies betrifft zunächst Grenzen, die in der Natur des Tieres liegen, so etwa dass die Insekten nur bei bestimmten Wetterbedingungen, zu bestimmten Tages- und Jahreszeiten ins Freiland fliegen und auch nur dann die Polizei unterstützen könnten. Außerdem äußert der Verfasser Bedenken hinsichtlich ethischer und rechtlicher Aspekte. Infrage gestellt werden etwa das Tierwohl, der Schutz der Privatsphäre von Unschuldigen und die Regelung von Ansprüchen bei eventuellen Schäden, die die Bienen verursachen.

fgabe 111 Der Schlussabschnitt stellt eine Abrundung dar. In leicht sarkastischem Ton relativiert der Autor seine zuvor geäußerten Bedenken in Sachen Tierwohl. Nachdem er den aktuellen Vorschlag mit anderen Fällen vergleicht, in denen der Mensch im Laufe der Geschichte Tiere für seine Zwecke genutzt hat, erscheint ihm der Einsatz von Spürbienen schließlich doch als eher harmlos.

fgabe 112 In den oben zusammengestellten Textbausteinen (Lösungen 104 und 106–111) sind bereits wichtige Verknüpfungswörter vorhanden, z. B.:

- Lösung 104: „Dabei“ drückt die Parallelität bzw. Gleichzeitigkeit aus.
- Lösung 106: „Zu Beginn“ spiegelt die Textstruktur wider.
- Lösung 107: „Nun“ macht deutlich, dass es eine neue Entwicklung gibt, die im Folgenden dargestellt wird (der Vorschlag der Polizistin).
- Lösung 108: „Gegenüber“ leitet eine Gegenüberstellung zweier Dinge (Bienen – andere Tierarten / Hunde) ein. „Zum einen ... Zum anderen ...“ strukturiert eine zweiteilige Aufzählung (kurzes Training, große Flächenabdeckung).
- Lösung 109: Das „anschließend“ spiegelt die Textstruktur wider. Mit „wobei ... aber“ wird eine Einschränkung der vorherigen Aussage ausgedrückt (warum der Lebenszyklus nicht so starr ist). Das „sondern“ drückt einen Gegensatz aus (Bienen sind Generalisten, keine Spezialisten).
- Lösung 110: „Davon ausgehend“ stellt die Verknüpfung zum Vorherigen her (zu den Informationen zum Bienenleben). Das „im Folgenden“ spiegelt

die Textstruktur wider. „Zunächst“ und „außerdem“ gliedern die Aufzählung (natürliche Grenzen, ethische und rechtliche Probleme)
- Lösung 111: „Nachdem“ drückt einen zeitlichen Zusammenhang aus (historischer Vergleich, Erkenntnis über Bieneneinsatz).

Aufgabe 113 Weitere Beispiele zu Reihe 1 sind:
- thematisieren, aufzeigen, vermitteln, verdeutlichen, äußern

Weitere Beispiele zu Reihe 2 sind:
- Bedenken äußern, infrage stellen, abrunden, relativieren, vergleichen

Aufgabe 114 Seit Jahrtausenden nutzt der Mensch tierische Fähigkeiten zu seinen Zwecken. Schon früh wurden Tiere domestiziert und als Haustiere gehalten, um sie zur Feldarbeit einzusetzen oder sich durch sie zu ernähren. Auch in den vielen Kriegen der Menschheit wurden Tiere einbezogen und mussten oftmals mitleiden. Das Verständnis dafür, dass auch Tiere Lebewesen mit einem Bewusstsein und Empfinden sind, war bei den Menschen lange nicht vorhanden oder kaum ausgeprägt. Dies ist ein Stück weit nachvollziehbar zu Zeiten, in denen die Menschen auf die Tiere angewiesen waren, um ihr Überleben zu sichern, beispielsweise durch ein wärmendes Fell. Allerdings gibt es auch heutzutage noch viele Fälle, in denen Tiere aus rein menschlichen Interessen kläglich behandelt, z. B. unter erbärmlichen Bedingungen für die Fleischindustrie gehalten oder im Labor für kosmetische Versuche missbraucht werden. Das ist meines Erachtens nicht zu rechtfertigen.
Dennoch gibt es auch Bereiche, in denen die einzigartigen Fähigkeiten vieler Tierarten in verträglicher Weise für die Zwecke des Menschen genutzt werden können. Ein Blindenhund etwa kann enorm wichtig für einen Betroffenen sein und im Gegenzug ein gutes Zuhause und einen treuen Gefährten im Zusammenleben mit dem Menschen finden. Zusammenfassend kann man festhalten, dass bei jedem Fall, in dem der Mensch ein Tier für seine Interessen einsetzt, immer die Frage gestellt werden sollte, ob der Einsatz nicht nur dem Menschen nützt, sondern auch das Wohl des Tieres gesichert ist.

Aufgabe 115
- Der Artikel von Doris Marszk mit dem Titel *Warum Handy-Gespräche so stören* erschien am 12. 10. 2004 in der Tageszeitung *Die Welt*. Er beschäftigt sich damit, dass ein unfreiwilliges Mithören von Handygesprächen, wie es oft vorkommt, von den Zuhörern als störend empfunden wird.
- Zu Beginn des Textes werden den Lesern bekannte Situationen vor Augen geführt, in denen es des Öfteren vorkommt, dass man ein Handytelefonat

mithören muss und sich dadurch belästigt fühlt. Es wird die Frage aufgeworfen, weshalb das so ist, wo doch in vielen anderen Situationen das Mithören von Gesprächen zwischen anderen Menschen kaum störend wirkt.
Als Antwort gibt der Text eine Untersuchung britischer Psychologen wieder. Diese haben herausgefunden, dass Menschen offenbar ein „angeborenes Bedürfnis“ haben, bei Gesprächen, in denen nur ein Dialogpartner hörbar ist, besonders gut zuzuhören. Die Menschen möchten anscheinend an solchen nur zur Hälfte wahrgenommenen Dialogen teilnehmen, um das nicht Gehörte zu vervollständigen. Das Gleiche gilt, wie die Psychologen herausfanden, tatsächlich auch für Gespräche, bei denen die Zuhörer zwar beide Dialogteilnehmer sehen, aber nur einen hören konnten. Auch hier zeigte sich, dass ein nur einseitig hörbares Gespräch störend erschien, während eine „normale“, „vollständige“ Unterhaltung von Personen kaum bemerkt wurde.
Abschließend wird erwähnt, dass eine britische Eisenbahngesellschaft aus den Forschungsergebnissen schon die Folgerung gezogen habe, in Zügen handyfreie Zonen einzuführen, um Belästigungen der Fahrgäste durch Handygespräche auszuschließen.

- Der Text knüpft an eine Beobachtung an, die sicher jeder schon einmal gemacht hat: Automatisch hört man bei einem Telefonat mit und versucht das, was man nicht verstehen kann, zu ergänzen. Die Untersuchung hebt hervor, dass es sich hier offenbar um ein normales menschliches Verhalten handelt. Die Forscher vertreten sogar die Auffassung, dass ein solches Verhalten angeboren ist. Sie bieten jedoch für diese letzte Behauptung keine einleuchtende wissenschaftliche Erklärung.

fgabe 116 Die Bewerbungen um eine Stelle, die in Unternehmen eingereicht werden, sind zum großen Teil unzureichend.

fgabe 117
1. These mit Zahlenangaben zu den unzureichenden Bewerbungen
2. Weitere Angaben zur Qualität abgegebener Bewerbungen
3. Erklärung, wie die Ergebnisse zustande gekommen sind

Die These wird durch den zweiten Punkt ergänzt, indem dort weitere Zahlen vorgelegt werden. Der dritte Punkt dient als eventuell nachprüfbarer Beleg dafür, dass die Untersuchung, auf die sich die These stützt, als repräsentativ gelten kann und exakt durchgeführt wurde, also eine abgesicherte Grundlage hat.

Aufgabe 118 a) Es wird gesagt, dass Bewerbungen nicht ernst genug genommen werden, weil viele Menschen nicht die richtige Einstellung zu einem Beruf haben. Dabei stützt sich der Text als Beweis auf die Aussage des namentlich genannten Unternehmensberaters, der mit seiner beruflichen Erfahrung die Richtigkeit der von ihm vorgebrachten Einschätzung bezeugt.

b) Bis Zeile 25.

c) Der Textteil gibt eine Erklärung für die These. Er begründet die schlechte Qualität der Bewerbungen (siehe These) damit, dass die Einstellung vieler Menschen zum Beruf nicht ernsthaft genug ist.

d) Die beiden Begriffe sind *Beruf* und *Job*. Mit ihnen verbindet der Unternehmensberater zwei unterschiedliche Haltungen gegenüber der Arbeit: Wer seine Arbeit als Beruf versteht, beweist sein echtes Interesse, seinen Stolz auf gerade diese Art der Tätigkeit und seinen Willen, sich einzusetzen (die positive Konnotation resultiert aus der Nähe zum Wort „Berufung"); wer hingegen nur einen Job zu erledigen glaubt, der ist wohl nicht mit dem Herzen und mit vollem Einsatz bei der Sache.
Weil diese Einstellung heutzutage überwiegt, wird wenig auf gute Bewerbungen geachtet.

Aufgabe 119 Unter den „Weißhäuten" sind in unserer heutigen Gesellschaft die Arbeitsplatzinhaber zu verstehen, die „Rothäute" sind die Arbeitsuchenden. Beide Gruppen stehen sich feindlich gegenüber. Diese kämpfen um das, was jene bereits haben und um keinen Preis hergeben möchten, eben den Arbeitsplatz.
Der Abschnitt wird mit „Stattdessen" eingeleitet, um hervorzuheben, dass sich die Arbeitsuchenden in der Regel nicht so verhalten, wie sie sollten. Sie fühlen sich als „Rothäute", also als unterprivilegierte, schlechter behandelte Menschen, denen der Zugang zum Fort verweigert wird, in dem es sich bequemer lebt. Sie denken, ihre Lage habe nur mit der Unwilligkeit der „Weißhäute", das Tor zu öffnen, zu tun.

Aufgabe 120 Der Text verwendet die Metapher vom Tor, das geöffnet werden muss, und zwar durch die Initiative der Arbeitsuchenden selbst. Die adversative Konjunktion „aber" (Z. 30) soll darauf hinweisen, dass hier die eigentliche Aufgabe für die Arbeitslosen liegt, die sich jedoch wie „Rothäute" verhalten. Das heißt, sie stellen nicht den Willen zum Engagement unter Beweis, der nötig ist, um im Fort willkommen zu sein.

Aufgabe 121 Ausgangspunkt war ja die schlechte Qualität von Bewerbungen. Das wurde zunächst damit begründet, dass Bewerbungen nicht ernst genug genommen würden. Hier wird nun eine weitere Begründung hinzugefügt: Viele Bewerber haben nicht gelernt, ihre Stärken zu erkennen und auszubilden, und sind deshalb auch nicht in der Lage, diese in einem Bewerbungsschreiben darzustellen.

fgabe 122 Der Unternehmensberater Eberhard von Rundstedt sagt nicht nur, dass es wichtig ist, sich der eigenen Stärken bewusst zu sein, sondern er gibt auch Ratschläge, wie man sie erkennen kann. Zudem wird die Vorbereitung als wichtiger Faktor einer erfolgreichen Bewerbung genannt. Auch hierfür gibt der Experte Ratschläge. Seine Absicht ist hier also nicht mehr, nur Kritik zu äußern, sondern zu helfen und zu beraten.

fgabe 123 Hier ist es kaum möglich, eine Lösung vorzugeben.
Natürlich wirst du Kenntnisse aus dem Bereich der Schule nennen; aber auch Fähigkeiten und Spezialkenntnisse, die du dir beispielsweise durch deine Hobbys angeeignet hast, solltest du nicht vergessen.

fgabe 124 Der Bewerber sollte schon in seinem Anschreiben an die Firma hervorheben, dass er über das Unternehmen Bescheid weiß und sich mit den speziellen Anforderungen und Erwartungen, die mit der angebotenen Stelle verbunden sind, beschäftigt hat. Gerade deshalb sollte er dann auch deutlich machen, dass er mit seinen Kenntnissen und Fähigkeiten die Ansprüche der angebotenen Stelle erfüllen kann.
Das bedeutet, sich frühzeitig genau zu informieren und sich darüber im Klaren zu sein, dass man beispielsweise für eine bestimmte Stelle gute Englischkenntnisse besitzen und ein Textverarbeitungsprogramm beherrschen muss – eben diese Fähigkeiten müssen dann gezielt auch im Bewerbungsschreiben hervorgehoben werden.

fgabe 125 Die Gestaltung eines Gegensatzes hebt das hervor, was wichtig ist: Der Bewerber muss sich deutlich auf die angebotene Stelle beziehen und seine dafür besonders geeigneten Fähigkeiten hervorheben. Ein Bewerbungsschreiben, das dem nicht entspricht, wird durch die Bezeichnung „oberflächlich" abgewertet; es erfüllt nicht seinen Zweck und wird nicht erfolgreich sein.

fgabe 126 *Formulierungsvorschlag:*
Der Text *Textaufsager – nein, danke!* beginnt mit der Eingangsthese, dass mehr als ein Drittel der bei Firmen eingehenden Bewerbungen von unzureichender Qualität und weitere 40 Prozent höchstens mittelmäßig sind. Nur 20

Eingangsthese und ihre Begründung

Prozent der Bewerbungen sind mit sehr gut zu bewerten. Diese Aussagen stammen aus einer seriösen Quelle. Sie beruhen auf einer Umfrage einer Unternehmensberatung, die 1 000 größere und kleinere Unternehmen aus verschiedenen Wirtschaftszweigen befragt hat.

Zur Erklärung dieser Ergebnisse wird festgestellt, dass viele Leute Bewerbungen nicht ernst genug nehmen. Denn viele sehen ihre Arbeit nur noch als „Job", an dem sie kein tieferes Interesse haben, und nicht als echten Beruf, zu dem man eine persönliche Beziehung entwickelt und auf den man stolz ist. Als Beweis für diese Erklärung wird die Aussage eines Unternehmensberaters angeführt, die auch wörtlich zitiert wird.

Unterscheidung von Job und Beruf als Erklärung

Der Unternehmensberater Eberhard von Rundstedt vertritt zudem die Auffassung, dass viele Arbeitsuchende sich ein falsches Bild von ihrer Situation machen, um ihre eigenen unzureichenden Bemühungen um eine Stelle vor sich zu rechtfertigen. Sie glauben, das Arbeitsleben sei eine gut befestigte Insel der Seligen, zu der ihnen gewaltsam der Zutritt versperrt wird. Zur Veranschaulichung greift der Unternehmensberater auf die aus Wildwestfilmen bekannte Szenerie eines Forts zurück. Drinnen sitzen die weißen Männer mit den Vorräten, die Indianer hingegen bleiben draußen.

falsche Wahrnehmung der Arbeitsplatzsituation als weitere Erklärung

Mit der Konjunktion „aber" wird deutlich gemacht, dass die Stellensuchenden nicht darauf warten können, dass sich das Tor zum Fort von alleine öffnet. Die Metapher vomTor, das geöffnet werden muss, soll darauf hinweisen, dass die Arbeitsuchenden es selbst schaffen müssen, den Weg zum Arbeitsplatz zu finden. Sie müssen denen im Fort beweisen, dass es sich für alle lohnt, sie hereinzuholen. Und dafür ist eben eine gute Bewerbung wichtig.

Appell an die Eigeninitiative der Arbeitsuchenden

Eine weitere Begründung für die schlechte Qualität der Bewerbungen hat nach der Ansicht von Rundstedts auch mit der Unfähigkeit vieler zu tun, ihre Stärken zur Geltung zu bringen. Er kritisiert, dass schon in der Schule versäumt werde, sich die entsprechenden Fähigkeiten anzueignen.

fehlendes Bewusstsein der eigenen Stärken

Hier beginnt eine neue Richtung im Gedankengang des Textes: Es werden nicht mehr Erklärungen für die anfäng-

Mitteilung von Ratschlägen

liche These gegeben, sondern Ratschläge, wie man die Qualität seiner Bewerbung verbessern kann.

Prüfung der eigenen Stärken und Problematisierung dieses Ratschlags

Dazu gehört, sich die Frage nach den eigenen Stärken zu stellen und auch ein oder zwei vertraute Kollegen zu befragen, so der Unternehmensberater. Wie ein Arbeitsuchender, der gar keine Kollegen hat, das anstellen soll, bleibt allerdings offen. An dieser Stelle des Textes könnte ein Stellensuchender Zweifel anmelden, ob der Unternehmensberater tatsächlich in der Lage ist, sich in seine Situation hineinzudenken.

vorbereitende Beschäftigung mit den Anforderungen der offenen Stelle

Ein weiterer Ratschlag besteht im Hinweis auf die Bedeutung richtiger Vorbereitung. Der Text gibt hier konkrete Auskünfte, indem klar gemacht wird, dass man sich als Bewerber mit den Anforderungen und Erwartungen einer angebotenen Stelle beschäftigen und dann auch deutlich machen muss, dass die eigenen Kenntnisse und Fähigkeiten gerade dazu besonders gut passen.

Eine gute Bewerbung muss diese Gesichtspunkte berücksichtigen, um nicht oberflächlich zu wirken.

gabe 127 Als objektive, unbezweifelbare Beweise könnten hier medizinische Erkenntnisse über Lungenkrebs und Statistiken über den Zusammenhang von Rauchen und dieser Krankheit angeführt werden. Diese Erkenntnisse sind heutzutage wissenschaftlich so abgesichert, dass an ihnen nicht ernsthaft gezweifelt werden kann. Die These muss also als gültig angesehen werden.

gabe 128 Hier könnte man als Beweis sicherlich positive Auswirkungen auf die Klassengemeinschaft oder das Lehrer-Schüler-Verhältnis anführen, doch kann man auch Gründe finden, die dagegen sprechen, zum Beispiel den langen Unterrichtsausfall und die daraus zwangsläufig folgende schnellere Behandlung von Unterrichtsstoff.

gabe 129 Nicht ganz überzeugend an der These ist, dass sie zu allgemein gefasst zu sein scheint. Zwar kommen jährlich zu viele Fahrradfahrer im Straßenverkehr um. Das gilt jedoch auch für Autofahrer oder Fußgänger. Außerdem ist ja in der These vom Straßenverkehr gar nicht die Rede. Fahrradfahren an sich ist aber wohl nicht grundsätzlich gefährlich, es sei denn, man stellt sich ungeschickt an. Risikoreich wird das Fahrradfahren erst durch gefährliche Begleitumstände oder eben durch die eigene Ungeschicklichkeit oder Unvorsichtigkeit.

Die Beweisführung stützt sich hier nur auf die eigene Erfahrung. Eine solche Beweisführung ist **subjektiv** und daher nicht sonderlich zwingend, da andere Menschen ja andere Erfahrungen gemacht haben können.
Nur wenn der Leser Ähnliches erlebt hat, wird er bereit sein, der These zuzustimmen. Wer eine überzeugende Beweisführung gestalten will, darf sich aber darauf nicht verlassen.

Aufgabe 130 Die These ist nun sinnvoll eingeschränkt, indem sie nur auf die Stadt bezogen ist. Damit lässt sie sich überzeugender begründen als in der vorherigen, sehr allgemeinen Form.
Zur Begründung könnte man zum Beispiel anführen:

- den dichten Autoverkehr in der Stadt,
- schmale und nicht immer von den Autofahrbahnen getrennte Radwege,
- durch parkende Autos versperrte Radwege,
- Autofahrer, die beim Aussteigen Autotüren öffnen, ohne sich danach umzuschauen, ob sich ein Fahrradfahrer nähert.

Daten zu Unfallzahlen, die man sich zum Beispiel bei der Polizei beschaffen kann, können als Belege die Argumentation stützen.

Aufgabe 131

Gedankenführung

These: Der Massentourismus zerstört den ursprünglichen Charakter eines Landes.
Erläuterung: Hinweise auf Orte, die mit Massentourismus in Verbindung gebracht werden; Beschreibung des entstehenden Profitdenkens; Beispiele dafür.

Kritische Überlegungen zur Beweisführung

Die These am Anfang ist deutlich formuliert: Der Massentourismus zerstört den ursprünglichen Charakter eines Landes.
Doch wie sieht es mit der Beweisführung aus? Als Beispiele werden zunächst nur geografische Namen genannt (Rimini usw.), die dann pauschal als „Kolonien der Moderne" bezeichnet werden. Eine Erläuterung wird hier nicht gegeben; der Verfasser setzt offenbar darauf, dass allein schon die Nennung der vier Namen beim Leser deutliche Vorstellungen vom abschreckenden Massentourismus hervorruft. Er setzt voraus, dass in vielen Menschen aufgrund ihrer Erfahrungen diese abschreckenden Vorstellungen entstehen, sodass sie dem Verfasser zustimmen. Diese vier Beispiele sollen also vom Leser als allgemeingültig akzeptiert werden, um als Beweis für die These zu dienen.
Dann wird die Beweisführung konkreter: Sie verweist auf den Wandel der Gastfreundschaft hin zum Profitdenken und auf den Verlust der früheren Bedeutung von Bräuchen, die nun Showzwecken dienen. Hier entsteht der Ein-

druck, dass Fakten herangezogen werden, doch tatsächlich bleibt die Argumentation in ihren Begründungen sehr unbestimmt. Der Verfasser setzt voraus, dass der Leser Fälle kennt, die sich so bewerten lassen, vielleicht aus Berichten anderer, vielleicht auch aus eigener Erfahrung, und dass er ihm deshalb zustimmt. Bei genauer Betrachtung handelt es sich jedoch nur um Behauptungen, denn es fehlen wirkliche Begründungen und genaue Erklärungen, zum Beispiel: Was ist Profitdenken denn genau? Gehört es schon zum Profitdenken, wenn Einheimische Trinkgelder bekommen? Wo fängt Profitdenken an? Genaueren Unterscheidungen geht der Verfasser hier und auch bei den anderen Begriffen (z. B. „korrumpiert dessen Charakter", „Borniertheiten der Touristen") aus dem Weg. Er begnügt sich also damit, die Vorstellung zu erwecken, dass die knappen Hinweise verallgemeinert werden könnten und damit als Beweis für die These genügten.

fgabe 132 Die These ist wieder leicht erkennbar: Camping hat seinen ursprünglichen Charakter, eine alternative, zwanglose Form des Urlaubs zu sein, die sich vom vorgefertigten Pauschalreiseangebot abhebt, längst verloren. Als Beispiele dienen die Erwähnung von „Lagerordnung" und „Eisschrank im Caravan".
Wieder werden keine Erklärungen und Beispiele angeführt, sondern die genannten Stichwörter (zum Beispiel: „kleinbürgerliche[n] Ordnungsschemata") sollen Vorstellungen im Leser hervorrufen: ein geordneter Campingplatz, Komfort im Wohnwagen. Mit diesen Hinweisen trifft der Text sicherlich eine Entwicklung, die in augenfälligem Kontrast zur Idee des einfachen Lebens „beim Zelten" steht.
Statt jedoch diese Ansätze zu einer ernsthaften Argumentation auszubauen, beschränkt sich der Verfasser des Textes darauf, die Anhänger des Campingurlaubs lächerlich zu machen – zum Beispiel durch die Wortwahl „Lagerordnung" – und Abneigung gegen sie zu erzeugen. Dadurch schwächt er letztlich seine eigene Argumentation, weil er den Verdacht des Lesers weckt, dass er keine sachlichen Argumente vorzubringen hat. Ein wirklich begründeter Zusammenhang zwischen These und Beispiel wird so nicht hergestellt.

fgabe 133 Konnotationen spielen für die Wirkung des verwendeten Begriffs eine entscheidende Rolle. „Lager" erzeugt die unangenehme Vorstellung von Menschenmengen, die sich mehr oder weniger unfreiwillig an einem Ort aufhalten und denen dabei eine Ordnung aufgezwungen wird. „Strafgefangenenlager" ist z. B. ein Wort, das einem dazu einfallen könnte. Etwas ältere Menschen könnten sogar an die nationalsozialistischen Konzentrationslager denken, deren Lagerordnungen für ihre Grausamkeiten berüchtigt waren. Durch seine Wortwahl weckt der Verfasser solche Assoziationen, das heißt, er arbeitet mit solchen Konnotationen: Statt seine Auffassung sachlich zu begründen, erzeugt er im Leser eine negative Vorstellung.

Aufgabe 134 Goebbels versucht, die Chancen Deutschlands im begonnenen Krieg gegen England so darzustellen, dass der Sieg gewiss erscheint. Vielfach arbeitet er mit positiven und negativen Konnotationen. Er hebt die Stärke Deutschlands hervor, indem er behauptet, dass es den ganzen Kontinent beherrsche, und indem er sich auf die jahrhundertealte militärische Tradition in Deutschland (Preußen) beruft. Demgegenüber ironisiert er die naturgegebene geografische Lage Englands als Verbannung auf eine Insel – und damit gewissermaßen als Strafe für ein ungenanntes Vergehen – und macht Englands Militär als Feuerwehr lächerlich, die zudem nur mit Mühe zusammengetrommelt worden ist. Bilder von althergebrachter Stärke und lächerlicher Schwäche stellt er durch seine Darstellungsweise einander gegenüber: Er erzeugt sie durch Konnotationen und er übertreibt zugleich durch seine Wortwahl (zum Beispiel „beste Armee", „Feuerwehr").
Wirkliche, nachprüfbare Begründungen sind in seinem Text nicht enthalten, aber der Redner überspielt das durch eine Vielzahl von sprachlichen Tricks.

Aufgabe 135 Weitere Beispiele für die Gestaltung solcher Sätze sind:
- *Er führt aus, dass …*
- *Er erweitert seinen Gedanken, indem er zeigt/darauf hinweist, dass …*
- *Er verstärkt sein Argument/schwächt es ab, indem er …*
- *Er fügt hinzu, dass …*
- *Er führt seinen Gedankengang fort/bricht ihn ab, indem er …*
- *Er meldet Zweifel an/bezweifelt, dass …*
- *Er fragt, ob …*
- *Er betont, dass …*
- *Er stützt/untermauert seine These, indem er darauf hinweist, dass …*
- *Er beweist seine Unvoreingenommenheit, indem er einräumt, dass …*

Beispiele für Gedanken verknüpfende Adverbien:
auch, außerdem, daher, deshalb, trotzdem, allerdings, jedenfalls

Aufgabe 136 Der Verfasser des vorliegenden Textausschnitts ist der amerikanische Großindustrielle Henry Ford. Er gründete 1903 die Ford Motor Company in den USA und entwickelte damals völlig neuartige Produktionsverfahren: Autos in Großserie, in Fließbandarbeit hergestellt. Der große Erfolg, den Ford hatte,

machte sein Unternehmen zu einer der größten Fahrzeugfabriken der Welt – was es auch heute noch ist.
Der Textausschnitt stammt aus Henry Fords Buch *Mein Leben und Werk*, das 1923 in deutscher Sprache erschien.

ufgabe 137

1. Unterschiedliche Arbeiten und ihre unterschiedlichen Ansprüche an die arbeitenden Menschen (Z. 1–27)
2. Das Problem der Schädigung durch ständige einseitige Arbeit (Z. 28–44)

ufgabe 138

Du solltest zum Beispiel unterstrichen haben:

- Zum ersten Menschentyp: Denkenmüssen eine Strafe (Z. 8); als Ideal eine Arbeit […], die keinerlei Ansprüche an den Schöpferinstinkt stellt (Z. 9 ff.); weder körperlich noch vor allem geistig anzustrengen (Z. 17 ff.)
- Zum zweiten Menschentyp: Ständige Wiederholung […] grauenvoller Gedanke (Z. 1 f. und 5); Monotonie ein Gräuel (Z. 21 f.)

Der Verfasser unterscheidet zwei grundsätzlich verschiedene Menschentypen, denen er ebenso unterschiedliche Wünsche für ihre berufliche Tätigkeit unterstellt.
Er stellt als erste These auf, dass eine immer gleichförmige Tätigkeit von manchen Menschen als etwas Fürchterliches angesehen wird, nämlich von den Menschen, die gern denken und „schöpferische[n] Begabungen“ (Z. 20) haben. Seine eigene Person führt er als Beispiel für diese Menschengruppe an.
Die weitaus meisten Menschen aber gehören, so die zweite These Fords, der zweiten Gruppe an, nämlich denjenigen Menschen, die ungern denken und deshalb lieber eine einfache Tätigkeit ausführen. Eine Arbeit, bei der immer das Gleiche zu tun ist und die auch wenig körperliche Kräfte beansprucht, entspricht dem Wunsch der meisten Menschen – so erweitert der Verfasser seine These. Er gibt eine kurze Begründung, indem er Erfahrungen aus seiner eigenen Fabrik anspricht.
Aus den beiden Thesen wird die Schlussfolgerung gezogen, dass es falsch wäre, wenn ein Mensch aus der ersten Gruppe auf die Idee käme, jemanden aus der zweiten Gruppe zu bedauern, weil der eine so eintönige Arbeit hat.

ufgabe 139

Ford begründet hier seine Auffassung, dass Fließbandarbeit keine negativen Auswirkungen hat. Die gedankliche Verknüpfung mit dem ersten Textteil besteht darin, dass er nun mithilfe eines Beispiels aus seiner Erfahrung seine Beweisführung festigen will.

Aufgabe 140

Übersicht zum gedanklichen Zusammenhang

- Ford äußert seine eigene Ansicht („Ich habe bisher nicht finden können […]“, Z. 28).
- Dagegengestellt ist die Auffassung anderer, dass nämlich Schädigungen entstünden; hier fällt auf, dass die Wortwahl „Salonexperten“ (Experten, die keine wirklichen Experten sind, sondern nur das große Wort führen) diese anderen lächerlich macht (Z. 30–32).
- Fords Ansicht wird weitergeführt: Sie wird mit eigenen Untersuchungen begründet, die durch die Personalform 1. Person Plural mehr Gewicht erhalten („unsere Untersuchungen […]“, Z. 33).
- Ein Beispiel wird dargestellt; es soll beweisen, dass erstens keine körperliche Schädigung erfolgt ist und zweitens die Fließbandtätigkeit sogar den Wünschen des Arbeiters entspricht (Z. 34–44).

Die wichtigen Textstellen, die du unterstrichen haben solltest, sind in der Gliederung oben zitiert.

Zusammenhängender Formulierungsvorschlag:

Im folgenden zweiten Abschnitt stellt Ford die These auf, dass die Fließbandarbeit für den Menschen nicht schädlich ist. *These*

Er begründet dies zunächst mit seiner eigenen subjektiven Erfahrung („Ich habe bisher nicht finden können […]“, Z. 28). *subjektive Erfahrung als Begründung* Dann führt er die gegensätzliche Meinung anderer an, die solche Arbeit für extrem schädlich halten, wertet sie jedoch ironisch ab, indem er sie als „Salonexperten“ (Z. 30) lächerlich macht. *Abwertung gegensätzlicher Auffassungen* Er will damit den Eindruck hervorrufen, dass die Leute von der eigentlichen Sache, nämlich der Situation am Arbeitsplatz, nichts verstehen.

In den Zeilen 33 bis 44 greift er wieder die Darstellung der eigenen Auffassung auf, die er nun durch den Hinweis auf zugrunde liegende „Untersuchungen“ stärkt. *Stärkung der eigenen Auffassung* Auch durch das hinzugefügte Personalpronomen „unsere“ erhalten die Untersuchungen größere Bedeutung, denn es macht deutlich, dass sie von mehreren, möglicherweise einem Team von Wissenschaftlern, durchgeführt wurden.

Ein Beispiel aus diesen Untersuchungen wird nun genau ausgeführt: *Beispiel und dessen Beweisfunktion* Es wird ein Fließbandarbeiter beschrieben, der sich aus Furcht vor körperlichen Schäden durch seine Tätigkeit einen anderen Arbeitsplatz wünschte, bald darauf aber wieder an seine vorherige Arbeit am Fließband zurückkehren wollte. Ford will mit diesem Beispiel beweisen, dass Fließbandarbeit körperlich unschädlich ist und sogar den Wünschen der Arbeiter entspricht.

fgabe 141 Der Text soll den Leser davon überzeugen, dass Tätigkeiten am Fließband für die meisten Menschen das Richtige sind.

fgabe 142

1. Erster Abschnitt: These zum ersten Menschentyp: nur begründet durch das Beispiel der eigenen Person. These zum zweiten Menschentyp: nur angedeutete Begründung aus dem Erfahrungsbereich der eigenen Fabrik. Dennoch verallgemeinert Ford die Thesen auf das Verhalten von Menschen insgesamt.
2. Zweiter Abschnitt: These wird nur durch subjektive Erfahrung begründet, die später verallgemeinert wird, Einzelbeispiel dient als Beleg.

Ford stellt seine Unterscheidung der beiden Menschentypen verallgemeinernd dar, nämlich als Aussagen, die für Menschen überhaupt gültig sind. Doch seine Argumente sind nicht sehr stark, da er sie nur mit dem Beispiel seiner eigenen Person und mit Erfahrungen aus seiner eigenen Fabrik begründet. Auch wenn er als Fabrikgründer sicher viele Arbeiter kennen gelernt hat, so ist es doch zweifelhaft, ob man daraus Schlussfolgerungen über Menschen insgesamt ziehen darf.
Seine These über die Ungefährlichkeit von Fließbandarbeit ist ebenfalls nur subjektiv begründet. Um zu überzeugen, gibt er ein ausführlich dargestelltes Beispiel. Es betrifft jedoch nur einen einzelnen Arbeiter aus Fords Fabrik und ist daher nicht allgemein gültig. Auch hier gerät man bei kritischer Überprüfung der Begründung ins Zweifeln, ob Fließbandarbeit tatsächlich so ungefährlich ist, zumal offensichtlich ist, dass Henry Ford als Besitzer einer Autofabrik ein starkes Interesse daran hat, die Unbedenklichkeit von Fließbandarbeit nachzuweisen.

fgabe 143

- Satzlänge oft nur circa zwei Zeilen, daher leicht verständlich
- Thesen in Hauptsätzen
- Ausführung in Satzgefügen
- ein paar schwierigere Fremdwörter, wie „repetitiv“, „Monotonie“
- meist sachliche Sprache
- Verwendung einiger auffälliger Wörter, die den Leser in seiner Meinungsbildung beeinflussen sollen: Abwertungen (z. B. „Denkenmüssen ist Stra-

fe“, „Gräuel“), Aufwertungen (z. B. „schöpferische Fähigkeiten“, „repetitive Tätigkeiten“ als anderer Ausdruck für Fließbandarbeit), abwertende Ironie (z. B. „Salonexperte“)

Formulierungsvorschlag:

Beschreibung von Satzbau und Wortwahl

Der Text Fords ist verhältnismäßig einfach zu verstehen. Die Sätze sind nicht besonders lang (meist circa zwei Zeilen). Die Thesen sind meist in einfachen Hauptsätzen übersichtlich formuliert. Für die weitere Ausführung der Thesen verwendet der Verfasser dann auch hypotaktische Satzkonstruktionen. Bei der Wortwahl fallen einige Fremdwörter auf, deren Bedeutung wichtig für das Verständnis des Textes ist, etwa „Monotonie“, „repetitive Arbeit“.

Beeinflussung durch Sprache

Obwohl der Verfasser insgesamt sachlich schreibt, weisen doch einige Darstellungsmittel darauf hin, dass er die Leser im Sinne seiner Meinung beeinflussen möchte. Er wertet durch die Wahl von Ausdrücken wie „Denkenmüssen“ oder „Gräuel“ die eine Gruppe von Menschen stark ab, um zu zeigen, dass für sie einfachste Tätigkeiten wirklich das Beste sind. Die kleine andere Gruppe wird durch Formulierungen wie „schöpferische Begabung“ oder „unmöglich könnte ich“ als etwas Besonderes hervorgehoben. Die Fließbandarbeit erhält durch die Bezeichnung „repetitive Arbeit“ eine Art „wissenschaftliche“ Kennzeichnung, die sie aufwertet. Wer etwas dagegen sagt, wird vom Verfasser ironisch abgewertet („Salonexperte“).

Diese sprachlichen Darstellungsweisen zeigen, dass der Verfasser sich bemüht, den Leser unauffällig zu manipulieren.

Aufgabe 144

- Welche anderen, von Henry Ford nicht genannten Gründe könnten den Arbeiter bewogen haben, an seinen alten Arbeitsplatz zurückzukehren?
- Warum spricht Ford nur vage von Untersuchungen, ohne genauer mitzuteilen, wie viele Experten an diesen Untersuchungen beteiligt waren, wie viele Arbeiter in die Untersuchungen einbezogen worden sind und nach welchen methodischen Grundsätzen diese Untersuchungen durchgeführt wurden?
- Warum wählt Ford an manchen Stellen des Textes so stark wertende Ausdrücke? Was zeigt das über seine Einschätzung der Problematik?

fgabe 145 *Formulierungsvorschlag:*

Aussageabsicht des Textes

Der „Erfinder" der Fließbandarbeit, Henry Ford, will den Leser davon überzeugen, dass Tätigkeiten am Fließband für die meisten Menschen das Beste sind. Er unterscheidet dabei zunächst zwischen zwei unterschiedlichen Gruppen von Menschen mit unterschiedlichen Fähigkeiten und Wünschen im Hinblick auf ihre Arbeit. Die eine Gruppe möchte gern geistige und körperliche Anforderungen bewältigen, doch die meisten möchten einen möglichst anstrengungsfreien „Job". Den sieht Ford in der „repetitiven Arbeit", wie er es nennt, gegeben. Solche Arbeiten sind einfach und werden daher von den meisten Menschen gewünscht.

Vorgehensweise der Argumentation

kritische Prüfung der Argumentation und der Sprache

Ford macht seine Ansichten klar und schreibt einen gut verständlichen Text. Bei genauer Prüfung wird aber erkennbar, dass seine Argumentation nicht sehr überzeugend ist, weil er seine Ansicht nur einseitig und subjektiv begründet. Zusätzlich versucht er durch sprachliche Mittel, die Leser in seinem Sinne zu beeinflussen. Er schreibt also nicht nur einen informierenden Text, sondern seine Darstellung verfolgt deutliche expressive und vor allem appellative Absichten.

kritische Fragen und Gegenargumente

Es erscheint zweifelhaft, ob sich Menschen so einfach einteilen lassen, wie Ford es tut. Seine Ansichten über Unschädlichkeit und Nutzen der Fließbandarbeit sind sicherlich von deren damaliger Neuartigkeit her verständlich, aber aus unserer heutigen Sicht und angesichts unserer Kenntnisse falsch. Gesundheitliche Probleme aufgrund von eintöniger Fließbandarbeit kann man nicht so einfach abtun, wie Ford es möchte. Heute weiß man, dass viele gesundheitliche Störungen auftreten können, wenn Menschen Tätigkeiten ausführen müssen, als wenn sie Maschinen wären.

Die Fließbandarbeit hat sich für die Arbeiter auch deshalb nicht positiv ausgewirkt, weil heutzutage viele dieser einfachen Tätigkeiten nicht mehr von Menschen, sondern von Automaten ausgeführt werden. Dadurch hat die Entwicklung der Fließbandarbeit letztlich zum Verlust vieler Arbeitsplätze geführt.

Aufgabe 146 Erfahrungen des Autors:

- Die Bewegungen erfolgen automatisch.
- Die Arbeitsabläufe werden ständig kontrolliert und es wird Zeitdruck erzeugt.
- Man kennt die Arbeiter vor und hinter sich am Band nicht (Anonymität).
- Man versteht nichts von den Zusammenhängen der Produktion.
- Jeder ist von seiner eigenen Tätigkeit voll beansprucht.
- Die Arbeit ist eintönig.
- Sie ruft das Gefühl einer Abhängigkeit vom Band hervor.
- Der Mensch stumpft innerlich ab.

Die Formulierung „bin ich selbst nur noch Band" bedeutet, dass der Arbeiter vom Ablauf der Fließbandproduktion körperlich und geistig (seelisch) so beansprucht wird, dass er kein selbstständiger Mensch mehr ist, sondern sich als Teil der Maschine empfindet. Er muss so funktionieren, wie die Maschine es vorgibt.

Aufgabe 147 Der Text beschreibt die Verhältnisse am Fließband aus der Ich-Perspektive, ist also subjektiv. Der Autor gibt aber keine nur subjektiven Meinungen wieder, sondern Erfahrungen, die andere an Ort und Stelle überprüfen können. Zusätzlich gibt er auch noch als Zitat die Erfahrungen anderer Arbeiter wieder, die mit seinen vergleichbar sind. Damit sind seine Aussagen zu verallgemeinern und also verhältnismäßig gut begründet. (Im gesamten Buch werden noch viele andere Arbeiter zitiert, sodass noch weitere Beweise gegeben werden.)

Aufgabe 148 Die Gegenüberstellung sollte folgende Aspekte enthalten:

Henry Fords Auffassung:	**Günter Wallraffs Auffassung:**
• Einfachheit, Leichtigkeit, Bequemlichkeit und Gefahrlosigkeit der Fließbandarbeit;	• geistige und körperliche Belastung des Menschen durch die Fließbandarbeit; das Fließband erhöht den Stress;
• geistige Anspruchslosigkeit der Arbeit entspricht dem Wunsch der meisten Menschen;	• Abstumpfung und Abhängigkeit vom Band als Erfahrung persönlicher Aushöhlung, Ausschaltung menschlicher Kontakte am Band, Anonymität;
• Ablehnung der Fließbandarbeit für seine eigene Person	• Schädigung privater Beziehungen; persönliche Erfahrung mit Fließbandarbeit

Die Gegensätze bestehen

- in einer völlig unterschiedlichen Einschätzung der Wirkung von Fließbandarbeit auf den Geist und den Körper des Menschen sowie auf seine sozialen Beziehungen;
- in einer gegenteiligen Auffassung in Bezug auf die Einstellung der Fließbandarbeiter zu ihrer Tätigkeit;
- in ganz unterschiedlichen persönlichen Erfahrungen, aus denen die beiden Autoren ihr Urteil über die Fließbandarbeit schöpfen.

fgabe 149 *Formulierungsvorschlag:*

Wallraffs Standpunkt

Günter Wallraff hat eine völlig andere Einstellung zur Fließbandarbeit als Henry Ford. Er argumentiert aufgrund seiner persönlichen Erfahrungen und der Auskünfte von Arbeitern, die eine Zeit lang seine Kollegen gewesen sind und die sich ihm gegenüber daher wohl ehrlich geäußert haben. Die Erfahrungen Wallraffs zeigen, dass Fließbandarbeit längst nicht so gefahrlos ist, wie Ford sie darstellt. Wenn auch die einzelne Tätigkeit so aussieht, als ob sie leicht ausgeführt werden könnte, so stellt die andauernde, gleichförmige Arbeit doch eine sehr starke Belastung dar. Der Mensch muss sich nämlich völlig an die Maschine anpassen. Das führt dazu, dass er sich vom Band abhängig fühlt und selbst sozusagen ein Teil der Maschine wird. Dazu kommt, dass jeder persönliche Kontakt am Arbeitsplatz fehlt, weil alle mit der gleichen Stresssituation fertig werden müssen.

kritische Auseinandersetzung

Oft passiert es, dass die Arbeitsabläufe kontrolliert werden und das Tempo des Bandes dann erhöht wird. Das verstärkt den Druck auf die Arbeiter.

vergleichender Blick auf die Vorstellung beider Autoren vom Menschen

Das Ergebnis der Fließbandarbeit ist nicht ein Mensch, der froh an seinem Arbeitsplatz am Band steht – so wie Ford es darstellt – und sich gar nichts Besseres wünscht, sondern ein gequälter, überforderter Mensch, der innerlich abstumpft.

Aufgabe 150

Einleitung

Der Sachtext von Christian Honey mit dem Titel „Jeder ‚Like' eine Belohnung – Wie Facebook und Co unser Handeln steuern" stammt aus dem Jahr 2019 und wurde auf dem Internetportal des „Tagesspiegel" veröffentlicht. Der Text beschäftigt sich mit der Frage, wie bestimmte Internetangebote, insbesondere die sozialen Medien, unser Verhalten beeinflussen und welche Rolle dabei Erkenntnisse aus der Verhaltenspsychologie spielen.

Gliederung

Der Text lässt sich inhaltlich in sechs Abschnitte unterteilen.
Im ersten einleitenden Abschnitt (Z. 1–19) stellt der Verfasser den amerikanischen Verhaltensforscher B. F. Skinner und die von ihm in den 30er-Jahren in Tierversuchen entwickelte Form der Verhaltenssteuerung vor.
Im zweiten Abschnitt (Z. 20–39) wird eine Verbindung zwischen Skinners damaligen Erkenntnissen und unserem heutigen Verhalten hergestellt. Dabei kommt das Problem, das Anliegen des Artikels ist, zur Sprache: die gezielte Beeinflussung menschlichen Handelns durch moderne Technologien.
Im dritten Abschnitt (Z. 39–72) stellt der Text vertiefend dar, wie genau diese Einflussnahme zustande kommt. Im Zentrum steht dabei das relativ neue Forschungsgebiet des „Behavioural Designs", das untersucht, wie sich das menschliche Verhalten in Anlehnung an Skinners Ideen mithilfe moderner Technik steuern lässt. Dazu beschreibt der Autor drei wichtige psychologische Prinzipien, die erfüllt werden müssen, und veranschaulicht sie an einem Beispiel.
Der kurze vierte Abschnitt (Z. 73–86) liefert eine Erklärung, warum sich das menschliche Verhalten dadurch beeinflussen lässt, dass Angebote im Internet auf eine bestimmte Art gestaltet werden.
Mit dem fünften Abschnitt (Z. 86–123) zeigt der Verfasser in kritisierender Absicht auf, wie die Prinzipien des Behavioural Designs bereits in der Praxis berücksichtigt werden, und nennt konkrete Anwendungsbeispiele in bekannten Internetangeboten.
Der letzte Abschnitt des Textes (Z. 124–146) thematisiert die Auswirkungen der Nutzung von Technologie zur Steuerung menschlichen Verhaltens und stellt dabei warnend einen möglichen Zusammenhang mit Internetsucht-Phänomenen her.

Hauptteil

Der Autor Christian Honey informiert in seinem Artikel über ein Thema aus der digitalen Welt, nämlich die gezielte Einflussnahme auf menschliches Verhalten mithilfe moderner Technologien. Das erfährt der Leser bereits in der

Überschrift, die mit den Schlagwörtern „Like“ und „Facebook“ sofort verdeutlicht, um welchen Themenbereich sich der Text dreht.
Der kurze Vorspann weckt das Interesse des Lesers, indem hier von Strategien und Bedingungen die Rede ist, die dafür sorgen, lange vor dem Bildschirm zu verharren. Um zu erfahren, wie genau diese Voraussetzungen und Taktiken aussehen, muss der Leser sich weiter auf den Text einlassen.
Zu Beginn des Artikels taucht der Verfasser zunächst in die Geschichte ein und stellt einen berühmten Verhaltensforscher und dessen Experimente aus den 1930er-Jahren vor. Er beschreibt, wie der Psychologe B. F. Skinner mit einem speziellen Versuchsaufbau Tiere dazu gebracht hat, bestimmte Handlungen zu vollziehen. Dabei wird auch der Begriff der operanten Konditionierung, wie man dieser Art, das Verhalten von Lebewesen über Belohnung und Bestrafung zu steuern, nennt, eingeführt. Diese Einleitung macht den Leser neugierig, da er sich unwillkürlich fragt, was Skinners Versuche mit dem Verhalten von Menschen heute zu tun haben. Einen Hinweis darauf liefert der letzte Satz des ersten Abschnittes (Z. 13 ff.), in dem Skinners Vision erwähnt wird, viele Probleme der Menschheit zu lösen, indem man die von ihm entwickelte Art der Verhaltenssteuerung in Verbindung mit Technologie bei Menschen zum Einsatz bringt.
Im Weiteren verdeutlicht der Autor, inwiefern diese Anwendung auf den Menschen heute tatsächlich der Fall ist, und nennt damit das Problem, über das er aufklären möchte. Er erläutert, dass fast jeder von uns sich unwissentlich durch technische Geräte wie Handy und Computer bzw. den Anwendungen, die darauf genutzt werden, in seinem Handeln beeinflussen lässt. Dabei spielt Skinners Forschung eine große Rolle, da sich Entwickler von Internetangeboten heute dessen Erkenntnisse zunutze machen und Angebote so gestalten, dass bestimmte Anreize, gewissermaßen „Belohnungen“, den User möglichst lange vor dem Bildschirm halten. Indem er die Arglosigkeit und Unwissenheit der so beeinflussten Nutzer anspricht, wird die kritische Haltung des Verfassers angesichts dieser Entwicklung deutlich.
Zum Kern seiner Ausführungen kommt der Autor im dritten Abschnitt des Textes, wenn er das neue Forschungsgebiet des Behavioural Designs vorstellt (Z. 42 ff.), das eine Art Fortsetzung von Skinners Gedanken darstellt. Die Forscher auf diesem Gebiet, als dessen Gründer B. J. Fogg genannt wird, untersuchen, wie sich menschliches Verhalten mittels Technologie möglichst gut beeinflussen lässt. Die drei schon im Vorspann erwähnten Bedingungen, die dafür erfüllt sein müssen, werden nun konkret genannt und am Beispiel von Facebook veranschaulicht (Z. 54 ff.). Demnach wird eine Handlung besonders dann häufig vollzogen, wenn Motivation vorhanden ist, die Handlung mög-

lichst einfach ist und es einen Auslöser für sie gibt. Die Nachrichtenfunktion von Facebook erfüllt alle diese Kriterien und veranlasst Nutzer so dazu, immer weiter zu klicken. Der Verweis des Autors darauf, dass hierbei auch eingeblendete Werbung zum Tragen kommt, die automatisch mit der Anwendung einhergeht (vgl. Z. 71 ff.), macht erneut deutlich, dass er dem Thema skeptisch gegenübersteht.

Im folgenden Einschub (Z. 73–86) erklärt der Autor dem Leser unter Rückgriff auf wissenschaftliche Erkenntnisse aus der Hirnforschung, warum sich der Mensch durch solche Modelle steuern lässt. Dabei spielt das Belohnungssystem im Gehirn eine zentrale Rolle. Um dieses zu aktivieren, soll sich der Mensch möglichst anerkannt, beliebt und erfolgreich fühlen (vgl. Z. 74 ff. und Z. 84 ff.).

Im Anschluss hieran untermauert der Verfasser die vorherigen theoretischen Ausführungen, indem er verschiedene Beispiele anführt, wie das Behavioural Design bereits Anwendung in der Praxis findet. In seiner Überleitung zu diesen konkreten Beispielen stellt der Autor die Beweggründe von Fogg und dessen Studenten, die mittlerweile vielfach in der Wirtschaft arbeiten, infrage (Z. 86–92). Wiederum zeigt sich hier, dass der Text nicht nur informieren, sondern auch auf eine möglicherweise problematische Entwicklung aufmerksam machen will. Dazu gehört, wie der Leser im Weiteren erfährt, dass Internetangebote wie Netflix, YouTube, Amazon oder Instagram die User am liebsten „süchtig" (Z. 96) machen, also eine möglichst große Nutzungsdauer erreichen möchten. Dazu werden die Anwendungen so gestaltet, dass die Nutzer durch immer wiederkehrende, aber unberechenbare Belohnungen (vgl. Z. 98 ff.) sowie möglichst große Einfachheit und Bequemlichkeit (vgl. Z. 108 ff. und Z. 116 ff.) an den Bildschirm „gefesselt" werden sollen.

Sehr deutlich wird die warnende Absicht des Verfassers im Schlussteil. Zwar wird hier eingeräumt, dass derzeit noch unklar ist, welche Langzeitwirkungen sich aus der gezielten Steuerung menschlichen Verhaltens mittels moderner Technik ergeben (Z. 126 ff.). Mit dem Verweis auf zwei Studien zum Thema Internet bzw. soziale Medien und Abhängigkeit (Z. 134 ff. und Z. 140 ff.) wird jedoch klar, dass es durchaus Auffälligkeiten und besorgniserregende Tendenzen in der Gesellschaft gibt und dass Internetsucht eine ernstzunehmende Gefahr im Umgang mit modernenen Technologien darstellt. Dementsprechend äußert Honey abschließend Zweifel daran, dass die aktuelle Entwicklung dazu beiträgt, Skinners Traum, die Verhaltenssteuerung mittels Technik zum Wohl der Menschheit zu nutzen, zu erfüllen.

Kritische Beurteilung

Der Verfasser des Zeitungsartikels beschreibt eine aktuelle gesellschaftliche Entwicklung im Zusammenhang mit moderner Technik. Er zeigt auf, woher historisch betrachtet die Idee kommt, das Verhalten von Lebewesen zu beeinflussen, und wie sich dieser Zweig der Psychologie bis heute weiterentwickelt hat. Dank anschaulicher Beschreibungen wird dem Leser klar, welche Möglichkeiten zur Manipulation von Menschen sich durch moderne Technologien ergeben und wie wenig diese den meisten von uns bewusst sind. Durch die fundierten Darstellungen und wissenschaftlichen Erklärungen macht der Text einen glaubwürdigen und gut recherchierten Eindruck. Konkrete Beispiele aus der alltäglichen Lebenswelt machen das komplexe Thema für den Leser nachvollziehbar und die Brisanz für jeden Einzelnen wird deutlich. An verschiedenen Stellen im Text zeigt sich, dass der Verfasser angesichts der beschriebenen Entwicklung der Forschung und der Tatsache, dass Unternehmen, insbesondere Internetkonzerne, deren Ergebnisse nutzen, um Menschen unbewusst zu beeinflussen, eine kritische Haltung einnimmt. Da diese Bedenken jedoch vielfach durch sachliche Darstellungen und den Rückgriff auf unabhängige Quellen unterbrochen werden, wirkt der Text insgesamt seriös und überzeugend.

Sprachliche Gestaltung

Der Verfasser baut seinen Text gedanklich logisch und gut nachvollziehbar auf: Zunächst werden die nötigen Grundlagen dargestellt, um dann das Problem, um das es geht, zu nennen. Anschließend wird ausführlich beschrieben, wie es zu diesem Problem kommt und welche Entwicklungen dabei eine Rolle spielen. Die sachlichen Erläuterungen und Fakten veranschaulicht der Autor immer wieder durch Beispiele, die der Leser gut nachvollziehen kann. Zum Schluss kommt der Text auf mögliche Folgen und Konsequenzen des Dargestellten zu sprechen. Zur Abrundung wird eine Brücke zum Anfang des Textes geschlagen, sodass sich eine geschlossene Struktur ergibt.

Der Autor ist bemüht, das komplexe Thema sprachlich gut verständlich darzustellen. Die Sätze sind übersichtlich und meist eher kurz. Nebensatzkonstruktionen, häufig Relativsätze oder erweiterte Infinitive, werden von einfachen Satzreihen eingerahmt, sodass ein leichter Lesefluss entsteht. Längere Sätze ergeben sich allenfalls durch Aufzählungen (z. B. Z. 62 ff.). Eine Auffälligkeit beim Satzbau stellen Nachstellungen dar, die der Autor mehrfach verwendet und etwa durch Doppelpunkt oder Gedankenstrich anschließt. Er nutzt dieses Mittel, um ihm wichtige Aussagen pointiert hervorzuheben (z. B. Z. 27 ff., Z. 32 f., Z. 71 f.). Auch beim Vokabular ist der Verfasser um eine einfache Sprache bemüht. Einige Fremdwörter zeugen dennoch davon, dass es sich um ein

anspruchsvolles wissenschaftliches Thema handelt (z. B. „konditionieren“, Z. 22 f.; „konzipieren“, Z. 25 f.; „Maxime“, Z. 84; „Evidenz“, Z. 132). Außerdem kommen themabedingt einige Fachbegriffe aus dem Bereich des Internets vor (z. B. „Like“, Überschrift; „klicken“, „scrollen“, Z. 29; „Profil“, Z. 71). Um den Text aufzulockern, streut der Verfasser vereinzelt etwas Umgangssprache (z. B. Z. 68, Z. 91 f.) und Ellipsen (z. B. Z. 23 ff., Z. 109 ff.) ein und lehnt sich damit an die gesprochene Sprache an.
Seine Anliegen, Kritik und Warnung, vermittelt der Autor sprachlich auf verschiedene Weise. Zu erwähnen ist etwa die Verwendung der 1. Person Plural („unser“) in der Überschrift, durch die der Leser sich angesprochen fühlt und sofort deutlich wird, dass das Thema jeden betrifft. Auch greift der Verfasser gelegentlich zu Übertreibungen („nicht die geringste Ahnung“, Z. 24 f., „mit einem einzigen Ziel“, Z. 27 f.) und verwendet deutliche Worte („kein Zufall“, Z. 121; „unverkennbar“, Z. 126; „eine eindeutige Richtung“, Z. 132 f.).

Schluss

Der Artikel „Jeder ‚Like‘ eine Belohnung – Wie Facebook und Co unser Handeln steuern“ ist anschaulich und für den Leser verständlich geschrieben. Die Problematik der Manipulation menschlichen Verhaltens durch Internetkonzerne sowie die daraus resultierende Suchtgefahr sind nachvollziehbar und logisch dargestellt. Zwar werden die kritische Haltung und warnende Absicht des Verfassers an vielen Stellen deutlich. Doch die überwiegend sachliche Darstellung hinterlässt insgesamt den Eindruck eines fundierten Textes, der auf konstruktive Weise die Entwicklung im Bereich moderner Technologien kritisiert und Anbieter wie Nutzer zu einem bedachten und verantwortungsbewussten Umgang mit den Möglichkeiten der Technik aufruft.

Aufgabe 151 Hier kann keine Lösung vorgegeben werden.
Du kannst aber leicht überprüfen, ob du gute Argumente gefunden hast: Versuche, anhand von ihnen ein eher kritisch eingestelltes Familienmitglied oder einen skeptischen Freund von deiner Meinung zu überzeugen!

Aufgabe 152 Richten Sie doch freundlicherweise auch in den hiesigen Bahnen einige „handyfreie“ Waggons ein. Für mich persönlich wäre das eine große Erleichterung und ich kann mir vorstellen, dass es zahlreiche weitere Passagiere gibt, die über die Maßnahme froh wären. Für viele Berufstätige etwa ist die Zeit, die sie täglich in der Bahn verbringen, wertvoll. Häufig nutzen sie sie, um ein wenig abzuschalten und zu dösen, um ein Buch oder Zeitung zu lesen oder um zu arbeiten bzw. sich über den Job Gedanken zu machen. Dabei wird man jedoch,

ich spreche aus eigener Erfahrung, bei praktisch jeder Fahrt von einem telefonierenden Mitfahrer gestört. Dass ein solches Telefonat, bei dem man nur die eine Seite des Gesprächs (zwangsläufig) mitbekommt, mit einer gewöhnlichen Unterhaltung zweier Fahrgäste nicht zu vergleichen ist, geht ebenfalls aus beiliegendem Artikel hervor: Wissenschaftler wiesen nach, dass die einseitig hörbare Konversation am Telefon als extrem störend empfunden wird, während die meisten Menschen ein „normales" Gespräch kaum wahrnehmen. Diesen Erkenntnissen ließe sich durch die Umsetzung meines Vorschlags leicht Rechnung tragen.
Ich kann mir auch nicht denken, was dagegen spräche. Diejenigen, die im Zug gerne telefonieren möchten, könnten ja problemlos einen der anderen Waggons benutzen. Dort wäre der Gebrauch ihres Handys ohne Einschränkungen und ohne schlechtes Gewissen möglich.
Aus meiner Sicht wäre mit solch einer Regelung also allen gedient, ein Nachteil entsteht meines Erachtens für keine Personengruppe. Abschließend möchte ich Sie daher noch einmal bitten, sich ernsthaft mit der Idee der handyfreien Waggons auseinanderzusetzen.
Ich bedanke mich im Voraus vielmals für Ihr Bemühen.

Mit freundlichen Grüßen
Unterschrift

fgabe 153 *Inhalt, Aufbau:*
- „Rettet die Bienen!": Pointierte Überschrift
- „von Benno Klein": Nennung des Verfassers
- „... sollen nun auch noch als Polizeibienen in den Staatsdienst eintreten.": Beginn mit Bezug auf das aktuelle Ereignis aus dem Zeitungsartikel
- „Die Idee einer bienenaffinen Polizistin ...": Sachliche Darstellung des Themas, das kommentiert wird
- „Mir stellt sich dabei allerdings ...": Im zweiten Absatz persönliche Stellungnahme bzw. Darlegung der eigenen Auffassung

Sprache:
- „erscheint dabei auf den ersten Blick gar nicht einmal dumm": Allgemein formuliert, keine direkte Ansprache des Adressaten
- „sollen ... in den Staatsdienst eintreten": Ironie, Witz, Personifizierung
- „... dürfte sich die Begeisterung rasch legen.": Ironie; Beeinflussung des Lesers

Aufgabe 154 SCHÜLER: Guten Tag, Herr von Rundstedt. Toll, dass Sie sich bereit erklärt haben, uns heute ein Interview zum Thema Bewerbung und Jobsuche zu geben!

EvR: Hallo. Das mache ich doch gerne. Für junge Leute, die noch wenig oder gar keine Erfahrung mit dem Arbeitsmarkt gemacht haben, ist der Einstieg nicht gerade leicht. Da freue ich mich, wenn ich helfen kann!

SCHÜLER: Sie sagten eben schon selbst, dass die Stellensuche für Berufsanfänger eine ziemlich große Hürde sein kann. Womit hat das zu tun?

EvR: Das kann ganz unterschiedliche Gründe haben. Zum Beispiel gibt es heutzutage meist sehr viele Bewerber auf eine freie Stelle, sodass es nicht ganz leicht ist, sich von der Masse abzuheben. Die Personalchefs stellen aufgrund dieser Vielzahl an Interessenten auch entsprechend hohe Anforderungen an die Bewerbungsunterlagen. Gerade als junger Mensch nimmt man diese aber gerne mal auf die leichte Schulter. Informiert man sich allerdings nicht ausreichend, wie beispielsweise ein Anschreiben zu gestalten ist, zieht man schnell den Kürzeren. Schon ein einfacher Tippfehler kann dazu führen, dass die Bewerbung aussortiert wird.

SCHÜLER: Das klingt ja nicht sehr ermutigend. Gibt es denn überhaupt Chancen für uns Neulinge in der Berufswelt?

EvR *(mit Nachdruck)*: Aber unbedingt! Verstehen Sie mich nicht falsch: Eine gut durchdachte und gewissenhaft vorbereitete Bewerbung hat immer Chancen – egal, ob Berufseinsteiger oder alter Hase. Der erste Schritt dafür besteht immer darin, sich zu überlegen, was Sie gerne machen möchten und worin Sie gut sind. Das klingt banal – aber die meisten Menschen machen sich tatsächlich keine Gedanken darüber, wo ihre Stärken liegen. Das ist ein großer Fehler, denn gerade die gilt es ja im Bewerbungsprozess zu nutzen und in den Vordergrund zu stellen!

SCHÜLER: Allerdings ist es ja gar nicht immer so einfach, das herauszufinden. Oder aber man weiß etwas, das man besonders gut kann, aber nicht, inwiefern es für eine Bewerbung nützlich sein könnte.

EvR: Da sprechen Sie einen wichtigen Punkt an. Manche Fähigkeiten und Stärken nimmt man tatsächlich nicht unbedingt als solche wahr.

...

Aufgabe 155 Liebe Mitschülerinnen und Mitschüler, liebe Lehrkräfte, liebe Eltern und Freunde,

wie Sie wissen, dreht sich am heutigen Tag alles um die Digitalisierung unserer Welt, die wir uns kaum mehr vorstellen können ohne Smartphone, Tablet, Computer und – besonders die jüngeren von uns – schon gar nicht ohne Internet! Zweifelsohne hat die moderne Technik den Menschen Fortschritte er-

möglicht, die noch vor einigen Jahrzehnten undenkbar waren. Oder haben Sie, liebe Eltern, Großeltern und Lehrkräfte, in ihrer Jugend gedacht, dass Sie irgendwann sonntagabends von der Couch im Wohnzimmer aus Socken einkaufen oder Pakete frankieren könnten?
Aber es ist, wie so oft: Wo Licht ist, ist auch Schatten. Die Digitalisierung bringt nicht nur neue Möglichkeiten, sondern auch Herausforderungen und Gefahren mit sich, auch solche, von denen wir oft gar nichts ahnen. Oder sind Sie sich aller Risiken im Umgang mit dem Internet bewusst? Denken Sie beim Online-Shopping oder beim Chatten mit Freunden und Familie daran, dass Facebook oder Amazon Sie möglicherweise in genau diesem Augenblick manipuliert und ihr Verhalten steuert?
Als Vertreter der Klasse 10a darf ich Ihnen heute einige Erkenntnisse zum Thema „Verhaltenssteuerung durch Internetangebote" vorstellen, die Ihnen bisher vielleicht noch nicht bekannt sind. Außerdem möchte ich Sie animieren, sich kritisch mit ihrem eigenen Internetkonsum auseinanderzusetzen und ihr Verhalten im Umgang mit der modernen Technik gut im Auge zu behalten und es, wenn nötig, auch zu ändern.
Vielleicht kennen Sie das ja: Man will „nur eben kurz" etwas im Internet nachschauen – und plötzlich hat man stundenlang vor dem Bildschirm verbracht und sich durch zig Webseiten, Nachrichten, Profile oder Bilder geklickt. Tatsächlich sind viele Internetanwendungen inzwischen gezielt so gestaltet, dass genau das passiert! Für die Internetkonzerne ist jeder Klick und jede mit ihrem Angebot verbrachte Minute bares Geld wert, da sie hierdurch Einnahmen erzielen – entweder durch direkte Verkäufe oder durch geschaltete Werbung. Um herauszufinden, wie sie die Nutzer möglichst lange vor dem Bildschirm halten, greifen die Unternehmen deshalb auf wissenschaftliche Erkenntnisse aus dem Gebiet der Verhaltenspsychologie zurück.
Ein Pionier dieser Disziplin ist einigen im Saal vielleicht bekannt: der amerikanische Psychologe B. F. Skinner, der vor etwa 90 Jahren Ratten und Tauben mittels Belohnung in Form von Leckerlis dazu brachte, ein bestimmtes Verhalten zu zeigen. Für den noch jungen Forschungszweig des Behavioural Designs, der diese Ansätze Skinners heute weiterverfolgt, sind quasi wir die Ratten und Tauben. Denn die Forscher gehen eben der Frage nach, wie sich die moderne Technologie nutzen lässt, um unser Verhalten zu steuern. Wie bei den Tieren spielt auch unser Belohnungszentrum im Gehirn dabei eine zentrale Rolle. Fühlen wir uns beliebt, erfolgreich und anerkannt, springt es an. Jeder positive Kommentar zu unserem Profil, jeder Daumen nach oben zu einem geposteten Bild, jeder erfolgreich absolvierte Level in einem Onlinegame ist für uns ein

Leckerli – und bringt uns dazu, weiterzumachen, weiterzuklicken, weiterzuposten.
Ein weiteres Prinzip des Behavioural Designs besagt, dass eine Handlung besonders dann immer wieder getätigt wird, wenn es einen Auslöser gibt und sie sehr einfach auszuführen ist. So kann es genügen, dass Amazon uns zeigt, was „andere Nutzer auch gut fanden" und schon landet dasselbe Produkt auch in unserem Einkaufskorb. Und bei YouTube oder Netflix werden wir bei der Stange gehalten, indem ungefragt und ungeklickt das nächste Video einfach anläuft. Wir müssen dazu nicht extra von der Couch aufstehen oder das Handy in die Hand nehmen.
Ich vermute, fast jeder kann sich in einem dieser Beispiele, von denen es noch viele mehr gäbe, wiedererkennen. Und wahrscheinlich haben sich die wenigsten unter uns Gedanken darüber gemacht, dass hinter der Gestaltung vieler Angebote, die wir täglich nutzen, eine Strategie steckt, die uns manipulieren und unser Handeln gezielt in eine bestimmte Richtung lenken soll. Was daran nun so schlimm ist? Ich persönlich fühle mich nicht wohl bei dem Gedanken, unbewusst fremdgesteuert zu werden. Daneben ist aber noch eine weitere Entwicklung zu bedenken: Mehrere Studien haben bereits festgestellt, dass die Zahl der vom Internet und sozialen Medien Abhängigen auf dem Vormarsch ist. Richtige Entzugserscheinungen treten bei den Betroffenen bereits auf. Und das wünscht sich nun wirklich niemand!
Deshalb appelliere ich an jeden Einzelnen: Nutzen Sie die Chancen, die uns die sozialen Netzwerke und das Internet bieten, lassen Sie sich unterhalten, knüpfen Sie Kontakte und haben Sie Spaß. Aber: Seien Sie wachsam bei alledem. Fragen Sie sich ab und zu, ob Sie sich noch selbst steuern oder ob das bereits andere tun. Vielleicht hilft es ja manchmal schon, sich einen Wecker zu stellen, um beizeiten das Smartphone wieder aus der Hand zu legen und sich unserer nicht weniger schönen analogen Welt mit echten Menschen zuzuwenden!
Ich bedanke mich für Ihre Aufmerksamkeit und wünsche uns allen noch einen interessanten Tag!

Formalisierte Texte verfassen

gabe 156 Um die Stelle als Modedesignerin, die Sie im „Paderborner Tageblatt“ vom 10. 04. 2010 angeboten haben, möchte ich mich hiermit bewerben.
Zurzeit besuche ich das Gymnasium in Paderborn, das ich voraussichtlich im Juli 2010 mit dem qualifizierenden Sekundarstufe-I-Abschluss verlassen werde.
Mein hauptsächliches Interesse gilt kreativen künstlerischen Tätigkeiten, was sich in der Schule besonders in den künstlerisch-musischen Fächern, aber auch im Deutschunterricht und in den Fremdsprachen zeigt. Handwerkliche Kenntnisse im Bereich des Modedesigns habe ich bei meinem Praktikum erworben, das ich im Frühjahr 2009 in Ihrer Firma absolviert habe. Dabei hat mich bereits der Zusammenhang von künstlerischem Entwerfen und praktischer Gestaltung von Mode fasziniert. Aus dieser Faszination ist zwischenzeitlich ein starkes Interesse entstanden, diese Tätigkeit zu meinem Beruf zu machen. Aufgrund der internationalen Kontakte Ihrer Firma stelle ich mir vor, dass die Aufgabenfelder Ihrer Mitarbeiter sehr interessant sind und die Anforderungen hoch. Meine guten englischen Sprachkenntnisse, die – bedingt durch meinen viermonatigen Aufenthalt in den USA – über normale Schulkenntnisse deutlich hinausgehen, wären in diesem Zusammenhang sicherlich eine gute Hilfe.
Über eine Einladung zu einem Vorstellungsgespräch bei Ihnen würde ich mich sehr freuen.

Mit freundlichen Grüßen
Unterschrift

fgabe 157 Dem Muster entsprechend trägst du deine Adressen und Daten ein und beachtest genau die äußere Gestaltung mit Abständen und Leerzeilen.
Für deinen eigenen Wunschberuf musst du die Lösung zu Aufgabe 156 natürlich umarbeiten – berücksichtige dabei aber die Gesichtspunkte aus dem Kasten auf Seite 126 und orientiere dich bei der Darstellung an der Lösung zu Aufgabe 156.

fgabe 158 In die Vorlage trägst du wieder deine eigenen Daten ein.

fgabe 159 Warum Kinderfernsehen?; gerade für Kinder wichtig; Bedeutung der Quote tritt immer mehr in den Vordergrund; Qualität der Sendungen müsste entscheidend sein; gesellschaftliches Problem: hohe Einschaltquoten und schlechte Sendungen; minderwertige Kindersendungen („Ballern“) haben negative Konsequenzen für die Gesellschaft, wenn Kinder älter sind; gute Sendungen können die Entwicklung von Kindern positiv beeinflussen; Qualitätsauftrag statt „Teufelsweg“ der privaten Sender.

Aufgabe 160 *Formulierungsvorschlag:*
Armin Maiwald, ein Autor bekannter Kindersendungen im Fernsehen, wurde in einem Interview am 20. November 2004 von einer Redakteurin der Zeitung *DIE WELT* über das heutige Kinderfernsehen befragt.
Auf die Frage, weshalb es überhaupt Kinderfernsehen gebe, antwortete Maiwald, dass gerade für Kinder gute Sendungen gemacht werden müssten. Er betonte, dass auch heute noch sehr viele Zuschauer die Kindersendungen sehen.
Angesprochen auf die hohen Einschaltquoten der privaten Sender wie beispielsweise *Super RTL,* bedauerte Maiwald, dass viele Kinder von den weniger anspruchsvollen Kindersendungen im Privatfernsehen angezogen würden. Im Privatfernsehen schaue man nur auf die Quote, und jeder „Schwachsinn“, wie er sagte, würde gesendet, nur um Zuschauer zu gewinnen. Die Frage, ob es keine anspruchsvollen Kindersendungen mehr geben werde, bejahte Maiwald; er fürchte, dass sich das später negativ auswirken werde, wenn die nur an Actionfilme gewöhnten Kinder älter geworden seien.
Die Entscheidung der Privatsender, nur auf die Quote, also den Erfolg bei der Masse der Zuschauer, zu setzen, bezeichnete Maiwald als einen „Teufelsweg“.
(160 Wörter)

Erörterung und Argumentation

fgabe 161 Hier sind natürlich unterschiedliche *weil*-Sätze, die etwas zur Begründung beitragen, möglich und richtig. Vergleiche deine Lösungen mit den folgenden kurzen Begründungen:

Mögliche Begründung zu These 2:
Ein Fachbuch zu lesen ist die beste Art der Informationsbeschaffung zu einem Thema, *weil ein Buch eine gezielte und konzentrierte Erarbeitung auf einfache Weise ermöglicht.*

Mögliche Begründung zu These 3:
In der Schule sollten keine Süßigkeiten verkauft werden, *weil gerade bei Jugendlichen die Gefahr groß ist, durch übermäßigen Verzehr von Süßigkeiten an Karies zu erkranken.*

fgabe 162 Mögliche Fragen zur bisherigen Begründung von These 2:

- Was heißt gezielte und konzentrierte Erarbeitung?
- Inwiefern ist das Buch anderen Informationsquellen überlegen?
- Treffen die Aussage und ihre Begründung für alle Menschen zu?
- …

Mögliche Fragen zur bisherigen Begründung von These 3:

- Besteht wirklich ein Zusammenhang zwischen dem Konsum von Süßigkeiten und Karies?
- Sind Jugendliche wirklich besonders gefährdet?
- Sollte die Schule überhaupt auf die Essgewohnheiten der Schülerinnen und Schüler Einfluss nehmen?
- Darf sie das?
- …

fgabe 163 Mögliche Erweiterung:
Ein Fachbuch zu lesen ist die beste Art der Informationsbeschaffung zu einem Thema, weil ein Buch eine gezielte und konzentrierte Erarbeitung auf einfache Weise ermöglicht.
Ich habe mir neulich für mein Hobby, in meinem Fotolabor Vergrößerungen herzustellen, ein Fachbuch gekauft. Ich finde hier alle wichtigen Vorgänge der Fotobearbeitung, beispielsweise das Entwickeln der Bilder oder die Wahl des Fotopapiers, in einzelnen Kapiteln übersichtlich aufgeführt. Alles ist genau erklärt und ich kann auch spezielle Informationen ohne Mühe heraussuchen und in aller Ruhe nachlesen. Ich kann Teile des Textes unterstreichen und im

Buch Randbemerkungen machen, um mir einen speziellen Vorgang besonders gut einzuprägen.
Das Buch kann als Nachschlagewerk in der Dunkelkammer benutzt werden, aber ich kann es auch lesen und mich weiter mit meinem Hobby beschäftigen, wenn ich eine Stunde beim Zahnarzt warten muss.
Für die Lektüre ist keine technische Einrichtung notwendig, kein Telefonanschluss; ich brauche nicht lange herumzusuchen, bis ich eine gewünschte Information gefunden habe – wie es etwa im Internet unvermeidlich wäre –, und ich spare natürlich auch die Kosten, die bei der Benutzung elektronischer Medien entstehen.
Daher ist ein Buch für mich die ideale Informationsquelle.
Die Vorteile des Buches, die ich jetzt am Beispiel meines Hobbys aufgezeigt habe, gelten auch für viele andere anspruchsvolle Hobbys, für die man detaillierte Informationen und Anleitungen benötigt.

Aufgabe 164 Die folgenden Beweisschritte sind erkennbar:

- Hinweis auf wissenschaftliche Untersuchungen in Bezug auf die Zahnschädigung durch Süßigkeiten
- daraus abgeleitete Folgerung: Kariesgefahr
- besondere Gefährdung Jugendlicher und medizinische Begründung
- Konsequenz: Kein Verkauf von Süßigkeiten in der Schule als Bestätigung der These

Neu ist hier die Argumentation mithilfe einer wissenschaftlichen Untersuchung, die **Fakten** zur Begründung bereitstellt.

Aufgabe 165 Beurteilung der Argumente

Argument 1: Hier wird nur eine pauschale Behauptung aufgestellt, die vielleicht manchmal zutrifft, aber nicht einfach als allgemein gültig angenommen werden kann. Daher ist das Argument wenig überzeugend.

Argument 2: Dass man in einer Großstadt nicht wandern kann, ist natürlich richtig. Doch dass Wandern Sinn einer Klassenfahrt ist, ist eine individuelle persönliche Meinung, die nicht weiter begründet wird.

Argument 3: Das Argument ist sicher bedenkenswert. Dass für viele Schülerinnen und Schüler ein Besuch in einer Großstadt nichts Besonderes ist, wird nachvollziehbar erklärt. Doch dass eine Klassenfahrt etwas anderes ist als eine Einkaufsfahrt mit den Eltern, wird übergangen.

Argument 4: Hier ist der Grundgedanke sicher richtig, aber er bleibt ungenau, weil er nicht weiter ausgeführt ist.

gabe 166 So oder ähnlich könnte die Stoffsammlung zu unserem Thema aussehen:

- Hausaufgaben bringen nichts.
- Hausaufgaben nehmen zu viel Zeit weg.
- Schüler müssen Gelerntes durch Hausaufgaben wiederholen.
- Schüler brauchen nachmittags Freizeit.
- Man muss auch Zeit für den Sportverein und den Ballettunterricht haben.
- Ohne Wiederholung durch Hausaufgaben vergisst man den Unterrichtsstoff viel zu schnell.
- Wann soll ich Klavier üben, wenn ich so viele Hausaufgaben aufbekomme?
- Eine Lektüre muss zu Hause vorbereitet werden, dazu ist im Unterricht keine Zeit.
- Hausaufgaben werden doch sowieso nur abgeschrieben.
- Hausaufgaben müssen regelmäßig kontrolliert werden, damit die Schüler richtig arbeiten.
- Gerade stillere Schüler können sich durch gute Hausaufgaben verbessern.
- Durch Hausaufgaben kann ich selbst feststellen, was ich gelernt habe.
- Hausaufgaben geben Sicherheit für eine spätere Klassenarbeit.
- Wenn ich einen Aufsatz für Deutsch aufhabe, fühle ich mich den ganzen Nachmittag schlecht.
- Ich kann mich auf die Hausaufgaben nicht konzentrieren, weil meine kleine Schwester im gleichen Zimmer spielt und mich dauernd stört.
- Früher hatten die Schüler auch immer Hausaufgaben auf.
- Eine Wiederholung des Unterrichtsstoffs in Ruhe zu Hause trägt dazu bei, dass das Gelernte besser verstanden und behalten wird.
- Ich mache die Hausaufgaben meist mit meiner Freundin zusammen, das macht mehr Spaß.
- In der Klasse ist es oft zu unruhig, um etwas richtig zu verstehen, deshalb bin ich froh, zu Hause den Stoff wiederholen zu können.

Aufgabe 167 Die geordnete Stoffsammlung könnte so aussehen:

Für die These sprechen

1 Schüler müssen Gelerntes durch Hausaufgaben wiederholen.
2 Ohne Wiederholung durch Hausaufgaben vergisst man den Unterrichtsstoff viel zu schnell.
3 Eine Wiederholung des Unterrichtsstoffs in Ruhe zu Hause trägt dazu bei, dass das Gelernte besser verstanden und behalten wird.
4 In der Klasse ist es oft zu unruhig, um etwas richtig zu verstehen, deshalb bin ich froh, zu Hause den Stoff wiederholen zu können.
5 Eine Lektüre muss zu Hause vorbereitet werden, dazu ist im Unterricht keine Zeit.
6 Hausaufgaben müssen regelmäßig kontrolliert werden, damit die Schüler richtig arbeiten.
7 Gerade stillere Schüler können sich durch gute Hausaufgaben verbessern.
8 Durch Hausaufgaben kann ich selbst feststellen, was ich gelernt habe.
9 Hausaufgaben geben Sicherheit für eine spätere Klassenarbeit.
10 Früher hatten die Schüler auch immer Hausaufgaben auf.
11 Ich mache die Hausaufgaben meist mit meiner Freundin zusammen, das macht mehr Spaß.

Für die Gegenthese sprechen

12 Hausaufgaben bringen nichts.
13 Hausaufgaben werden doch sowieso nur abgeschrieben.
14 Hausaufgaben nehmen zu viel Zeit weg.
15 Schüler brauchen nachmittags Freizeit.
16 Man muss auch Zeit für den Sportverein und den Ballettunterricht haben.
17 Wann soll ich Klavier üben, wenn ich so viele Hausaufgaben aufbekomme?
18 Wenn ich einen Aufsatz für Deutsch aufhabe, fühle ich mich den ganzen Nachmittag schlecht.
19 Ich kann mich auf die Hausaufgaben nicht konzentrieren, weil meine kleine Schwester im gleichen Zimmer spielt und mich dauernd stört.

Dieser Vorschlag orientiert sich natürlich nur an den Gesichtspunkten aus der Lösung zu Aufgabe 166. Deine eigenen Ideen, die du in der vorigen Aufgabe gesammelt hast, müsstest du hier noch passend hinzufügen.

fgabe 168

Die Stichpunkte 6 und 10 sollten beiseite gelassen werden, da sie als Begründungen der These unklar sind.

Folgende Gesichtspunkte lassen sich als Argumente verallgemeinern:

- Hausaufgaben ermöglichen eine Selbstkontrolle des Gelernten und schaffen so Sicherheit für die Schüler. *Stichpunkte 7, 8 und 9*
- Hausaufgaben ermöglichen die Vorbereitung von umfangreichem Unterrichtsmaterial / Unterrichtsstoff. *Stichpunkt 5*
- Das gemeinsame Anfertigen der Hausaufgaben mit anderen kann Spaß machen. *Stichpunkt 11*

fgabe 169

- Hausaufgaben haben keinen Lerneffekt. *Stichpunkte 12 und 13*
- Hausaufgaben kosten zu viel Zeit und schränken die Freizeit und die Ausübung wichtiger Hobbys ein. *Stichpunkte 14, 15, 16, 17*
- Hausaufgaben verursachen Stress. *Stichpunkt 18*
- In kleinen Wohnungen ist kein Platz, um in Ruhe Hausaufgaben anfertigen zu können. *Stichpunkt 19*

fgabe 170

*Gliederungspunkte **für** die Anfertigung von Hausaufgaben (= These)*

- Hausaufgaben ermöglichen die konzentrierte Wiederholung des Gelernten und verhindern das Vergessen.
- Hausaufgaben ermöglichen die Vorbereitung von umfangreichem Unterrichtsmaterial / Unterrichtsstoff.
- Hausaufgaben ermöglichen eine Selbstkontrolle des Gelernten und schaffen so Sicherheit für die Schüler.
- Das gemeinsame Anfertigen der Hausaufgaben mit anderen kann Spaß machen.

*Gliederungspunkte **gegen** die Anfertigung von Hausaufgaben (= Gegenthese)*

- Hausaufgaben haben keinen Lerneffekt.
- Hausaufgaben kosten zu viel Zeit und schränken die Freizeit und die Ausübung wichtiger Hobbys ein.
- Hausaufgaben verursachen Stress.
- In kleinen Wohnungen ist kein Platz, um in Ruhe Hausaufgaben anfertigen zu können.

Aufgabe 171 *Formulierungsvorschlag:*

In der Schule wird der Unterrichtsstoff meist nur erklärt und man kann in der verbleibenden Zeit zum Beispiel in Mathematik nur noch die eine oder andere Aufgabe rechnen. Erst die Hausaufgaben bieten die Möglichkeit, anhand einer Reihe von Aufgaben so viel zu üben, dass das gelernte Rechenverfahren wirklich „sitzt“. Wenn man zu Hause übt, hat man auch mehr Ruhe, um über den Lösungsweg nachzudenken. Dadurch prägt sich der neue Lernstoff besser ein und man kann ihn sich besser merken, als wenn man ihn nur an wenigen Aufgaben geübt hätte.

Kontrast

Vorteil der Hausaufgaben an Beispielen

positive Folge

Aufgabe 172 *Formulierungsvorschlag:*

Nicht nur sommertags bei 30 Grad im Schatten stöhnen Schülerinnen und Schüler über Hausaufgaben. Auch zu anderen Jahreszeiten sind Hausaufgaben meist wenig beliebt. Denn viele Schüler sitzen nachmittags oft zwei oder drei Stunden an ihren Hausaufgaben – und das, nachdem sie nach sechs oder sieben Stunden Unterricht und vielfach langer Schulbusfahrt endlich zu Hause angekommen sind. Für eigene Interessen und Aktivitäten, ja sogar für so nützliche Dinge wie Klavierunterricht, Ballett oder Sporttraining bleibt da nur noch wenig Zeit.

Veranschaulichung der Aktualität des Themas

So mancher Schüler fragt sich daher, ob das so sein muss und ob Hausaufgaben eigentlich sinnvoll sind.

Dieser Frage soll in der folgenden Erörterung einmal nachgegangen werden.

Hinführung zur Argumentation

Aufgabe 173 Das wichtigste Argument ist sicher dasjenige, das die positiven Auswirkungen, die Sicherheit und die Selbstkontrolle, hervorhebt. Es läge dann nahe, das oben schon formulierte Argument zur konzentrierten Wiederholung als zweitwichtigstes anzusehen und damit zu beginnen. Am wenigsten bedeutsam für die ernsthafte Erörterung des Themas ist wohl das „Spaß-Argument“.

Auf der Kontra-Seite ist das Argument, dass Hausaufgaben keinen Lerneffekt haben, sicher am schwächsten, denn es trifft nur dann zu, wenn sie nachlässig angefertigt werden. Dieses Argument wird insbesondere durch die Pro-Argumente eins und drei widerlegt. Das Kontra-Argument, das den geringen Platz in manchen Wohnungen behandelt, könnte man an die zweite Stelle setzen, denn es trifft ja auch nur teilweise zu und ist daher nicht sehr stark. Am schwersten wiegt sicher das Kontra-Argument, das die Einschränkung wichtiger Freizeitmöglichkeiten und -interessen zum Gegenstand hat.

Endgültige Gliederung:

Pro-Argumente

1. Hausaufgaben ermöglichen die konzentrierte Wiederholung des Gelernten und verhindern das Vergessen.
2. Das gemeinsame Anfertigen der Hausaufgaben mit anderen kann Spaß machen.
3. Hausaufgaben ermöglichen die Vorbereitung von umfangreichem Unterrichtsmaterial / Unterrichtsstoff.
4. Hausaufgaben ermöglichen eine Selbstkontrolle des Gelernten und schaffen so Sicherheit für die Schüler.

Kontra-Argumente

1. Hausaufgaben haben keinen Lerneffekt.
2. In kleinen Wohnungen ist kein Platz, um in Ruhe Hausaufgaben anfertigen zu können.
3. Hausaufgaben verursachen Stress.
4. Hausaufgaben kosten zu viel Zeit und schränken die Freizeit und die Ausübung wichtiger Hobbys ein.

fgabe 174

Formulierungsvorschlag:

Bewertung der Kontra-Argumente

Trotz einiger Kritik an den Hausaufgaben finde ich, dass sie sinnvoll sind. Dass sie keinen Lerneffekt haben sollen, wie auf der Kontra-Seite ausgeführt, gilt nur dann, wenn sie unkonzentriert erledigt werden. Daher erscheint mir dieses Argument nicht beweiskräftig. Auch das zweite Kontra-Argument ist nicht sehr überzeugend. Natürlich wird es in einigen Fällen zutreffen, dass eine ungestörte Anfertigung der Hausaufgaben nicht möglich ist, doch in den weitaus meisten Fällen dürfte eine solche Möglichkeit zu schaffen sein. Auch dieses Argument hat also keine weit reichende Gültigkeit.

Bewertung der Pro-Argumente

Einschänkung und Kompromissvorschlag

Die dargestellten Vorteile erscheinen mir dagegen einleuchtend und wichtig. Nur eine Einschränkung möchte ich machen: Zu viele Hausaufgaben beeinträchtigen sicherlich die Freizeit und spezielle andere Interessen zu stark. Hier müsste genauer darauf geachtet werden, dass Hausaufgaben nicht zu lange dauern, in der Mittelstufe beispielsweise höchstens zwei Stunden. Unter dieser Einschränkung finde ich Hausaufgaben sinnvoll.

Aufgabe 175

mögliche Vorteile

1 Abwechslung vom schulischen Alltag
2 keine Hausaufgaben
3 Einblicke in die Berufswelt
4 Kennenlernen eines Berufs als Hilfe für die Berufswahl
5 Konfrontation mit einer neuen Umgebung
6 interessante Tätigkeit
7 größere Selbstständigkeit

mögliche Nachteile

8 ganztägiges Arbeiten
9 hohe körperliche Anforderungen bei noch nicht erwachsenen Schülerinnen und Schülern
10 Unfallgefahr
11 eingeschränkte Wahlmöglichkeit für die Praktikumstätigkeiten
12 Verlust von Unterrichtszeit, später vermehrter Stress in der Schule: Häufung von Arbeiten, verkürzte Behandlung von Unterrichtsstoff
13 meist nur langweilige Arbeiten im Praktikum

Aufgabe 176

Vorteile

Gruppen können aus den Stichpunkten 1 / 2, 3 / 4 / 6 und 5 / 7 gebildet werden.

1. Abwechslung vom Schulalltag — *Argument 1*
2. Kennenlernen der Arbeitswelt — *Argument 2*
3. Förderung der Selbstständigkeit — *Argument 3*

Nachteile

Ferner lassen sich die Stichpunkte 8 / 9 / 10 und 11 / 13 zusammenfassen. 12 bildet ein eigenes Argument.

1. große körperliche Belastungen und Gefahren — *Argument 1*
2. geringer Nutzen der Praktikumstätigkeiten — *Argument 2*
3. Nachteile für die Behandlung des Unterrichtsstoffs — *Argument 3*

Anfangen könnte man mit der Kontra-Seite, die im Verlauf der Erörterung widerlegt werden soll.

Kontra-Seite

- Mit Argument 3 zu beginnen ist deshalb sinnvoll, weil es alle Schülerinnen und Schüler betrifft, wenn die Klasse beispielsweise nach der Praktikumszeit viele Klassenarbeiten in enger zeitlicher Abfolge schreiben muss.
- Argument 2 lässt sich vermutlich durch ein Gegenargument widerlegen.

- Argument 1: Überlegungen zur Gesundheit und zur körperlichen Belastung sind auf jeden Fall wichtig.
- Argument 1 ist ein schwaches Argument, denn es sagt nichts über das Praktikum aus; Abwechslung kann man auch auf anderem Wege haben. *Pro-Seite*
- Argument 3 ist wichtig, weil es mit der Persönlichkeitsentwicklung zu tun hat.
- Argument 2 ist am wichtigsten, weil es einen speziellen Nutzen des Praktikums betont, der für die weitere Zukunft der Schülerinnen und Schüler von Bedeutung ist.

Die endgültige Gliederung könnte also so aussehen:

Kontra-Argumente

1. Nachteile für die Behandlung des Unterrichtsstoffs
2. geringer Nutzen der Praktikumstätigkeiten
3. große körperliche Belastungen und Gefahren

Pro-Argumente

1. Abwechslung vom Schulalltag
2. Förderung der Selbstständigkeit
3. Kennenlernen der Arbeitswelt

ufgabe 177 *Formulierungsvorschlag:*

Einleitung: Aktualität des Themas

Schon seit einigen Jahren sind viele Schülerinnen und Schüler der 9. und 10. Klassen für zwei bis drei Wochen nicht in ihren Schulen anzutreffen. Stattdessen stehen sie oft den ganzen Tag an einem Arbeitsplatz in einer Fabrik oder sitzen in einem Büro. Sie nehmen nämlich an einem Betriebspraktikum teil, das in den meisten Schulen unseres Landes eingerichtet ist. Natürlich bietet es gerade für Schülerinnen und Schüler des Gymnasiums die Möglichkeit, auch vor ihrem 20. Lebensjahr einmal zu sehen, wie es in einem Betrieb oder Unternehmen zugeht, doch es müssen auch die Nachteile bedacht werden.

Hinführung zur Argumentation

Lohnt es sich also, zwei oder drei Wochen der Unterrichtszeit für ein Betriebspraktikum zu „opfern" – oder sollte dieses Experiment möglichst bald wieder abgebrochen werden? Dies soll in der folgenden Erörterung genauer untersucht werden.

Aufgabe 178

Ein schwerwiegendes Argument gegen das Betriebspraktikum ergibt sich sicherlich aus den Nachteilen für das schulische Lernen.

Argument: Nachteile für das schulische Lernen

Wenn zwei oder sogar drei Wochen lang der Unterricht ausfällt, so kann das zwar auf den ersten Blick erfreulich sein. Doch wenn die Schule wieder beginnt, zeigen sich schnell die Folgen: Die ausgefallene Unterrichtszeit muss natürlich aufgeholt werden und das kann nur bedeuten, dass schneller im Stoff vorangegangen wird. Der Schüler muss also mehr und schneller lernen und auch zum Üben steht weniger Unterrichtszeit zur Verfügung.

Ausführung scheinbar positiver Folgen

Gegensatz: Ausführung / Begründung negativer Konsequenzen

Die Zahl der Übungsaufgaben zum Beispiel, die man in Mathematik für ein Unterrichtsthema verwenden könnte, wird verringert oder eine Deutschlektüre muss in kürzerer Zeit ganz durchgelesen und besprochen werden.

konkretes Beispiel

Das bedeutet für alle Schüler mehr Arbeit. Die geringeren Übungsmöglichkeiten sind dabei besonders für schwächere Schüler von Nachteil.

Folgerung / weitere Begründung

Wenn man an die Klassenarbeiten denkt, wird der Nachteil ganz deutlich: Da die Anzahl der Arbeiten gleich bleibt, muss die Vorbereitung darauf zwangsläufig in kürzerer Zeit stattfinden. Das verstärkt die schon dargestellten Nachteile.

weitere Ausführung an einem weiteren Beispiel

Es könnte sogar sein, dass aus Zeitmangel ein Unterrichtsgegenstand gar nicht mehr behandelt werden kann, sodass man in einer der höheren Klassen nicht auf die entsprechenden Kenntnisse, die dann einfach vorausgesetzt werden, zurückgreifen kann.

weitere negative Folge

Aufgabe 179

Formulierungsvorschlag:

Ein weiterer Einwand gegen die Durchführung eines Betriebspraktikums ergibt sich aus den Tätigkeiten selbst, die dafür in Frage kommen. Sie bringen der Schülerin bzw. dem Schüler in der Regel kaum einen Nutzen.

weiteres Kontra-Argument

Was kann ein 15 oder 16 Jahre alter Schüler schon tun, wenn er zwei oder drei Wochen in einem Betrieb arbeitet? Er hat keinerlei Vorkenntnisse und kann sich in der kurzen Zeit auch keine besonderen Fertigkeiten aneignen. Deshalb ist es häufig so, dass er für einfachste, anspruchs-

Ausführung

lose Arbeiten eingesetzt wird. So kann er seinen Arbeitstag etwa damit verbringen, Botengänge zu machen, Kaffee zu kochen oder auszufegen. Solche Arbeiten sind aber nicht nur uninteressant, sie sind auch als Praktikumstätigkeiten sinnlos, weil sie keinen Einblick in die Besonderheiten eines Berufs ermöglichen. Bei einer solchen Arbeit wird sich der Schüler den ganzen Tag langweilen und nur das Ende des Praktikums herbeisehnen.

Beispiele

negative Konsequenz

Sicherlich gibt es Einzelfälle, in denen Schüler eine interessante Tätigkeit ausführen können, doch meist ist es anders. Denn auch die Auswahl an Praktikumsplätzen, die überhaupt zur Verfügung stehen, ist nur gering. Viele Firmen können nur Arbeitskräfte mit Spezialkenntnissen gebrauchen, andere Tätigkeiten sind für Schüler zu schwer oder zu gefährlich.

Auseinandersetzung mit einem Einwand

Auch kann sich der Schüler nicht einfach einen interessanten Betrieb aussuchen. Er muss darauf achten, dass der Arbeitsplatz im näheren Umkreis der Wohnung liegt, denn der Schüler muss ihn ja mit öffentlichen Verkehrsmitteln oder mit dem Fahrrad erreichen können. Hier gibt es keinen Schulbus, der einen direkt und zur passenden Zeit transportiert. Der Schüler muss also darauf achten, welcher Betrieb für ihn erreichbar ist. Die interessante Tätigkeit, die man sich wünscht, in erreichbarer Entfernung zu finden, ist jedoch meist nicht möglich. Dem Schüler bleibt im Allgemeinen nichts anderes übrig, als *die* Praktikumsstelle zu nehmen, die er gerade bekommen kann – und das ist dann leider häufig die wenig interessante Tätigkeit mit den schon dargestellten negativen Folgen.

weitere Ausführung der Kontra-Argumente

negative Konsequenz

ufgabe 180

Mögliche Beispiele:

- 8-Stunden-Tag, aus dem mit Anfahrtswegen schnell 10 Stunden werden können
- ungewohnte, andauernde körperliche Belastung, zum Beispiel Stehen am Arbeitsplatz, einseitige Bewegungen bei der Bedienung von Maschinen, Lärm
- ungewohnt wenige Pausen
- Unfallgefahren, beispielsweise beim Bedienen von Maschinen

Formulierungsvorschlag:

Das wichtigste Kontra-Argument hängt jedoch mit den vielfältigen Gefahren zusammen, denen die Schüler während einer Praktikumstätigkeit ausgesetzt sind. Dazu gehören die gesundheitlichen Gefahren, die sich aus der ungewohnten und langen Tätigkeit ergeben. Gegenüber dem normalen Schulalltag bedeutet ein achtstündiger Arbeitstag eine beträchtliche Verlängerung und durch die meist umständlichen Anfahrtswege kommen schnell noch einmal zwei Stunden täglich hinzu. So ergeben sich leicht circa zehn Stunden Abwesenheit von zu Hause. Während dieser Zeit gibt es keine Möglichkeit, sich richtig auszuruhen.

Nennung des neuen Kontra-Arguments
Ausführung
Beispiel
Konsequenz

Eine weitere Gefahr liegt in dem Umstand, dass die 15-jährige Schülerin bzw. der 15-jährige Schüler körperlich noch nicht ausgewachsen ist und dass die ungewohnt lange Arbeitszeit, die ja eigentlich für Erwachsene gedacht ist, sie bzw. ihn umso mehr belastet.

weitere Ausführung

Dazu kommt, dass ja auch die Arbeiten, die der Schüler durchzuführen hat, völlig ungewohnt sind. Während man in der Schule ruhig sitzen kann, muss der Schüler im Betrieb womöglich acht Stunden lang vor einer Maschine stehen, die er zu bedienen hat, und muss dabei immer wieder bestimmte gleichförmige Bewegungen ausführen. So kommt es zu einseitigen Belastungen von Arm- und Beingelenken oder zu noch schädlicheren Beanspruchungen der Wirbelsäule, was negative Folgen haben kann.

weitere Ausführung
Gegenbeispiel und Beispiel
Folgen

Auch die Aufteilung des Arbeitstags ist für jugendliche Schüler belastend. Der Schultag wird im 45-Minuten-Rhythmus immer wieder von Pausen unterbrochen, in denen sich Schüler geistig und körperlich entspannen können. Im Gegensatz dazu wird im Betrieb viele Stunden durchgearbeitet, bis endlich die Mittagspause kommt.

weitere Ausführung

Zu diesen grundsätzlichen Belastungen tritt als ganz wesentlicher Aspekt noch die Unfallgefahr. Während der Schüler in der Schule praktisch keinen Gefahren ausgesetzt ist, sieht das bei einer beruflichen Tätigkeit ganz anders aus. Zwar gibt es – zum Beispiel im Büro – auch Arbeitsplätze, die ungefährlich sind, doch bei Arbeiten in

Ausführung eines weiteren Gesichtspunkts

einer Fabrik an Maschinen ist die Unfallgefahr sehr groß. Die Firmen bemühen sich zwar, die Gefahren zu verringern; es gibt zum Beispiel genaue Unfallverhütungsvorschriften oder Unfallbeauftragte, die sich um den Unfallschutz kümmern. Aber das beweist wiederum, dass die Gefahr, an einem solchen Arbeitsplatz zu verunglücken, tatsächlich besteht. Gerade Schüler, die sich in ihren speziellen Arbeitsplatz erst hineinfinden müssen, sind noch viel stärker gefährdet als andere, die sich mit den Tätigkeiten und den damit verbundenen Gefahren schon lange auskennen. Dieses große gesundheitliche Risiko könnte man leicht vermeiden, wenn man auf das Betriebspraktikum verzichtete.

Beispiele
Ausführung
Konsequenz

fgabe 181 Überleiten kann man zum Beispiel mit Formulierungen wie

- *Auf der anderen Seite ist zu bedenken, dass …*
- *Man muss jedoch auch einräumen, dass …*

Formulierungsvorschlag:

Auf der anderen Seite ist zu bedenken, dass wichtige Argumente für die Teilnahme an einem Betriebspraktikum sprechen. So bedeutet die Tätigkeit in einem Betrieb eine Abwechslung vom Einerlei des Schulalltags, die gerade für 15- oder 16-jährige Schüler wichtig ist. Der Schultag läuft immer nach dem gleichen Muster ab, immer heißt es lernen, Fragen beantworten, Aufgaben lösen, auf- oder abschreiben. Ob Deutsch-, Englisch- oder Mathematikunterricht, immer wird mit Büchern, Texten oder Zahlen gearbeitet.

Schüler benötigen aber ab und zu Veränderung. Gerade für Jugendliche ist es schwer, immer nur unbeweglich in der Klasse zu sitzen. Sie möchten einmal in anderer Umgebung etwas lernen oder auf andere Art Neues erfahren.

Ein Betriebspraktikum bietet eine solche Möglichkeit der Abwechslung. Es bedeutet ja nicht einfach Freizeit, im Gegenteil, es unterbricht den Schulalltag durch die Chance, auf bis dahin unbekannte Weise zu lernen und Erfahrungen zu machen. Durch die Abwechslung entsteht dann später auch wieder neue Freude am Lernen in der Schule.

Überleitung
Darstellung eines Pro-Arguments
Beispiel
Ausführung
Konsequenz

Aufgabe 182 Gesichtspunkte der Kontra-Seite, die hier widerlegt werden können, sind z. B.:

- Das ganztägige Arbeiten und das damit verbundene Heraustreten aus der Schulumgebung stellt hohe Anforderungen an den Jugendlichen und stärkt seine Anpassungsfähigkeit und Selbstständigkeit.
- Um möglicher Langeweile bei einer Praktikumstätigkeit vorzubeugen, wird vom Jugendlichen frühzeitiges Informieren, Planen und Organisieren gefordert. Auch das bietet Herausforderungen zum selbstständigen Denken und Handeln.
- Das Aushalten körperlicher Belastung muss trainiert werden und gehört zum Erwachsenwerden.

Formulierungsvorschlag:

Pro-Argument

Ein weiteres wichtiges Argument, das für ein Praktikum spricht, ist die Förderung der Selbstständigkeit des Jugendlichen.

Ausführung

Im normalen Schulalltag ist alles vorgegeben:

Kontrastbeispiel

Der Stundenplan regelt den Ablauf des Vormittags, man sieht immer die gleichen Lehrer und Mitschüler und ist nachmittags wieder im Kreis der Familie und Freunde. Sogar die Schulwege sind oft durch die Schulbusse, die direkt am Eingang warten, vorgeplant.

Beispiel für das Argument

Ganz andere Anforderungen ergeben sich in der Zeit des Praktikums. Schon beim Weg fängt es an: Die meist weitere und kompliziertere Anfahrt erfordert vorbereitende Planung; der Schüler muss möglicherweise mehrmals umsteigen und dabei verschiedene öffentliche Verkehrsmittel benutzen und aufpassen, dass er keinen Fehler macht.

Ausführung

Der völlig neue Arbeitsplatz bringt das Kennenlernen vieler Menschen mit sich. Der Schüler muss lernen, sich auf Fremde einzustellen, und hat Erwartungen zu erfüllen, die andere an ihn und seine Arbeit an seinem neuen Arbeitsplatz richten. Denn auch wenn ein Praktikant nur einfache Tätigkeiten ausführen kann, so müssen sich die anderen doch darauf verlassen können, dass er sie richtig ausführt.

Beispiel

Wer zum Beispiel in einem Fotogroßlabor arbeitet, muss die Apparate, die ihm zugeteilt sind, genauso zuverlässig bedienen wie ein voll angestellter Mitarbeiter, damit kein Schaden entsteht.

Folge

Das fördert die Anpassungsfähigkeit an Menschen und das Verantwortungsbewusstsein und bedeutet gerade für den Jugendlichen einen wichtigen Schritt für seine Charakterentwicklung.

Natürlich bringt die achtstündige Arbeitszeit für den Schüler eine ungewohnte körperliche Belastung mit sich. Andererseits ist der 15- oder 16-jährige Schüler auch kein Kind mehr. Diejenigen, die nach der 10. Klasse von der Schule abgehen, müssen dann sowieso ganztägig arbeiten. Das Betriebspraktikum bietet daher ein gutes Training, die eigene körperliche Belastbarkeit zu testen; auch dies gehört zur Entwicklung des Jugendlichen zur Selbstständigkeit. Dazu kommt, dass die Dauer der Praktikumstätigkeit begrenzt ist. Daher wird bestimmt niemand durch diese Erfahrung überfordert.

Auseinandersetzung mit einem Einwand

Ausführung

Zur Verantwortlichkeit und Selbstständigkeit erzieht das Praktikum schon von Beginn an. Der Schüler muss sich über Möglichkeiten für eine Tätigkeit informieren, muss sich bewerben und den Anfahrtsweg planen. Wenn er sich über das, was ihm der gewünschte Praktikumplatz bietet, gut informiert hat, wird er auch eine interessante Tätigkeit finden.

Ausführung eines weiteren Gesichtspunkts

Damit lässt sich auch das Argument, dass ein Praktikum nur langweilig sei, widerlegen. Denn der Schüler, der die Möglichkeiten genau überprüft, kann Langweiliges vermeiden und in eigener Verantwortung eine Tätigkeit finden, die seinen Interessen entspricht.

Widerlegung eines Einwands

ufgabe 183 *Formulierungsvorschlag:*

Am wichtigsten scheint mir jedoch, dass ein Betriebspraktikum die Möglichkeit bietet, die Berufswelt kennenzulernen. Damit hilft es, sich später für den einen oder anderen Beruf sinnvoll entscheiden zu können.

weiteres Pro-Argument

Ausführung

Besonders für Schüler, die ein Gymnasium besuchen, ist das wichtig. Denn aufgrund des vorgeschriebenen Lehrplans wird in den einzelnen Unterrichtsfächern praktisch nichts behandelt, was den Schülerinnen und Schülern konkrete Informationen über das Berufsleben bietet. Es kann also sein, dass ein Schüler, der mit 19 Jahren das Abitur ablegt, in seiner ganzen Schulzeit noch keinerlei Anstoß erhalten hat, sich mit der Berufswelt zu beschäftigen. Nun muss er auf einmal entscheiden, was er machen will.

Begründung anhand einer negativen Folge

Anstatt zu diesem Zeitpunkt eine möglicherweise überstürzte Entscheidung zu treffen, ist es viel günstiger, wenn der Schüler schon mit 15 oder 16 Jahren durch das schulische Betriebspraktikum dazu gebracht wird, sich mit dem Berufsleben zu beschäftigen. Der Schüler muss lernen, sich über die vielfältigen beruflichen Richtungen zu informieren, um eine für ihn geeignete Praktikumstätigkeit zu finden. Er verschafft sich dadurch zugleich wichtige Informationen für seine spätere Berufswahl. Wer sich nur auf die Schulfächer konzentriert und nicht durch ein Praktikum zu solchen Überlegungen angehalten wird, bekommt von alldem nichts mit. *Ausführung positiver Folgen*

Durch seine Praktikumstätigkeit erhält der Schüler aber nicht nur Informationen. Wichtig ist ja vor allem auch, dass er einen Beruf, der ihn interessiert, praktisch ausprobieren kann. Er kann sich auf diese Weise schon Vorkenntnisse über Arbeitsabläufe und anderes Hintergrundwissen aneignen und verschafft sich so bei seinem späteren Berufseintritt einen Vorsprung gegenüber anderen Arbeitsuchenden. Wer sich zum Beispiel für Computer interessiert und während seines Praktikums in einer Firma arbeitet, in der Hard- oder Software produziert wird, kann viele nützliche Detailkenntnisse gewinnen, an die andere nicht so leicht herankommen. *Ausführung positiver Folgen* *Beispiel*

Aber auch wenn die Praktikumstätigkeit nichts mit dem späteren Beruf zu tun hat, ist die Durchführung des Praktikums doch sinnvoll. Der Schüler erhält Einblicke in die ihm fremde Arbeitswelt, er lernt, was es heißt, acht Stunden täglich in einer Firma zu arbeiten, mit Maschinen, Technik und vielen Menschen umzugehen. Sein Blick weitet sich über den begrenzten Horizont der Schule hinaus auf den späteren „Ernst des Lebens“. *positive Folgen*

Aufgabe 184 *Formulierungsvorschlag:*

Wenn ich die genannten Argumente insgesamt betrachte, scheint mir die Durchführung eines Betriebspraktikums sinnvoll und nützlich zu sein. Vor allem die beiden letzten Pro-Argumente sind mir wichtig. Die Überlegungen, dass gerade ein Schüler auch einmal außerhalb der Schule auf *Abwägen der Argumente*

„fremdem“ Gebiet Selbstständigkeit zeigen muss und dass ihm das Praktikum die Möglichkeit bietet, sich in der Berufswelt zu orientieren, halte ich für überzeugend. Demgegenüber scheinen mir die Kontra-Argumente nicht so schwerwiegend. Die ungewohnten körperlichen Belastungen dürften bei der kurzen Dauer der Tätigkeit nicht so sehr ins Gewicht fallen. Eine sinnvolle Auswahl der Tätigkeit, die auch Informationen über mögliche Gefahren berücksichtigt, müsste bei sorgfältiger Vorbereitung des Praktikums eigentlich gelingen. Hier sollte die Schule eventuell Hilfestellung geben, damit tatsächlich eine wirklich geeignete Tätigkeit gefunden wird und die negativen Folgen vermieden werden, die oben dargestellt worden sind. Wenn alle Einwände beachtet werden und das Praktikum gut vorbereitet und organisiert wird, sollte dem Erfolg des Betriebspraktikums nichts im Wege stehen.

Berücksichtigung eines Kontra-Arguments

Der Einwand der schulischen Nachteile hat dennoch Gewicht. Da aber alle Schüler der gesamten Jahrgangsstufe beteiligt sind, können die fehlenden Lernstoffe durch gleichmäßige Umverteilung auf einen längeren Zeitraum, eventuell noch auf das folgende Schuljahr, ausgeglichen werden.

Kompromiss

Insgesamt spreche ich mich daher für die Durchführung eines Betriebspraktikums aus.

Hier liegt ein Kompromiss vor, auch wenn die Entscheidung im Sinne der Pro-Argumentation eindeutig bleibt. Die Kontra-Seite ist hier insofern berücksichtigt, als das Problem, einen wirklich geeigneten Platz zu finden, und die mögliche Gefahr, die mit einer ungewohnten Tätigkeit verbunden ist, aufgegriffen werden. Außerdem wird überlegt, wie diese Probleme vermieden werden können.

fgabe 185 Führerschein mit 16? – Stoffsammlung in Stichpunkten:

1 hohe Kosten für die Eltern
2 Jugendliche sind beweglicher
3 hohe Unfallhäufigkeit bei Jugendlichen
4 nicht jeder bekommt von den Eltern ein Auto
5 größere Sicherheit als auf einem Zweirad
6 ein Auto ist in der Familie sowieso vorhanden

7 größere Selbstständigkeit der Jugendlichen durch Führerscheinbesitz
8 durch die hohen Kosten muss zusätzlich gejobbt werden
9 frühzeitiges Trainieren der Teilnahme am Straßenverkehr ist nützlich
10 Angeberei mit Autobesitz und Fahrkünsten
11 Rasereien und leichtsinniges Verhalten durch Gruppenzwang
12 Unabhängigkeit
13 Zeitersparnis durch ein Auto
14 Abhängigkeit von den Eltern, die alles bezahlen müssen
15 Spannungen im Freundeskreis, wenn einige schon den Führerschein und ein Auto haben
16 den Führerschein braucht man sowieso – keine Kosten für „unnütze" Scheine und Fahrzeuge
17 Bequemlichkeit

Auf der **Pro-Seite** lassen sich folgende Stichpunkte zusammenstellen:

Aspekt Sicherheit im Straßenverkehr	*Stichpunkte 5, 9*
Aspekt Beweglichkeit und Selbstständigkeit	*Stichpunkte 2, 7, 12, 13, 17*
Aspekt mäßiger Kostenaufwand	*Stichpunkte 6, 16*

Auf der **Kontra-Seite** lassen sich folgende Stichpunkte zusammenstellen:

Aspekt Kosten	*Stichpunkte 1, 8*
Aspekt Risiken im Straßenverkehr	*Stichpunkte 3, 11*
Aspekt Störungen sozialer Kontakte	*Stichpunkte 4, 10, 14, 15*

Demnach wäre folgende **Gliederung nach Argumenten** möglich:

- hohe Führerschein- und nachfolgende Autokosten sowie daraus resultierende zusätzliche Arbeitsbelastungen *Kontra*
- Quelle von Spannungen und Störungen in sozialen Beziehungen
- neues hohes Risiko im Straßenverkehr
- nur mäßiger Kostenaufwand für Führerschein und Auto *Pro*
- größere Sicherheit im Straßenverkehr
- größere Beweglichkeit und Selbstständigkeit

Formulierungsvorschlag für die Erörterung:

Einleitung

In manchen anderen Ländern wie etwa den USA ist es schon selbstverständlich, mit 16 Jahren einen Führerschein zu besitzen, und auch hierzulande wird diskutiert, ob eine solche veränderte Regelung sinnvoll ist. Natürlich sind die betroffenen Jugendlichen zum größten Teil begeistert, wenn sie sich die Möglichkeiten ausmalen, die eine Fahrerlaubnis schon mit 16 mit sich brächte, aber

es gibt auch eine Reihe von Gegenstimmen. Nicht nur die Eltern, die möglicherweise vermehrte auf sie zukommende Kosten fürchten, sind besorgt. Auch viele Verkehrsteilnehmer erschrecken beim Gedanken an einen gefährlichen Ansturm leichtsinniger jugendlicher Fahrer auf den Straßen.
Sind diese Sorgen aber berechtigt? Sind die Nachteile eines Führerscheins mit 16 wirklich groß oder sprechen neben der Begeisterung der Jugendlichen noch andere Gesichtspunkte für eine Änderung der bisherigen Regelung?
Zur Untersuchung dieser Fragestellung sollen einige Argumente vorgestellt und abgewogen werden.

Hauptteil

Ein wichtiges Argument gegen die Vorverlegung des Führerscheinalters ist das damit verbundene Kostenproblem. Zuerst einmal verursacht der Führerschein selbst hohe Kosten. Wenn man Fahrstunden, Unterrichtsmaterial und Prüfungsgebühren zusammenrechnet, kommt leicht eine Summe heraus, die 1 500 Euro übersteigen kann. Da der 16-jährige Jugendliche – ob er noch zur Schule geht oder in der Ausbildung ist – einen solchen Betrag nicht selbst bezahlen kann, wären wieder einmal die Eltern gefordert. Vielen Eltern wird es aber sehr schwer fallen oder sogar unmöglich sein, so viel Geld zusätzlich aufzubringen.
Und mit diesen Kosten hört es ja nicht auf. Wenn der Jugendliche erst einmal den Führerschein hat, wird er alles daransetzen, um auch ein Auto zu bekommen. Und wenn das gelingt, sind weitere Summen für Versicherung, Steuern, Reparaturen und vor allem Benzin zu bezahlen. Viele Jugendliche, die noch zur Schule gehen, kommen dann auf die Idee, einen Nebenjob anzunehmen, um die Unkosten begleichen zu können. Sie sind dann oft täglich nach der Schule noch für einige Stunden an ihrem zweiten Arbeitsplatz und kommen erst am späten Abend – wenn überhaupt – dazu, sich um die Hausaufgaben zu kümmern. Gerade in dem so wichtigen 10. Schuljahr, bei dem es um das Abschlusszeugnis oder den Übergang in die Oberstufe geht, sind die 16-Jährigen dadurch überlastet und müssen eventuell schlechtere Schulergebnisse in Kauf nehmen. Ob der Besitz eines Führerscheins das lohnt, ist sehr zu bezweifeln.
Noch eine andere Überlegung spricht gegen den Erwerb eines Führerscheins schon mit 16 Jahren. Aufgrund der bereits genannten Probleme wären es nur einige Jugendliche, die sich über Führerschein und Autobesitz freuen können. Viele andere stehen dagegen nur mit ihrem alten Fahrrad da, weil sie sich nichts anderes leisten können. In den Schulklassen oder in den Cliquen werden so bei den erst 15- bis 16-Jährigen unnötigerweise die sozialen Gegensätze verschärft: Die einen können mit ihrem Status als Führerschein- oder sogar Autobesitzer angeben, während andere dem nichts entgegenzusetzen haben.

Es ist bekannt, dass gerade bei Jugendlichen dieser Altersstufe Statussymbole ohnehin eine hohe Bedeutung haben und zum Beispiel über das Ansehen eines Schülers in seiner Klasse entscheiden können. Der frühe Führerscheinerwerb könnte solch eine Denkweise unterstützen, da er ein weiteres Statussymbol schafft, das nur wenigen zugänglich ist.
Das wichtigste Argument, das gegen den Führerschein mit 16 spricht, ergibt sich jedoch aus den damit verbundenen Risiken und Gefahren. Schon jetzt sind es nach den Unfallstatistiken die jungen, unerfahrenen Fahrer, die den höchsten Anteil an den Unfällen haben. Häufig sind Unüberlegtheit und Leichtsinn Unfallursachen. Wenn also schon 16-Jährige Auto fahren dürften, würde gerade diese Art von Unfällen zweifellos stark zunehmen, denn vielen Jugendlichen fehlt es in diesem Alter noch an der nötigen Reife, um vernünftig und vorausschauend zu handeln. Wenn zum Beispiel Jugendliche aus einer Clique gemeinsam Auto fahren, besteht die Gefahr, dass sie sich gegenseitig übertrumpfen oder mit ihren Fahrkünsten angeben wollen und deshalb leichtsinnig werden. Sie fahren schneller und waghalsiger, als es angemessen ist, und es fällt ihnen schwer, leichtsinniges Verhalten zu erkennen und abzustellen. Eine vorsichtige Fahrweise wird im Kreis gleichaltriger Jugendlicher leicht als Ängstlichkeit angesehen, was den jugendlichen Fahrer zu falschem Verhalten verleitet. Eben deshalb dürfte die Einführung des Führerscheins mit 16 den Trend der hohen Unfallzahlen mit Beteiligung jugendlicher Fahrer noch erheblich verstärken.
Doch gibt es auch viele und wichtige Argumente, die für die Vorverlegung des Führerscheinalters sprechen.
Zunächst muss man den vorhin dargestellten Einwand der hohen Kosten doch etwas genauer betrachten. Natürlich ist der hohe Preis des Führerscheinerwerbs nicht zu leugnen, doch ergeben sich auch Einsparmöglichkeiten. Fast jede Familie hat heutzutage ein oder sogar zwei Autos. Zumindest am Nachmittag oder Abend kann ein Schüler also ein schon vorhandenes Fahrzeug nutzen, sodass eine zusätzliche teure Anschaffung gar nicht notwendig ist. Auch ist zu bedenken, dass unnütze Ausgaben wegfallen. Denn viele 15- oder 16-jährige Jugendliche möchten etwas komfortabler unterwegs sein als mit einem Fahrrad und geben deshalb Geld für Mofas oder andere motorisierte Zweiräder und die dafür erforderlichen Führerscheine aus. Diese Fahrzeuge werden meist aber bald wieder verkauft, wenn man mit 18 Jahren den Autoführerschein machen kann. Solch ein Verkauf bedeutet aber immer einen Geldverlust, da man diese Zweiräder nur viel billiger wiederverkaufen kann. Könnte man schon mit 16 einen „richtigen" Autoführerschein machen, würden diese Geldausgaben wegfallen.

Auch andere, wenn auch nicht so hohe Kosten entfallen, wenn ein Jugendlicher mit 16 Jahren selbst fahren darf. Er kann in die Stadt oder zu Freunden fahren, ohne dass Geld für öffentliche Verkehrsmittel gezahlt werden muss, und auch die Eltern, die immer mehrfach fahren müssen, um ihre 16-jährigen Kinder zum Sport, zum Arzt oder zum Einkaufen zu bringen, sparen doppelte Benzinkosten.
Noch wichtiger sind die folgenden Pro-Argumente:
Mit dem Auto unterwegs zu sein ist viel sicherer als mit einem Zweirad. Immer wieder hört man von lebensgefährlichen Unfällen, die geschehen, wenn Jugendliche mit ihrem Fahrrad oder Mofa unterwegs sind. Die polizeilichen Statistiken beweisen eindeutig, wie gefährlich das ist, da die Zweiradfahrer zum Beispiel leicht übersehen und dadurch angefahren werden. Auch eine schnelle Fahrweise, wie Jugendliche sie bevorzugen, ist so viel gefährlicher als mit einem Auto, da zum Beispiel schon ein plötzliches Bremsen oder ein leichter Fahrfehler bei einem Zweirad zu einem Sturz und daraus resultierenden schweren Verletzungen führen können. Angeschnallt in einem Auto sitzt der Jugendliche dagegen sicher, er hat vier Räder unter sich, die ihn fest auf der Straße halten, auch wenn er als Anfänger einmal etwas unsicher gefahren ist oder in einer Kurve etwas zu schnell war. Selbst wenn es bei einem Fahranfänger einmal zu einem Unfall kommt – und die Gefahr ist ja nach den Unfallstatistiken bei Jugendlichen tatsächlich groß – ist die Chance, alles gut zu überstehen, in einem Auto beträchtlich höher, da man durch die Karosserie und die Gurte geschützt ist.
Außerdem würde es der Führerschein mit 16 Jugendlichen erlauben, schon so frühzeitig wie möglich „richtige" Fahrerfahrungen mit einem Auto zu machen. Für einen Radfahrer, der vielfach noch auf Gehwegen oder abgetrennten Radwegen fährt, sieht die Teilnahme am Straßenverkehr doch ganz anders aus als für einen Autofahrer. Oft ist es ja sogar so, dass Radfahrer sich wenig um die Straßenverkehrsordnung kümmern und so fahren, wie es ihnen gerade gefällt. Als Autofahrer würde der Jugendliche dagegen schon frühzeitig lernen und trainieren, dass man sich auf den Straßen auf jeden Fall an die Verkehrsregeln halten muss.
Als letztes Argument sollen die vielen Vorteile erläutert werden, die ein frühzeitiger Führerscheinbesitz gerade für Jugendliche hat. Dabei geht es nämlich keineswegs nur um die Bequemlichkeit, zu einer Verabredung schnell mit dem Auto der Eltern fahren zu können. Natürlich ist es angenehm, wenn man Freunde spontan mit dem Auto besuchen kann und in zehn Minuten da ist, während man mit dem Fahrrad eine ganze Stunde brauchen würde. Und es ist auch bequem, im trockenen und warmen Auto zu fahren, statt bei winterlicher

Kälte auf den meist verspäteten Bus zu warten. Vor allem jedoch ist wichtig, dass der Führerschein dem Jugendlichen Selbstständigkeit ermöglicht. Er kann nicht nur Verabredungen, sondern auch den Besuch von Sport- oder Theaterveranstaltungen selbst planen, ohne ständig mit den Fragen „Wie komme ich dahin?" oder „Wer bringt mich dahin?" konfrontiert zu sein. Gerade in ländlichen Gegenden, wo die Dichte öffentlicher Verkehrsmittel oft gering ist, hat der Jugendliche häufig gar keine Möglichkeit, irgendetwas zu unternehmen, ohne die Bring- und Abholdienste der Eltern in Anspruch zu nehmen. Der Führerschein verschafft dem 16-Jährigen dagegen eine Unabhängigkeit, die gerade für Jugendliche nötig ist. Denn es gehört ja zur Entwicklung der 14 bis 16 Jahre alten Jugendlichen hinzu, dass sie allmählich lernen, sich von der ständigen Unterstützung durch die Eltern zu lösen, um später als Erwachsene wirklich selbstständig zu sein. Selbst ein Auto fahren zu können, ist zwar nur ein kleiner, aber doch ein wichtiger Teil solcher Selbstständigkeit. Deshalb wäre es wünschenswert, wenn Jugendliche die Möglichkeit hätten, schon mit 16 Jahren den Führerschein zu erwerben.

Schluss

Im Rückblick auf die dargestellten Überlegungen halte ich die Argumente der Pro-Seite für bedeutsamer. Vor allem die letzten beiden Punkte, die von der größeren Sicherheit des Autofahrens und der Selbstständigkeit der Jugendlichen handelten, sind mir besonders wichtig. Demgegenüber erscheinen mir die Argumente der Gegner des Führerscheins mit 16 nicht von so grundsätzlicher Bedeutung. Denn ich denke, dass die Frage der Kosten geregelt werden kann, auch wenn sie für manche ein Problem darstellt: Es genügt ja, wenn zuerst einmal der Führerschein gemacht werden kann, ohne dass sich sofort Überlegungen bezüglich eines Autos anschließen. Und dass in einem Kreis von Leuten, die sich gut verstehen, schon dadurch Probleme auftreten, dass einer bereits ein Auto hat und andere nicht, glaube ich nicht.

Allerdings sind im Hinblick auf die Sicherheit Jugendlicher die Argumente derer, die sich gegen eine Änderung der bestehenden Regelung aussprechen, ernst zu nehmen. Das Unfallrisiko bei jungen Fahrern würde sich vermutlich wirklich erhöhen, wenn die 16-Jährigen noch als Autofahrer hinzukämen. Vielleicht wäre es doch richtig, Vorschläge aufzugreifen, die 16-jährigen Fahrern Einschränkungen auferlegen. Eine Möglichkeit wäre zum Beispiel, dass die jungen Fahranfänger für die erste Zeit nur in Begleitung eines Elternteils fahren dürfen, damit sie sich sozusagen unter Aufsicht allmählich an die neue Situation gewöhnen und Übung bekommen, bevor sie dann ganz allein fahren. Das, meine ich, wäre ein guter Kompromiss.

Textquellenverzeichnis

Seiten 3, 4, 5: Johann Peter **Hebel**: Erzählungen und Aufsätze des Rheinländischen Hausfreunds. Hrsg. und erläutert von Wilhelm Zentner. München und Wien: Carl Hanser Verlag 1985, S. 302, 302 f., 303 f.

Seiten 8 bis 12 und 23: Marie Luise **Kaschnitz**: Lange Schatten. Erzählungen. Hamburg: Claasen ohne Jahr, S. 5–14

Seiten 17, 18, 19, 20: Ilse **Aichinger**: Das Fenstertheater. In: Der Gefesselte. Frankfurt am Main: S. Fischer Verlag 1963, S. 61–63

Seite 22: Patrick **Süskind**: Das Parfüm. Zürich: Diogenes Verlag 1985, S. 5

Seite 23: Peter **Bichsel**: Die Tochter. In: Peter Bichsel: Eigentlich möchte Frau Blum den Milchmann kennenlernen. 21 Geschichten. Olten: Walter-Verlag 1964, S. 43 © Suhrkamp Verlag

Seiten 25, 27 und 41: Annette **von Droste-Hülshoff**: Die Judenbuche. In: Annette von Droste-Hülshoff: Werke in einem Band. Hrsg. von Clemens Heselhaus. München und Wien: Carl Hanser Verlag 1989, 4. Auflage 1995, S. 631 f., 633 f., 652, 662 f.

Seite 29: Johann Wolfgang **Goethe**: Die Leiden des jungen Werther. In: Johann Wolfgang von Goethe: Hamburger Ausgabe. Hrsg. von Erich Trunz. Band 6. Romane und Novellen I. 14., überarbeitete Auflage. München: C. H. Beck Verlag 1996, S. 98 f.

Seiten 33 f.: Wolfgang **Borchert**: Das Gesamtwerk. Mit einem biographischen Nachwort von Bernhard Meyer-Marwitz. Hamburg: Rowohlt 1949 (Taschenbuchausgabe: Reinbek bei Hamburg: Rowohlt 1991), S. 304–306

Seite 38 f.: Sibylle **Berg**: Hauptsache weit. In: Das unerfreuliche zuerst: Herrengeschichten. Kiepenheuer & Witsch 2001, S. 123 ff.

Seiten 42 f.: Friedrich **Schiller**: Wilhelm Tell. Stuttgart: Reclam 2000, S. 10 f. (RUB 12)

Seiten 44, 45, 46: Friedrich **Schiller**: Maria Stuart. Stuttgart: Reclam 2001, S. 8, 7 f., 9 f. (RUB 64)

Seiten 50, 51 f., 54 f.: Friedrich **Dürrenmatt**: Der Besuch der alten Dame. Eine tragische Komödie. Neufassung 1980. Diogenes Verlag AG Zürich 1998, S. 19–21, 68–71, 73–76 © 1986 Diogenes Verlag AG Zürich

Seite 57: Thomas **Hürlimann**: Die Satellitenstadt. Geschichten. Zürich: Ammann Verlag 1992, S. 123–125

Seite 62: Clemens **Brentano**: Abendständchen. In: Theo Echtermeyer (Hrsg.): Deutsche Gedichte. Düsseldorf: Bagel 1963, S. 349

Seite 63: Erich **Kästner**: Sachliche Romanze. Aus: Erich Kästner: Werke. Hrsg. von Franz Josef Görtz. Band: Zeitgenossen, haufenweise. Gedichte. München und Wien. Carl Hanser Verlag 1998, S. 65

Seite 64: Aus: Heinrich **Heine**: Sämtliche Schriften. Hrsg. von Klaus Briegleb. Band 4. München und Wien: Carl Hanser Verlag 1971, S. 455

Seite 64: Aus: Rose **Ausländer**: Doppelspiel. Köln: Literarischer Verlag Helmut Braun 1977, S. 10

Seite 71: Theodor **Storm**: Werke in einem Band. Hrsg. von Peter Goldammer. München und Wien: Carl Hanser Verlag 1988, S. 12

Seite 73: Alfred **Wolfenstein**: Gedichte. In: Deutsche Großstadtlyrik vom Naturalismus bis zur Gegenwart. Hg. v. Wolfgang Rothe. Stuttgart: Reclam 1988, S. 194

Seite 74: Conrad Ferdinand **Meyer**: Zwei Segel. In: Theo Echtermeyer (Hrsg.): Deutsche Gedichte. Düsseldorf: Bagel 1963, S. 514 f.

Seiten 85, 87, 88: Prof. Manfred Schweres; **Frankfurter Allgemeine Zeitung**, 10. 01. 2001, Seite N 3

Seite 92 f.: Helmut Höge; **taz** vom 19. 08. 2019, https://taz.de/Drogenfahndung-mit-Bienen/!5615788

Seite 96: Doris Marszk; Axel Springer SE / **DIE WELT**, 12. 10. 2004

Seite 98: Anke Sophie Meyer; Axel Springer SE / **DIE WELT**, 20. 11. 2004

Seite 103: Roderich Schmauz: Verkaufte Reiseträume. In: **Südwest-Presse** vom 30. Juni 1987, S. 2

Seite 106: Nach: Theodor **Pelster**: Rede und Rhetorik. Düsseldorf: Schwann 1976, S. 99

Seite 108: Henry **Ford**: Mein Leben und Werk. Leipzig: List Verlag 1923, S. 120, 122 f.

Seiten 112 f.: Günter **Wallraff**: Industriereportagen. Als Arbeiter in deutschen Großbetrieben. Reinbek bei Hamburg: Rowohlt 1970, S. 9 f.

Seiten 115 f.: © Christian Honey; **Tagesspiegel** vom 06. 07. 2019, www.tagesspiegel.de/wissen/jeder-like-eine-belohnung-wie-facebook-und-co-unser-handeln-steuern/24513458.html

Seiten 131 f.: Kathrin Spoerr, Armin Maiwald; Axel Springer SE / **DIE WELT**, 20. 11. 2004

Bildquellenverzeichnis

Umschlagbild
© Fuse / Getty Images

123rf
S. 17: © ruivalesousa, S. 21: © wavebreakmediamicro (li. oben), S. 92: © signout, S. 102: © conneldesign, S. 103: © awesomehotz, S. 140: © nexusplexus

Dreamstime
S. 1: © Yuri Arcurs, S. 34: © Sergeymakarenko, S. 38: © Galyna Andrushko, S. 129: © Ene, S. 135: © Simon Wedege, S. 24

Fotolia
S. 15: © LianeM, S. 26: © Sam Spiro, S. 104: © lunamarina, S. 124: © WavebreakMediaMicro

imago
S. 91: © blickwinkel, S. 100: © Michael Westermann (li.), © Action Pictures (re.), S. 132: © T-F-Foto

picture alliance
S. 49: © picture alliance/APA/picturedesk.com, S. 54: © picture alliance/Eventpress, S. 81: © picture alliance/ZB, S. 114: © picture alliance/dpa

Shutterstock
S. 3: © iurii, S. 13: © vmedia84, S. 21: © EdBockStock (re. oben), © Kristo-Gothard Hunor (li. Mitte), © Paul Matthew Photography (re. Mitte), © Anton Oparin (li. unten), © hurricanehank (re. unten), S. 33: © Gert Lavsen, S. 40: © Lucky Business, S. 62: © SoleilC, S. 63: © klublu, S. 65: © Sofiaworld (li.), © Gestur Gislason (re.), S. 85: © HBRH, S. 96: © Peter Bernik, S. 115: © Jane Kelly, S. 127: © racorn, S. 136: © Ruth Black, S. 139: © wavebreakmedia, S. 142: © Raisman, S. 149: © l i g h t p o e t, S. 150: © eurobanks

sxc
S. 29: © Steve McWilliam, S. 69: © Randall Hop, S. 74: © Enrique Farias

ullstein bild
S. 59: © ullstein bild – Klar, S. 82: © ullstein bild – Teich/Caro Fotoagen, S. 108: © ullstein bild

Sonstige
S. 7: © United Archives / kpa Publicity / Süddeutsche Zeitung Photo, S. 46: © Peter Litvai, Landestheater Niederbayern, S. 56: © Isolde Ohlbaum, S. 88: © Ravi Tahilramani / iStockphoto, S. 110: © Jose Giribas / Süddeutsche Zeitung Photo, S. 147: BilderBox.com